新时代思想政治教育与传统文化融合发展研究

刘　超◎著

吉林大学出版社

·长春·

图书在版编目（CIP）数据

新时代思想政治教育与传统文化融合发展研究 / 刘
超著 . -- 长春 : 吉林大学出版社，2022.3
ISBN 978-7-5768-0241-2

Ⅰ . ①新… Ⅱ . ①刘… Ⅲ . ①中华文化 – 关系 – 大学
生 – 思想政治教育 – 研究 – 中国 Ⅳ . ① K203 ② G641

中国版本图书馆 CIP 数据核字 (2022) 第 142458 号

书 名	新时代思想政治教育与传统文化融合发展研究	
	XINSHIDAI SIXIANG ZHENGZHI JIAOYU YU CHUANTONG WENHUA RONGHE FAZHAN YANJIU	
作 者	刘 超 著	
策划编辑	殷丽爽	
责任编辑	殷丽爽	
责任校对	曲 楠	
装帧设计	王 斌	
出版发行	吉林大学出版社	
社 址	长春市人民大街 4059 号	
邮政编码	130021	
发行电话	0431-89580028/29/21	
网 址	http:// www. jlup. com. cn	
电子邮箱	jldxcbs@ sina. com	
印 刷	天津和萱印刷有限公司	
开 本	787mm×1092mm 1/16	
印 张	12	
字 数	200 千字	
版 次	2022 年 3 月 第 1 版	
印 次	2022 年 3 月 第 1 次	
书 号	ISBN 978-7-5768-0241-2	
定 价	72. 00 元	

前　言

　　大学生优秀传统文化素养培育属于新时代大学生思想政治教育的重要组成部分，其同样符合教育部提出的"三全育人"理论，可以从学校、教师、学生、社会等角度形成全面的培养机制，确保优秀传统文化落户大学校园，对大学生思想、行为形成良好的促进作用。这个过程必须要重视该项工作面临的各类问题，并形成精准应变机制，如此才能保证优秀传统文化培育工作与时俱进。中华传统文化源远流长，是各族人民经过数千年来积淀，最终形成的各类美术、文学、天文、地理等体现不同民族不同艺术审美、人生观、价值观、世界观的综合体。这些文化包括物质文化和精神文化，无一不对中华儿女有着积极影响，甚至已经深深地融入了我们血脉当中。随着中国传统文化在世界上的地位不断提升，"文化自信"成为当下最流行的词汇。在思想政治教育中融入优秀的传统文化，可以培养学生强烈的人格魅力、审美情趣、哲学思想、艺术涵养等，能够让大学生积淀雄厚的人文素养，让其自身成为受到他人欢迎、效仿、尊敬的对象。而从宏观层面来看，大学生掌握优秀传统文化素养，不仅保证了这些优秀文化的传承，更提高了群众文化素养水平，为我国知识型社会建设提供了巨大的驱动力。大学生优秀传统文化素养培育是利于学生、利于高校、利于社会、利于国家的重要举措。

　　本书第一章为我国传统文化概述，分别介绍了传统文化的内容、特点和价值；第二章为思想政治教育中的传统文化，分别介绍了思想政治教育内容、传统文化中的哲学、传统文化中的道德和新时代的传统文化；第三章为思想政治教育与传统文化融合的价值，分别介绍了思想政治教育与传统文化融合的必要性、一致性和科学性；第四章为思想政治教育与传统文化融合的现状，分别介绍了思想政治教育与传统文化融合的特点、成效、不足和机遇与挑战；第五章为思想政治教育与传统文化融合的途径，从社会、学校和家庭三个方面介绍了思想政治教育与传统文化的融合。

在撰写本书的过程中，作者得到了许多专家学者的帮助和指导，参考了大量的学术文献，在此表示真诚的感谢！

囿于作者水平，加之时间仓促，本书难免存在一些疏漏，在此，恳请同行专家和读者朋友批评指正！

作者

2021 年 11 月

目　录

第一章 我国传统文化概述

　　我国的传统文化内容丰富，涉及人们生活的方方面面，深深地影响着中国人民的价值取向。本章为我国传统文化概述，分别从传统文化的内容、特点和价值三个方面做总体介绍。

第一节　传统文化的内容

一、中华传统美德

　　中华传统美德的形成和发展贯穿了整个中华民族的诞生、发展的历史长河，历经时间很久，长达几千年。时间久则造就了其内容的庞大。所以后人在整理传统美德的内容时，总是会整理那些最具代表性的、最有影响力的传统美德，并且选取一个角度来分门别类地归纳。例如，习近平总书记就从仁爱理念、民本思想、诚信美德、正义观、和的精神、大同世界六个方面总结了我国传统文化的主要内容。我们可以从中分析阐述所蕴含的传统美德。例如有的人从社会生活的领域来分，从个人到家庭再到社会然后是世界；有的人从经济、政治、文化、生态等领域来分；有的人根据具体德目，把传统美德分为"十八德""十德"等。此外，还有人认为"仁义礼智信"是传统核心价值观，把传统美德的主要内容分为仁、义、礼、智、信五大德目。

　　"仁义礼智信"是由董仲舒概括出来的，也可以称为"五常"，被认为是处理人与人之间关系的道德规范。在董仲舒去世后，经过了接近 200 年的时间，在白虎观会议上，把"仁义礼智信"正式确立下来，成为历朝历代的统治者管理人民、道德教化的根本内容。把"仁义礼智信"上升到传统道德的核心价值观层面。"仁义礼智信"的统摄、总领地位，决定了它的作用，可以促进整个社会道德的进步，为人们的道德修炼提供内容上的指导，也就是给人们做人做事指引了方向。

尽管中华传统美德还有很多其他的德目，但是这些德目都体现了"仁义礼智信"的内涵，或是其内涵的延伸及属于外延的部分。所以，我们认为中华传统美德的主要内容，即我国传统核心价值观，当属"仁义礼智信"，是有其合理的依据的。

众所周知，"三纲五常"是作为我国封建社会的最高统治者用来统治百姓的伦理规范，在百姓之间广为流传，其影响力不亚于当今的社会主义核心价值观。而且，"仁义礼智信"是一个道德体系，囊括了大多数德目的内涵，在其他的德目中也有体现，而且是不可或缺的。例如关于"勇"这个德目，如果没有"五常"的规范，那就成了莽夫之勇，是缺乏智慧的勇，并不是美德；忠恕之道就是"仁"的延伸，只有爱人之心，才能做到以己度人、宽容他人；谦让体现了"礼"的道德规范，谦让就是礼让，"礼"中蕴含了"谦"的内涵；"让"是"礼"的外在表现。虽然"忠""勇""孝"三个德目与"仁义礼智信"息息相关，但是像"廉""耻"这种德目，看似与"五常"没有关联，但也间接地表达了"五常"的内涵，是可以通过其他德目作为桥梁来理解分析的。比如"耻"，常言道，"知耻近乎勇"，可以通过"勇"来理解"耻"与"五常"的关系。总而言之，"仁义礼智信"可以被认为是中华传统美德的精神统领，可以从中去领悟传统美德的核心理念。

（一）修身美德，加强品德修养

1. 诚实守信

第一，"诚实"是真诚、真心不欺骗，待人接物遵循自己的内心，是一种真实的品质。中国古代思想家对"诚"都有各自的见解，孟子曰："诚者，天之道也；思诚者，人之道也。"（《孟子·离娄章句上》）孟子认为"诚"是自然界的道理，思考"诚"也是做人的基本道理，强调"诚"是人修身之根本。古人一直以"诚"作为美德，它是社会最基本的道德规范，也是自身修养的准则。第二，左传记载："信，德之固也。"（《左传·文公元年》）古人重视"信"的作用，将它视为巩固德行的条件。"信"作为传统社会"五常"之一，一直是人们遵守的基本道德要求。第三，诚信最早产生于春秋战国时期，孔子"仁"学，包含诚信的品德，孟子提出诚是天下大道，儒家早期思想家重视和宣扬诚信，后来的继承者继续弘扬诚信。古语"人而无信，不知其可也"（《论语·为政篇》）、"言必信，行必果"（《论语·子路篇》），诚信在中国传统道德社会，是君主统治的基础、个人行为根本。诚实守信是做人的基本准则，一直是古代社会道德行为的基础，也是古人追求的最高道德境界。

2. 自强不息

"自强不息"出自《易传·象传上·乾》"天行健，君子以自强不息。"古人发现天体运行过程中，周而复始永不停息，根据天体运行的规律及运行状态，刚健具有力量而且永不停歇，进而延伸出有志向的人意志更加坚定，具有自强不息的品格。道德高尚的君子，以坚毅、坚强的精神来激励自己完成既定目标，代表人们做事的态度和品质。儒家思想家荀子，在《劝学》篇中论述："骐骥一跃，不能十步；驽马十驾，功在不舍。"引导人们在困难面前不低头，坚守初心、坚定信念，从而达到理想目标。中华民族依靠坚韧不拔、永不言弃的品质，创造出了灿烂悠久的中华文明。中华民族在古代抵御匈奴、近代抵御西方列强、现代抗日战争、中华人民共和国成立初期解决温饱、新时代攻坚脱贫战，都是依靠着中华民族特有的韧劲和不服输的精神。"自强不息"是中国传统道德的重要规范，代表中华儿女崇高的道德品质，也是中华民族贯彻古今的传统美德。"自强"是一种坚持不懈、勇往直前、积极进取、永不懈怠的精神状态，它对于一个人的成长具有巨大的鼓励和推动作用，是中华民族几千年熔铸成的民族精神。"自强不息"的"息"是停止的意思，"自强不息"就是要求自强这种人生格局、人生态度，永不停息，这就要求人们不断创新、不断创造出新的成就。"自强不息"作为一种积极的人生态度，其目标是修炼道德，成就事业。人类能够从动物进化为具有文明的种族，其中最主要的原因就是人能够产生自己的思想、能够丰富自己的内心，创造有别于动物的精神世界，而不是出于本能的进行采食。人类的思想不但可以完善自身的发展，而且可以更好地改造世界，同时还可以让自身与万物和谐的发展。当人们面对困难和挫折时，如果没有坚强的意志、不息的精神，就可能产生畏难情绪，想打退堂鼓、半途而废。作为一个自强不息的人，不应该灰心丧气、自暴自弃，要相信自己的力量，一定要勇敢地面对困难，勇往直前，做生活的强者。

3. 慎独自省

"慎独自省"是个人品德修养的最高境界，也是古今圣贤追求的崇高道德修养。一方面，所谓"慎独"，就是在个人独处时谨慎小心，后延伸为在没有他人在场监督时，严格要求自己、遵守道德准则、控制私欲，能够坚守自己的底线和原则。"慎独"是一种道德追求，在无他人的情况下表现出善的一面，更加强调自觉与自律，做人原则始终如一。另一方面，"自省"是个人对自我的审视和反思，反思自我的缺点，并加以改正。曾子曰："吾日三省吾身：为人谋而不忠乎？与朋友交而不信乎？传不习乎？"(《论语·学而篇》)古代圣贤对自己每天多次反省，包括对待他人、朋友、学习等，以实现自身道德修养。人非圣贤，孰能无过？人难免会犯错误，"自省"就是通过自身反省及时改正，完善个人修身道德。"慎独自省"是中华民族传统的修身之道，是完善个人道德修养必须遵守的传统美德，要求我们严于律己，从自身出发树立正确的道德标准和道德选择。

（二）家庭美德，注重家风家教

1. 仁爱孝悌

儒家思想的核心是"仁"，儒家认为"仁者爱人"。（《孟子·离娄章句下》）仁爱是中华传统美德的源头，有"与人为善"（《孟子·公孙丑上》）、"出入相友，守望相助"（《孟子·滕文公章句上》）的教导，更有四海之内皆兄弟的豪情。墨子在《兼爱》中提倡无差别的"爱"，主张"天下之人皆相爱"；韩愈在《原道》提出"博爱之谓仁"；朱熹在《仁说》中认为"爱之理，心之德"；《中庸》中指出"成己，仁也。"自我完善是"仁"。这些都体现出"仁爱"思想。"仁"内在包含克己思想、孝悌思想、温、良、恭、俭、让思想。首先，子曰："克己复礼为仁。"（《论语·颜渊》）体现克己思想。其次，子曰："弟子，入则孝，出则悌，谨而信，泛爱众，而亲仁。"（《论语·学而篇》）体现"孝悌"思想。子曰："巧言令色，鲜矣仁！"（《论语·学而篇》）讲求君子并非巧言令色者，而是"唯仁者能好人，能恶人。"（《论语·雍也篇》）孔子的"仁爱"思想是儒家思想核心，构成了中华传统美德的重要内容。古人十分重视孝道，孝是道德教化的源头，是道德素质最重要的部分。子曰："夫孝，始于事亲，中于事君，终于立身。"（《孝经·开宗明义》）孝道是从孝敬父母开始的，然后才能效力于君主，最后才能有所成就，意在强调孝敬父母是立世最基本的品德。在封建社会，传统孝道体现在"君为臣纲、父为子纲、夫为妻纲"，更有元代编录的孝子行孝的故事集《二十四孝》。"悌"是兄弟姐妹相互尊重、友爱，亲人之间的相处准则，是血缘社会最重要的道德。"孝弟也者，其为仁之本与。"（《论语·学而篇》）古代将"孝悌"作为圣贤的标准，孝敬父母、与兄弟友爱，是做人的基本道理。孟子曰："尧舜之道，孝弟而已矣。"（《孟子·告子章句下》）孟子意在强调有所成就之人，在处事及做人方面，只是遵守了最简单的孝悌。"老吾老，以及人之老，；幼吾幼，以及人之幼"（《孟子·梁惠王章句上》）告诫人们践行尊老爱幼美德。"仁爱孝悌"作为儒家伦理思想的核心，是中华民族生存和发展的根基，也是千百年来中国社会维系家庭关系的道德准则。

2. 勤劳节俭

我国疆土辽阔、土地肥沃、气候宜人，自古就是农业和人口大国，由此产生了中华农耕文明，中华民族也形成了"勤劳节俭"的美德。张昱在《务勤堂，为俊宜之赋》有"民生在勤则不匮"的教导，告诫人们勤劳的人就能丰衣足食。"勤劳"是辛勤劳动之意，是人们对待生活、工作的一种优秀品质，要求人们积极参加劳动，依靠自身劳动创造美好的生活。古代四大发明是中国人民依靠辛勤的双手创造出来的不朽文明，是中华民族勤劳的最好印证。"节俭"是人们的一种生活习惯，是一种有目的、有规划的生活和消费方式。古代深入挖掘了勤俭精神的思想源泉，"俭，德之共也；侈，恶之大也"（《训俭示康》）强调节俭是大德，是生活中最重要的品质和要求。更有唐代诗人李商隐"历览前贤国与家，成由勤俭破由奢"的告诫。我国自古就有勤俭治家的优良传统，"齐家"是古代家庭社会很重要的追求目标。古人认为，勤俭是治家的第一要务，没有勤俭的意识，就没有家庭的发展，没有家庭的和谐，就无法达到"齐家"的目的。做人先要能治家而后才能齐家，家庭勤俭自然也会使家庭变得和睦。"勤俭"可以分为"勤"和"俭"。"勤"就是做人要勤奋、勤劳；"俭"就是做人要懂得节约。"勤俭"是古代劳动人民对于生活的态度，代表了古代人民改变自然、珍惜自然的智慧。家庭中培养人们勤俭的传统美德，不但有利于家庭的和谐发展，同时有利于整个社会良好风气的形成。中国人民素来就有和衷共济、兼济天下的家国民族情怀，慷慨大方的待友之道，"勤俭"的美德是对于自身素养而言的，强调自身的修身养性，但并不代表做人要"吝啬"。"勤俭"可以看做治家、兴家的法宝，要求人们在生活中珍惜财物、杜绝浪费、精打细算、合理开支。不仅量入为出，而且尽量有所结余。严复曾告诫道："治家者，勤苦操作矣，又必节食省衣，量入为出，夫而后仓有余粮之积，门无所逋之呼。至于因浪费而举债贷赁，则其家道苦矣！"（《严复集》）意思是说，所谓治家，平时要辛勤劳动，又要节衣缩食，根据收入来计划支出，这样仓库中就会积存有余粮，门口就没有讨债的叫喝声。如果因为浪费而借贷欠债，那么他的家庭就要过苦日子了。这些话即使在社会生活水平普遍提高的今天，仍然有益。"勤俭"治家不在于家庭的贫富、官位的高低，我国古代不乏身居高位依然勤俭治家的例子。唐朝宰相张嘉贞可谓家世显赫，家族中"一门三相"，但是他依然能够勤俭治家，对于钱财能够保持理性，张嘉贞曾说："吾尝相国矣，未死，岂有饥寒忧？若以谴去，虽富田产，犹不能有也。近世士大夫务广田宅，为不肖子酒色费，我无是也。"（《新唐书·张嘉贞传》）意思就是："我曾经身居高位，官至宰相了，死之前，难道还需要考虑饥寒交迫的事情？如果哪天我获罪了，即使有再多的财产，也留不下。现在的官员们致力于置办产业，给不肖子孙们挥霍，我不会这么做。"

（三）社会美德，培养家国情怀

1. 精忠报国

自古以来，"忠"都是我国传统美德，中国传统的封建制度以"忠"作为最高的道德标准。《左传·文公·文公元年》记载："忠，德之正也。"强调只有具备"忠"的品质，德行才能端正。古代"精忠报国"是建立在封建君主制基础之上的，建立军功是报效国家的主要途径，忠君爱国强调政治层面的道德，"三纲"之一"君为臣纲"就是强调忠于君主。后儒家思想进一步强化"忠"的概念，自古"忠孝两难全"，报效国家与孝敬父母不能同时兼顾，孝敬父母要以服从国家利益为前提。"精忠报国"自古就是人们传扬的优秀美德，主要表现为对国家忠诚，在国家民族危亡之际不惜牺牲自己的生命。

2. 天下为公

"大道之行也，天下为公。选贤与能，讲信修睦。"（《礼记·礼运》）意在强调人们只有将天下作为公共的，才能实现和睦相处。"天下为公"以天下的兴衰为己任，与国家、民族共命运，为了国家和民族的兴盛，奉献自己全部力量。孔子认为"天下为公"是一种理想境界，更高的理想是"天下为公"的大同社会。孔子在努力向君主推崇"天下为公"时提出"为政以德，譬如北辰，居其所而众星共之"（《论语·为政篇》），认为这其实是一种实现手段。孔孟认为禅让制在追求"公天下"，选择统治者是"选贤与能，讲信修睦"的；自禹将王位传给自己的儿子时，"公天下"变为"家天下"，是"百姓各为其家"。但在世袭制的大环境下，孔孟的想法不切实际，他们转向宣传"仁"道，即使是在世袭制的环境下，依然能够通过"仁"实现"天下为公"。孟子认为，"国"与"天下"并不相等，"国"是有边界的，"天下"是没有边界的，且以民众的好恶为准，认为"民为贵，社稷次之，君为轻"（《孟子·尽心章句下》）。到了汉武帝时期，董仲舒在继承先秦儒家相关理念的基础上，认为"天下为公"只是为帮助其论证"君权神授"，认为君主的权利是上天授予的，皇帝受到"天"的监督，顺应自然法则，并开始"渴求"在实际意义上的"家天下"等同于"公天下"。在中国古代封建统治下，封建君王认为"普天之下，莫非王土"，认为"天下"是自己统治下的全部领土。宋代范仲淹"先天下之忧而忧，后天下之乐而乐"（《岳阳楼记》）、陆游"王师北定中原日，家祭无忘告乃翁"（《示儿》）等诗句，都表达出对国家安危的忧思情怀；

明末顾炎武"天下兴亡,匹夫有责"(《日知录·正始》),体现了国家兴亡的个人责任感;近代林则徐"苟利国家生死以,岂因祸福避趋之"(《赴戍登程口占示家人二首》),体现出为了国家的存亡奉献个人全部。当下,"天下为公"的最高表现,就是个人利益坚决服从国家、社会整体利益。"天下为公"的传统美德,塑造了中华民族的高尚品质、培育了民族精神,激励中国人民为了国家富强、民族振兴奋斗不息。

3. 廉洁敬业

"廉洁"即清廉洁净、正直清白、不贪不占,古代多指从政者,后也指一般人所具有的道德品质。"廉洁"在先秦之前就是重要的道德规范,孟子曰:"可以取,可以无取,取伤廉。"(《孟子·离娄章句下》)教导人们要廉洁。"廉洁"是人们对待权力、钱财的正确取向,是历朝历代所倡导的优秀美德,是中华民族的共同价值准则。"敬"在古代具有严肃认真之意,子曰:"道千乘之国,敬事而信,节用而爱人,使民以时。"(《论语·学而篇》)孔子告诫人们做事情要严谨认真。"敬业"是指热爱自己的事业,认真对待工作和远大职业追求,更强调做人、做事的道理,强调个人的责任心,当代发展为"工匠"精神。如大禹三过家门而不入、诸葛亮《出师表》彰显使命和责任。"廉洁敬业"一是对自己的行为严格要求,二是督促他人在工作岗位上行为规范。

(四)处事美德,构建和谐社会

1. 谦让礼貌

"谦"指为人处事低调、不自满,正确认识自己的才能,尊重和虚心向他人学习的品德。古人更有"满招损,谦受益"(《尚书·虞书·大禹谟》)的告诫,也是为人处事的道德要求。《春秋·左传·文公元年》记载:"卑让,德之基也。"强调"谦让"是德行的基础。"谦让"具有谦逊、善待、宽容他人之意,以"谦让"的姿态避免冲突和化解矛盾,更是一种道德规范。"礼"在中国伦理道德生活中占据重要地位,是"五常"(仁义礼智信)之一、"八德"(孝悌忠义礼义廉耻)之一、"四维"(礼义廉耻)之首,古代道德标准都有"礼"的规范。"礼"原指封建社会的典章制度,代表尊卑等级秩序,后指对待长辈或他人讲礼貌,它是人际交往的行为规范,更是衡量个人修养品德的标尺。中国自古重视"礼"的教育,春秋末期,诸侯国逐渐发展壮大,礼乐制度遭到破坏,社会秩序混乱,孔子希望通过恢复西周的礼乐制度,指导人们的社会生活,维持社会稳定。子曰:"不学《礼》,无以立。"(《论语·季氏篇》)孔子告诫人们要懂得等级秩序、遵守规范礼节,才能在社会上立足。"谦让礼貌"在中国古代社会具有很高的地位，是中华传统美德的重要组成部分，强调在待人接物过程中，个人的言行及行为符合礼仪规范。当前，"谦让礼貌"已经成为中国人民的象征、中华民族国际形象和品质特性的标志，是建设社会主义精神文明建设的重要内容。

2. 宽厚笃行

"宽厚"即待人不严苛，有宽宏大量、大度之意。《易传·文言传·乾文言》中说："君子学以聚之，问以辩之，宽以居之，仁以行之。"意在强调君子要胸怀宽仁之心。《易传·象传上·坤》中盛赞大地的品德"坤厚载物，德合无疆"，厚实的土地孕育和承载着世上万物，大地品德深厚无比，接着以此来隐喻君子的品德，"君子以厚德载物"《易传·象传上·坤》，君子应该像大地一样包容万物、胸怀宽广。中国古代的宽厚之道更多的是理解、宽容、尊重、善待他人，有"宰相肚里能撑船"的至理名言、"成大事者必不拘小节"的教导。"宽厚"更有严于律己，宽容待人的表达，子曰："己所不欲，勿施于人。"(《论语·颜渊篇》)孔子告诫人们自己不想做的事，不要强加给别人。"笃行"具有踏实做事、目标坚定之意，做到"知行合一"。《礼记·儒行》记载："儒有博学而不穷，笃行而不倦。"告诫人们要将知识与实践相结合。"宽厚笃行"作为中国传统的价值规范美德，自古以来一直都是中华民族为人处世的正确做法，代表中华民族包容和实干的精神。

3. 以和为贵

儒家《论语·学而篇》中最早出现"礼之用，和为贵。先王之道，斯为美。小大由之"。《论语》不仅教导人们如何立身处世，同时它也在教导统治者如何治国理政，时至今日，它在人际关系或个人行为准则方面还发挥着重要作用。中国传统文化中的"以和为贵"的思想理念从古至今都备受社会生活与政治生活领域的关注。"和"代表了古人对美好的、理想的生活的向往之情，也显示出他们对和谐社会的渴望与追求。"以和为贵"思想不仅对国家有要求，同时对个人也具有一定的约束力。道家认为，阴阳的矛盾运动决定了宇宙万物的出现。老子主张阴阳调和一气；庄子也认为是阴阳"两者交通成和而物生焉"(《庄子·外篇·田子方》)。道家强调事物具有对立性，而且在一定条件下可以互相转化。因此，在看待问题的时候一定要把握住事物的对立面中的和谐、平衡。儒家强调人际关系，注重和谐；而道家重视一个人在为人处事的方法上要"以和为贵"，这就是两者之间的差别。可以说无论是儒家还是道家，在解释"以和为贵"中的"和"上没有优劣之分，只有角度的不同。《论语》马融注："人知礼贵和，而每事从和，不以礼为节亦不可行。""和"是一种处事原则，具有和谐、和睦、协调、融洽多重含义，既包括人与自然之间的共存关系，也包括人与人之间人际关系。一方面，"以和为贵"、重视和谐是古代先哲的经验总结，是处理各种社会关系的准则，是传统文化的精神之一。中国古代以儒家为代表的思想家倡导人与自然、人与人、人与社会、个人自身和谐发展，对后世历代社会的和谐起指导作用。另一方面，古代"和"不是无差别的统一，而是有差异的和谐，追求等级社会的安定。虽然儒家和谐思想是建立在封建君主制度之上的，是为了维护封建等级制度，但对社会和谐稳定及提高平民道德修养起重要作用。

4. 重义轻利

义利之辨是道德哲学的基本问题，也是中国传统伦理道德不衰的争论。义利观是古代社会对于道义、利益的主张和观点，体现传统社会对待义利的优良道德品质，表现为传统道德伦理社会的价值取向。"义"指道义，是为人处事基本的道德准则；"利"指利益、功利，是与"义"对立的道德价值取向。《淮南子》中记载："故君子惧失义，小人惧失利。"强调君子能够理性对待个人利益。在古代传统道德社会，儒家义利观是主流意识形态，倡导"先义后利"、重义轻利。子曰："富与贵，是人之所欲也；不以其道得之，不处也。"（《论语·里仁篇》）孔子告诫人们君子要通过正当途径获得财富。又曰："君子有九思：视思明，听思聪，色思温，貌思恭，言思忠，事思敬，疑思问，忿思难，见得思义。"（《论语·季氏篇》）强调君子遇见利益，会思考是否符合道德利益。因此，儒家义利价值观要求我们理性对待个人利益，"君子爱财，取之有道"（《增广贤文》）。"重义轻利"思想，是中华民族的道德价值准则，促进中华文明的进步，对我国诚信市场建设、社会主义和谐社会建设、当代社会的反腐倡廉，提供了道德价值标准。

二、中华传统礼仪

中国古代有"五礼"之说，即"吉礼、凶礼、军礼、宾礼、嘉礼"，其中，"吉礼"是用于祭祀的礼仪；"凶礼"是关于丧葬的礼仪；"军礼"是关于战争的礼节与仪式；"宾礼"是天子与诸侯、诸侯与诸侯、士与士之间相互会见及接待宾客的礼仪；"嘉礼"则是一种在社会交往中亲近人际关系、联络沟通感情的礼仪，主要有饮食、婚冠、宾射、燕飨、贺庆等礼仪。这些传统礼仪文化经过数千年的发展与嬗变，至今对人们的社会生活影响深远。传统礼仪属于中国传统文化基本内容中的道德规范的范畴。中国素有"礼仪之邦"之称。在儒家思想"不学《礼》，无以立"的长期的教育与熏陶之下，古人把礼仪变成了一种刻在骨子里的生活习惯，在日常生活中自觉地履行着，而且在潜移默化中影响着后代子孙。礼仪能够反映一个人的交际能力、文化素养、道德修养，是每个中华儿女的立身之本，同时它也作用于规范人们的行为、提升人们的道德境界、维护社会秩序等方面，体现中华民族的民族素质和道德修养，并且在一定意义上反映着国家的文明程度。从受众的广泛性、长久性和通俗意义上来讲，中国传统礼仪文化在内容上可以分为：生养成长礼仪文化、婚嫁丧葬礼仪文化、个人形象礼仪文化、社会交往礼仪文化、节日节俗礼仪文化。

（一）生养成长礼仪文化

生养成长礼仪文化是人类社会生活中非常重要的礼仪文化活动，是人生进入各个不同发展阶段而举行的礼节仪式。生养成长礼仪主要有诞生礼仪、成年礼仪、祝寿礼仪等。中国古代社会以家族为本位，传宗接代是家庭生活的头等大事。为此，当一个崭新的生命呱呱坠地时，人们都会举行多种仪式进行庆祝，诞生礼仪便随之产生。诞生礼大致有诞生、三朝、满月、百日、周岁等内容，其中周岁礼最为隆重。在周岁礼当天，婴儿要戴"长命锁"，行"抓周礼"，这是其人生历程中的第一个生日，也是今天人们庆祝"生日"的由来。生日，催促着人的成长，传达着人与人之间的真切情谊，是人生道路上的重要里程碑。成年礼是男女青年跨入成年阶段举行的礼仪。在中国古代，男子成年行冠礼，女子成年行笄礼，其目的是促使成年男女获得一种"成人"的意识，使其深刻认识到自己身上所肩负的家庭与社会责任，从而更好地孝敬父母，报效国家与社会。祝寿礼是祝福老人健康长寿的礼仪，是古代联络家族亲情的一种礼仪习俗。古代祝寿礼主要有送寿帖、设寿堂、行寿仪、吃寿宴、贺寿礼等仪式，祈福、祝愿老人长命百岁，享天伦之乐。现代社会延续中国古代社会生养成长的礼仪传统，既郑重祝贺了一个人的诞生、成年与寿辰，也在喜庆的气氛中教育着当代青年勇于担责、尊老孝亲、学会感恩、养成良好品德。

（二）婚嫁丧葬礼仪文化

婚嫁丧葬礼仪文化是关于婚嫁与丧葬的礼仪文化。婚姻是一个人的终身大事，它对于一个家族的延续及整个社会的稳定都具有极其重要的作用。婚嫁礼仪是使成年男女恩爱相亲而举行的婚嫁仪式，是一种男女成亲的礼仪。婚嫁礼主要有纳采、纳征、请期、亲迎等礼节仪式。纳采以示提亲、纳征以行聘礼、请期以择良时、亲迎以接新娘，这些都是古代成亲必不可少的婚嫁仪式，也只有这样，男女双方才能结为婚姻关系，才能得到家族与社会的认可。现代社会亦是如此，一场婚礼前前后后大致要筹备数日，历经多道礼仪程序，众人张罗、高朋满座，场面极其热闹。丧葬礼是凶礼的主体，是生者为了哀悼逝者举行的仪式与活动，以此来表达对逝者的尊敬与爱戴。古代丧礼主要有哭丧礼、吊丧礼、出殡礼、服丧礼等礼节仪式，葬礼主要有土葬、火葬、水葬、风葬等几种形式。古人丧葬礼仪细节较多，从逝者遗体的处理、到丧礼的规模大小，再到丧服的设计制作等，都很有讲究。在中国古代，上自帝王、下至百姓，没有一个不重视丧礼的，因而民间有"礼莫重于丧"的说法，这其实也是后代子孙尽忠尽孝的表现，是中国传统"孝"文化的彰显。婚嫁丧葬礼仪伴随着每个人的一生，也是人生礼仪的重要组成部分。

（三）个人形象礼仪文化

个人形象礼仪文化是社会个体在长期的日常生活中形成的礼仪行为规范，是一个人内在道德品质与礼仪文化修养的外化，主要包括仪容、仪态、仪表、言谈举止等方面。大方的仪容、得体的仪态、整洁的穿着、温和的言语，是古代君子拥有美好形象的必备要素。中国古人时刻注重自己的仪容仪态，讲究容颜庄肃、神态端庄，即使是笑，也不能过于轻率放浪。此外，古人还高度重视自己的衣着与服饰。正所谓"中国有礼仪之大，故称夏；有服章之美，谓之华。华夏一也"（《左传注疏》），中国古代服饰华美、艳丽夺目。在历史上，各朝各代都有自己独具风格的礼仪服饰，且不同的礼仪活动，规定有不同的礼服。但需要强调的是，古代社会并非只重外表，而是主张表里一致。古人认为，美丽的仪容、漂亮的服饰必须与美德相称。一个人只有具备谦虚的态度、诚实的内在及美好的品行，才能不失君子的气质与风度，才能对外展现良好的个人形象。反过来讲，我们也能够从人们的外在言行中看出一个人的内在德性与教养。由此可见，个人形象礼仪对于个体的成长与发展至关重要。

（四）社会交往礼仪文化

社会交往礼仪文化是人们在社会交往活动过程中形成的行为准则与规范，是一种亲近人际关系、联络沟通感情的礼仪文化。社交礼仪主要包括称谓礼仪、相见礼仪、书信礼仪、宴请礼仪等，其核心是尊重、礼貌、适度、自律。称谓礼仪是人们在日常交往中称呼他人的礼仪。在古代社会交往中，称呼不可随意乱用，必须选择符合彼此身份及年龄的恰当称谓，以示对对方的尊敬程度。称谓礼仪一般有姓名称谓、亲属称谓、职务称谓等类型。相见礼仪是人与人日常相见时的一种重要礼节，以此表示友好之意。人们日常见面既要热情，也要有礼。古人见面有作揖礼、抱拳礼、拱手礼等礼节，除此之外，还有绍介、辞让、奉赞、还赞等相见礼节。书信礼仪是人与人之间相互沟通、联系的礼仪形式，其中的书信格式、称谓语、思慕语、祝愿语及署名敬辞等非常讲究，体现出人与人之间谦敬、尊卑、礼貌的礼仪关系。中国古代十分重视书信礼仪，有《内外书仪》《书仪》《报任安书》等书信礼仪专著。古代书信根据收信人年龄、身份、性别的不同而有所区别。宴请礼仪是古代宴饮活动中的一种礼节仪式。我国早在远古时代就已经形成了完整的座次、入座、布菜、进酒等宴请活动礼仪。迎客之礼还有很多讲究。比如说与人说话时，也需要注意细节。在《庖丁解牛》中，"庖丁释刀对曰"，庖丁是先放下手中的刀，才回答文惠君的话。这一细节就体现了庖丁的修养很高，礼节做得非常好。即使是在当今社会，拿着刀对着别人讲话，都是一种粗鲁、不礼貌的行为。还有一点就是招待客人时，怎么样安排座次，这也是一门很高深的学问。在《子路、曾皙、冉有、公西华侍坐》一文中，"侍坐"这两个字就直接明了、开门见山地体现出了孔子弟子对孔子的尊重。师徒四人在一起畅谈理想人生，弟子在孔子近旁陪坐，既显亲近又不失礼节。中国传统社会尊礼重礼，礼仪也成为每个人必备的社交礼仪。人是社会的人，人们只有学礼仪懂礼仪，才能够在社会交往中创造出和谐融洽的人际关系，进而提升自身的人际交往能力。

（五）节日节俗礼仪文化

节日节俗礼仪文化是人们在长期的共同生活与社会实践过程中，建立与传承下来的生活习惯与文化习俗，它是一种群体的社会共识，体现的是中华民族共有的文化认同与价值追求。中国古代有许许多多的传统节日，比如春节、元宵节、清明节、中秋节及重阳节等。在春节，人们扫尘、拜年、吃饺子，以除旧布新、迎禧接福；在元宵节，人们观灯、舞狮、吃汤圆，以求来年平安顺遂、国泰民安；在清明节，人们扫墓、踏青、插柳，以缅怀英烈、弘扬孝道亲情；在中秋节，人们举家团坐、饮酒赏月、同分月饼，取团圆和合、幸福美满之意；在重阳节，人们登高远足、喝菊花酒、吃重阳糕，向老年人表达敬意。在数千年的历史发展进程中，中国传统节日与节俗礼仪文化早已成为人们自觉遵守的群体习俗与生活模式，对于维系社会整体生活的和谐及国家政治统治的稳定起到了重要作用。现代社会也愈来愈重视中国传统节日与节俗礼仪文化，每逢传统节日，人们都会按照当地传统节日礼俗提前准备、隆重庆祝，使中国优秀传统节日节俗礼仪文化能够世代相传、绵延不绝。

可以看出，中国传统礼仪文化种类繁多、涉及广泛，有穿衣之礼、宴饮之礼、见面之礼、祭祀之礼、寿诞之礼、婚丧之礼等诸多礼仪，几乎囊括了人们社会生活的各个领域。中国传统礼仪文化不仅对古代民众社会生活的方方面面作出严格规定，也深刻地影响着现代人的生活方式与价值观念。

三、中华优秀传统家训

中华优秀传统家训主要是立身、治家、处世、为学的经验总结和教子、治学、慕贤、勉学、忠义等，是家中长辈对于人生阅历的感悟，希望后世从中学习，能够不碌碌无为，更好地成长成才、为国尽忠、青史留名。

（一）修身立世的个人品德

中华优秀传统家训大都极为注重修身的思想，其内容主要是注重人格的培养、习惯的养成及个体对社会的责任感。古代先贤家训通过修身培养后世子孙的个人品德修养，达到"己所不欲，勿施于人"的人生境界，进而通过修身立世更好地实现治国平天下的人生理想目标。《道德经》中强调"重修身，则无不克"，更加强调了修身的重要性，只有全面深入地培养个人品德修养，才能积极地投入实现自我价值中去。

1.淡泊远志，立志修身

个人的修身教育始终是中华传统家训最重要的内容，目的是使子孙后代养成"内圣外王"的人格和品质，然后逐步实现"齐家、治国、平天下"。传统家训修身教育的内容包括教导子女立志、勤勉好学、养成良好的品德等。修身首先要立志。例如嵇康写给儿子的《家诫》中强调了立志对于个人成才的重要性，不仅要从小确立志向，还要志向高远，有了目标才有奋斗的动力。修身其次要做到勤勉好学。内因是人成才的关键，自帝王将相到普通平民家庭都教导子孙勤勉不息、自立自强。修身要具备良好的道德修养，"进德""修业"是重中之重，传统家训高度重视子孙的道德教育，只有具备良好的道德修养才是做人的根本。

修身乃安身立命的前提，中国古代封建时代虽推崇积极入世融于社会，但同时也崇尚"从心所欲，不逾矩"（《论语·为政篇》）的君子之境。个人作为家族的一分子，其言行、品性的高低无时无刻不影响着家族在外的风评，对子弟进行修身教育是保全家族颜面声誉的途径，也是家族持续兴盛的有力支持。明代徐三重在《家则》中有言，"以为子孙富贵地，吾不可知也，但愿子孙读书后，便要立志以孔孟行谊学力，自成人品，清白方正"，不为世人所鄙笑。直接明了地讲明对子弟而言，安身立命需修身。修身为科举取士、济世安民打卜根基，为官者良好的修为对于百姓实则福泽，子曰："道之以政，齐之以刑，民免而无耻。道之以德，齐之以礼，有耻且格。"（《论语·为政篇》）通过修身以期达到的最高目标是"平天下"，个人、家族、国家紧密相连，构建起良好的社会秩序。功名利禄荣耀一时，良好品行受益终生。《温氏母训》记载温璜的母亲教诲他，"世间富贵不如文章，文章不如道德"。修身自持，即使才华不被认可，亦可悠然一生，正如《家诫要言》说的，"熟读经书，明晰义理，兼通事务。世乱方殷，全然岭淡"，世变弥殷，只有读书明理，修身独善才为上策。总之，修身教育失意可安身，得意可生辉。

"志为事之帅"。立志不仅是人生的必修课，还是一个人成长成才的先决条件。中华优秀传统家训大都将立志理想与成才相联系，希望子孙后代都能尽早立志、学以致用。志向，就好像攀一座山，是一个人不断前进的动力，是不管前面的山有多高、道路有多崎岖，都应一往无前的奔跑，即便是中途遇到困难，也会凭借着理想信念克服重重困难最终到达终点。王安石在《游褒禅山记》中写道："夫夷以近，则游者众；险以远，则至者少。"拥有胸怀大志的人，向来不甘心默默无闻，他们终有一天会克服困难、实现梦想、到达顶峰。

诸葛亮给儿子起字叫思远，希望儿子以后拥有远大的志向和理想。《诫子书》是诸葛亮写给儿子诸葛瞻的家训，全文开宗明义："夫君子之行，静以修身，俭以养德。非淡泊无以明志，非宁静无以致远。"人要有远大的理想信念必须拥有的充分必要条件是：静、俭。人若是想要拥有一定的才学，就一定要努力学习并且一定要树立坚定不移的志向，要保持内心的平和安静不被外界扰乱心神，因为内心不够宁静就不能专心向学。专心向学的同时还要保持节俭的品性，因为生活过于追求享乐就容易玩物丧志、丧失斗志，保持节俭朴素的心境才能提高道德修养。无论外界的诱惑多么强大、社会多么纷繁复杂，都能在激荡的生活中保持本性、拒绝干扰。

作为"竹林七贤"之一的嵇康，其一生钟爱老庄之学，擅长音律弹琴，注重养生。在《家诫》中提出："人无志，非人也。"把"立志"看成是做人的最基本的要求，一个人要是没有志向地活在这世上，每天无所事事地混日子，那他就不配做个人了。魏晋时期嵇康不愿依附司马氏，辞掉官职，隐居山林。告诫儿子，不要整天像他一样胡乱度日、无所作为，而是应该早早确定自己的志向，确定自己的目标和方向，成为对社会有用的人。

2. 勤勉自律，修身立世

中华优秀传统家训认为勤勉与自律是修身立世的重要条件。首先，学贵在勤勉，诸葛亮在《诫子书》中提道："非学无以广才，非志无以成学。"只有勤勉于学习才能实现自己立下的志向，诸葛亮在强调立志的同时还强调对于学习要有发奋苦读的精神，只有有立志苦读的精神、持久不变的毅力，才能在提升自身修养的同时实现自己的人生理想，而勤勉是取得成功的前提条件。其次，要做到学贵自律。曾国藩在家书中提到"看书不可以不知所择"，认为读圣贤书不仅要感知从前的文化氛围、领略前人的文化积淀、感受古人的智慧精华，还要有目标、有选择、更要"每日读史十页"坚持不懈达到自律的境界。这样才能不断地提高自身的能力和知识文化水平，通过自己所学，让自己明理、明志，成为对国家有帮助的人。最后，学贵在有恒，傅山在《家训·十六字格言》中一个"勤"字，强调学习知识一定要有勤勉努力、刻苦钻研、坚持不懈的精神。在读书的过程中还要专心致志、持之以恒，这样坚持不懈的每日学习，才会步步精进、日积月累才会学业有成。读书如此，办事做事也应做到这样。

（二）治家尚俭的家庭美德

古往今来，时代更迭，春秋更替，一代又一代的少年变为老人，一个又一个的中国人身体力行地继承着尊老爱幼的优良传统。中国古代纲常伦理严明，将对于父母的爱称为"孝"，将对于兄弟的爱称之为"悌"。"孝悌"是维护封建社会中人与人之间关系的纽带，古时的家族长辈具有绝对的权威，十分重视长幼有序、孝敬父母、兄友弟恭的相处模式，形成了一系列的相处方式和准则。

1. 同族和睦，与邻为善

中国古代的家族观念很重，强调"家和万事兴"，只有把家庭管理好，才有资格管理国家。传统家训教导子孙要齐心协力、互帮互助，以维持整个家族的兴旺与延续。首先要维持好家族内部的各种重要关系，其中夫妻关系、父子关系、兄弟关系这三者最为重要。夫妻之间要和睦、举案齐眉，共同管理好家庭。夫妻双方互敬互爱，才能营造和谐的家庭氛围，是家庭稳定的基础。父子之间要父慈子孝，历代家训都非常重视父母对子女的教养，把训诫子弟看作为人父母的责任，长辈需以身作则，给子女树立好的榜样，长辈要尽心教育抚养子女，子女也要孝顺父母。兄弟姐妹之间要做到"兄友弟恭"，兄弟之间和睦相处、彼此信任、互相帮助，家族才能兴旺发达。

家庭成员间的和睦相处有助于日常生活的平稳进行、邻里和谐、更好的稳定社会秩序，是谓"齐家""兴家"之道。父子、兄弟、夫妻三者之间的关系，是中国传统人伦关系中最重要的组成部分。只有家庭成员之间的和谐相处、友善互爱，才能形成和谐有序的家庭氛围。

家庭成员间的和睦相处，首先，表现在在父母对子女的严慈相济，子女对父母的恭顺孝敬，同时要用适当的礼节去爱父母长辈。《礼记·曲礼》中提到：做晚辈子女的，在隆冬之时要注意父母长辈穿得是否暖和，所身处的居所是否温暖；夏天要考虑父母长辈身居之所是否凉爽；夜晚就寝之前要向父母双亲问安；早晨起床之后要像父母长辈询问是否身体康健；与平辈之人和平相处，不可发生争执等。其次，表现在同辈群体之间的互谦互让、团结友爱、互相帮助的兄友弟恭的同辈关系上。"有事相佐，饥寒相恤，有无相通，疾病、患难相顾，善相劝，过相规，勿分纤毫"（《昆山安定胡氏世谱·家训》），即遇到事情的时候要互相商量，饥寒交迫时要相互帮扶渡过难关，有疾病困难时要相互照顾、相互帮助，有过错要加以友善的规劝，但是兄弟之间不可以相互猜忌、心生芥蒂。最后，表现在相敬如宾、互相尊重、互敬互爱的平等的夫妻之间的关系上。"居家久和者，本于能忍。"（《袁氏世范》），袁采对于夫妻之间的长久相处关系，总结出一个字"忍"夫妻之间本没有大的矛盾，不用非要论出输赢才罢休，只有互相尊重、互相退让一步，才能达到理想的夫妻间的和顺关系。

亲人之间的和睦相处能够形成良好的家庭氛围，邻里之间的和谐相处能够形成和睦的邻里关系。善待邻里关系一直是中华优秀传统家训中的重要组成部分。曾国藩曾叮嘱家人要善待乡邻，"'有钱有酒款远亲，火烧盗抢喊四邻'，戒富贵之家不可敬远亲而慢近邻也。"他认为世家大族最应该做到的就是善待乡邻，有灾难祸难之时一定是乡邻出来帮助。处理好乡邻之间的关系，对世家大族有深远的影响。同时，长辈们的以身施教也深深影响着氏族子弟的处世之道。

2. 崇节尚俭，以兴家业

《大学》写道："仁者以财发身，不仁者以身发财。"吝啬的人为了收敛钱财不择手段，把敛财当作人生的唯一目标；而勤俭者则与之大不相同，他的目标不仅在于积累一点一滴的财富，还在于更好地生活，必须拥有幸福、快乐、友情、亲情、道德等。就如朱柏庐在《朱子家训》中提道："一粥一饭，当思来之不易；半丝半缕，恒念物力维艰。"也许节约的一点一滴并不算什么，但在漫长的生命中，总有一天会发现一粥一饭、一丝一缕的重要。

自古富贵莫过帝王之家，唐代时经济尤为发达，堪称世界物质文明的中心，集中了天下大部分财力，奇珍异宝更是不在少数。如此广大的财富要如何才能守住，而不至于挥霍殆尽呢？唐代帝王十分注重对众皇子及亲眷节俭意识的培养，经常告诫他们要远离骄奢淫逸的生活习性。而要使娇生惯养的皇子做到崇俭戒奢却又着实比平常人家更难。李世民深知这一点，他因此在《诫皇属》中写道："汝等生于富贵，长自深宫，夫帝子亲王，先须克己。每著一衣，则悯蚕妇；每餐一食，则念耕夫。"他认为众皇属自幼生长在皇宫之中，从出生之日起就享有无尽荣华富贵，自然不懂得富贵来之不易，因此需要严格要求自己，每一衣当思妇人之辛劳；每一饭，当想农夫之艰辛。以上唐太宗对皇亲国戚的殷切期盼，归根到底是劝他们要珍惜这来之不易的富贵，通过严于律己的崇尚俭德，影响到黎民百姓，以守天下之财。唐太宗认为保持节俭十分重要，他列举了古代艰苦创业的君王，他们一定拥有节俭的德行。虽然这些人四海之宝尽在其身，但是贵为天子却能淡泊而不奢侈。接下来又具体说明了他们是如何奉行节俭的。他们居住的地点是用茅草盖的房屋，使用的车马、服饰都不加以装饰，甚至所吃的肉汁都是不加调料的。

提倡节俭、反对奢侈，对一个人和其家族的影响是巨大的。世家大族对个人的节俭尤为重视，它是中华民族至今都在秉承的传统美德之一。首先，节俭是家族成员的必修课。曾国藩曾在家书中提到："世家子弟，最易犯一奢字，一傲字。"世家大族的子孙后代，最不应该奢侈度日、自持骄傲，应将主要的精力放在读书学习上。其次，勤俭能养德修身。勤俭节约已经成为中华民族的特定文化，已经被传颂了千年之久，已被每一个中华儿女牢记于心。曾国藩在写给长子曾纪泽的家信中写道，起床后的第一件事情便是去打扫庭院，随后静心练字一千个，而且第一个字一定要写"俭"。曾国藩以勤俭作为标杆，身体勤劳在于早起运动打扫庭院，心里干净在于懂得节俭并身体力行、付之行动。最后，崇俭能立业兴家。司马光在《训俭示康》中提道，俭能立名成业，侈必随落自败。他认为一个人崇节尚俭、勤勉自律就一定会功成名就；奢侈度日、奢靡浪费则一定会堕落失败。安徽绩溪《章氏家训》有云："传家两字，曰耕与读；兴家两字，曰俭与勤；安家两字，曰让与忍。"耕与读可以传家，俭与勤可以兴家，忍与让可以让家族长治久安。这从侧面写出了俭与勤对于兴家的重要性。

勤俭是治家之根本，崇节尚俭不仅能使家业持久壮大，还能使一个人养成勤劳节俭、拒绝铺张浪费的良好生活习惯，为以后的漫长人生做好铺垫，给子孙后代做出良好表率。

（三）宽厚廉政的职业道德

1. 严于律己，宽以待人

古代圣贤对晚辈的交友十分重视，《易经·乾文言》所写："同声相应，同气相求。"优秀的人，才会遇见更加优秀的人。一个人入世免不了与人打交道，传统家训往往根据以往的经验来传授子孙如何与人打交道。首先，中国文化强调"以和为贵"，待人处事要与人为善，与人交往要和颜悦色、宽厚待人，在自己有能力的情况下多行善举，救难济贫。其次，交友要慎重，多与君子打交道。例如《颜氏家训》提出：与善良的人相处就好比进入满是芝兰的屋子一样，时间一长自己也变得芬芳起来；与恶人相处，就像进入满是鲍鱼的店铺一样，时间一长自己也变得腥臭不堪。强调多与品行高洁的人相处，这与古语"近朱者赤近墨者黑"是同样的道理。

古人对交友十分重视，作为一代贤人的孔子提出了"无友不如己者"（《论语·学而篇》）的交友准则。在选择的朋友的过程中要义以为上、安贫乐道，不仅要以君子的高标准要求自己，同时也要以此标准来选择自己的朋友。《墨子·所染》中关于人性言："染于苍则苍，染于黄则黄。"素丝受影响会变色，人受影响也会跟着改变，强调了客观环境对人的影响，以此来说明谨慎择友是十分重要的事情。人生最初如一张白纸，与不同的人交往或多或少都会在心里留下不同的痕迹。社会是一个大染缸，如果一个人心怀坦荡、团结友爱、尊老爱幼，那么他身边的好友也会有相同的美好品格。拥有相似脾气、兴趣爱好的人往往会相互吸引，与优秀的人相交往，做事往往事半功倍；与恶劣的人相交往，做事往往事倍功半。

在与朋友交往的过程中，要做到言而有信、诚礼相待、懂得成人之美。中国自古以来就极为注重礼仪，对于交友的更高要求就是"仁"，它是人们内心的道德自律。对待朋友的错误要有宽容的精神，人非圣贤，孰能无过？人生在世人人都会犯错，推己及人，朋友会犯错，自己也会犯错。首先，对待朋友的过失要宽以待人，有包容忍让之心。王阳明在家书《示宪儿》中提道："能下人，是有志。能容人，是大器。"无论身份地位如何，都要拥有容忍和谦卑的心态。其次，对待自己的错误要"过，则勿惮改"（《论语·学而篇》），自省过后主动加以修改更正，不怕别人在背后议论，不怕丢脸犯错，也不怕改错过程的困难。以对待自身的言行举止为参照物来对待朋友，以更加宽容的精神和更加真诚的心态，在纷繁的世界中相互理解、相互包容。

2. 廉洁奉公，清白传家

廉洁是一个永恒的话题，也是一个社会永恒的价值追求。纪晓岚在临终遗训中提道："贫莫断书香，贵莫贪贿赃。"告诫子孙后代做人一定要堂堂正正、品性正直、无私无畏、一身正气、两袖清风，最重要的是不要贪赃与枉法。这也是中华优秀传统家训中反复提及的重要词汇。廉洁正直之人，历来被称为"古之楷模，今之模范"。纪晓岚一生清贫，用自己廉洁正直的一生为子孙后代做榜样。

包拯一生刚正不阿、廉洁公正、刚毅果敢，深受百姓爱戴，不仅严于律己，也同样严格要求身边的部下，不准下属贪污受贿、徇私舞弊。在对待子女的教育问题上，专门撰写家训，要求后代子孙要清正廉洁、忠于职守，继承其清白家风，并将家训刻于堂屋东壁的石碑之上，以此警戒后世子孙。包拯在家训中提道："后世子孙仕官有犯赃滥者，不得放归本家，亡殁之后，不得葬于大茔之中，不从吾志非吾子孙。"这样强而有力的态度使包氏家族千百年来形成一种上行下效的清白家风，且一直传承至今。

骄奢是磨灭一个人意志的最主要因素，唐太宗认为骄奢浪费至辱，崇尚节俭为荣，俭与奢是荣与辱的开始。然而人具有主观能动性，是奉行节俭还是奢侈无度需要有所选择，但祸福也会随之而来。假若人的情欲有所减少，则高尚的德行就会日渐充足；若被千百种欲望所左右，则凶事即来。这就如丹桂内的蛀虫、朱火内的烟尘一样，虽微小，却会造成巨大的影响。由此观之，人的意志是可以主宰欲望的，否则必然会使意志低沉。李世民认为，作为君主如果行为奢侈、喜爱玩乐，甚至放荡无度，那么一定会使农桑荒废；作为君主如果喜好奢华的宫殿、爱玩珍珠宝贝璎珞、喜穿华贵无比的衣服，那样一定会使赋役繁重，极寒丛生。如此之事，长此以往必然会导致人神共愤的结局。由此观之，皇室虽富贵广大，却也更易生骄奢，若不加以控制定会致使王朝倾危。

北宋中期，商品经济已经高度发达，奢侈浪费的不良风气弥漫着社会上下。司马光十分不喜欢这种铺张浪费、极尽攀比的奢华之风，害怕儿子沾染不良风气，希望司马康从小就继承司马家族的清白家风，随即撰写《训俭示康》对儿子进行清正廉洁的家庭教育。在家训中司马光列举大量实例对儿子进行崇俭抑奢教育，从正反两方面告诫司马康奢靡浪费、奢侈度日的危害。并结合自己从小"衣取避寒，食取果腹"的人生经历，身体力行地对儿子进行品格培养。最后，司马光要求司马康身体力行地教化后代，谨记崇节尚俭的家训，传承清白廉洁的家风。这样也在极大程度上使司马家族避免了因奢华家风而衰败的结局。

为官自然要大德当道、心系百姓，宦海沉浮，诱惑颇多，在官场守住本心是明清家训中所要训诫子弟的箴言。明代官员徐三重在《徐氏家训》中告诫有幸出仕的子弟"当以国事为家事，民心为己心，不得但躐荣名，苟图身利"。鸿州先生赤子之心，教育子弟一定要感念国家给予自己的俸禄，断断不可中饱私囊只求荣华名利，连用四"毋"讲明从政需以德，并提点家族，如若子弟官位不高，俸禄不够生活，家族应拨款赡养之。清代汪辉祖讲道，不论职位高低，都应恪尽职守，在用人、理财、与上下级对接等方面，均因常存敬畏之心，才可保名誉、地位之安稳。清代学者蒋伊训诫子弟以权谋私不可为，利用自己的势力强取豪夺，表面是获利，实则钱财与百姓的生命息息相关，如此做法无异于伤及百姓性命。切记万万不可受贿，天地可鉴，神明有眼。明代理学家薛瑄更是在其《薛文清公从政录》中直言为官要做到摆正内心，要清廉自律，对待君主要忠诚，对待上级长辈要谦恭、对待下属要宽厚、处事要恭敬。清代文学家、官员纪昀于《寄从兄旭升一》中开篇即言明，做官定要廉洁自持、自省，不应求取不义之财，后又以进士陈半江为亲戚所累的事件告知警醒。清代杰出政治家张廷玉继承其父张英之志，张廷玉告诫后辈做官第一重要的是"廉洁"，清正廉洁的保持要靠忍耐，忍耐即指在面对诱惑与贿赂时坚定态度、守住底线。晚清名臣曾国藩在《八本家训》中指出，"居官以不要钱为本"，他一生严于律己，以做官发财为耻辱，以子荫父职为羞愧。

（四）德信为先的社会公德

1.诚信为民，精忠为国

许多家训蕴藏着诚信为民、精忠为国的道德思想，并在家训中反复提及。诚信是一个国家治国理政的重要思想之一，是人与人交往的基本条件，也是国与国保持和平共处所应遵守的基本道义。爱国作为个人最基本的道德修养，是我们终其一生都应该践行的核心价值观。

为子为民一定要守诚守信，《洞庭南徐徐氏族谱》有言："凡与人订约，不可逾期；许人财物，不可食言；与人言谈，不可虚诳。"凡是与人订立约定一定不可以逾期，答应许诺给别人的钱财物件一定不能食言，与人相交谈论时一定不可隐瞒欺骗。张廷玉在《澄怀园语》中有言："一言一动常思有益于人，惟恐有损于人。"做人一言一行都要站在别人的角度思考，千万不要欺骗、损害别人的利益。《荀子·不苟》中有言，"君子养心莫善于诚"，古代仁人志士都以君子为最高的标准来要求自己，而君子修身养性、提高自身品德修养的前提就是"诚"，说明了"诚"的重要之处。

为子为民还要精忠爱国，琅琊诸葛氏家族第一世祖是诸葛丰。他首开刚强果敢之家风，对各种违规法纪、有损百姓和国家利益之事都"刺举无所避"（《诸葛丰》）。以特立独行、果敢刚毅闻名于世，曾任职于司隶校尉，因不想落下在其位不谋其职的名声，检举惩处了包括皇亲国戚在内的所有违法乱纪之人。其子孙诸葛亮继承先祖爱国的诸葛氏家风，曾写下"鞠躬尽瘁，死而后已"（《出师表》）这样刚直忠义、敢于为国家牺牲的千古名句，千百年来鼓舞了一代又一代的中华子民。后世子孙不仅以其为榜样，更是以此种精神，引领自己报效祖国，力尽自己绵薄之力。后辈诸葛亮继承祖先精忠为国的家风，一生忠于国家、忠于人民，在《兵要》中曾说："人之忠也，犹鱼之有渊。鱼失水则死，人失忠则凶。"诸葛亮为了国家统一，南征北战；为辅佐刘备、刘禅两位君主，鞠躬尽瘁，最终病逝于五丈原。诸葛亮的儿子诸葛瞻攻打蜀国时，面对诱降，怒斩来使却英勇战死。诸葛瞻的儿子诸葛尚，随即冲入敌方战死，用年轻的生命表达了他忠诚爱国的信念。

2. 行善积德，心怀坦荡

中华优秀传统家训提倡"积德""积善"，既是为自己谋求幸福安康的心理满足感，更是为了子孙后代造福修德，为后世代代子孙树立乐善好施的良好榜样。

《虞山樊氏家训》写道，"天下第一等乐事，读书为先，而实积善为主"。樊氏的家训认为天下第一有趣的事情是读书，而后便是行善积德。读书明理为一，行善积德为二。将行善排在了一个较高的位置，告诫后人明理为先，积善次之，为子孙考虑深远。同时，行善积德不仅要从琐事做起，一点一点积累，还要持之以恒，"勿以善小而不为，勿以恶小而为之"（《遗诏敕后主》），这便是积的工夫。不要因为善端小就不去行善，因为小的善意会一点一滴的积累而变成大的善端，也不要因为恶念小就去行恶事，因为小的恶念会因为不加制止会变成大的恶果，所有事情的结果都是慢慢积累而形成的。

北宋名臣范仲淹，幼年之时父亲病逝，母亲带着他改嫁到别家。虽改名换姓，但是年幼时生活清贫的范仲淹与继父家的奢侈生活格格不入，偶然之间得知自己的身世后，便外出游历求学。考中进士后，将母亲接回身边赡养，随即恢复自己的原本姓名。因深知穷人的生活不易与艰难困苦，随后创立了供族人生活、读书、抚养族人的"义庄"。曾专门撰写《告子弟书》教诲子孙：家族人口众多，虽然有亲疏之分，但是曾经有相同的老祖宗，也就没有远近之分，不要独享荣华富贵而舍弃清贫的族人而不顾。他还曾专门撰写范氏族训《义庄规矩》，随后历经数十次的修改更正，趋于完善，为后世家训的撰写提供了十分重要的借鉴。此等善举不仅是救济了清苦的族人，同时也强大了宗族的规模。

四、中华传统节日

（一）春节

"春节"古时候又有"元日、岁旦"之称，通常指正月初一至正月十五这段时间。春节由远古时期的祭祀庆典演变而来，是中华民族产生最早的节日。在古代，春节多指立春之时，将粮食谷物从播种到丰收的时间间隔称作"年"，《说文解字·禾部》："年，谷熟也"。夏商时期又以月亮形状的变化进行划分，将一年分为十二个月，月亮不出现的那天为一年的开始。传言，中国古时候有一个叫作"年"的猛兽，在除夕夜当天会吃家畜、伤人性命。每逢除夕，人们全部都躲在深山之中，来躲避"年"的伤害。直到有一天，村中来了一位老人，在"年"兽进村的那天，他将村里门上贴上红纸，屋内灯火通明，在"年"兽袭击之时，又点燃竹子，发出噼里啪啦的声响，将"年"兽吓跑了。在那之后，每年除夕夜，村里的人都纷纷穿新衣、点红烛、贴红纸、燃放爆竹，这一风俗经过流传，沿袭至今。可见，春节不论其起源，还是民间传说，都彰显了其不可替代的地位。在古代，有关春节的民谣和古诗词也数不胜数，这些都是对当时春节情景的描述，或是对春节家中团圆情感的寄托。所以，春节的意义，不仅是一年开端的象征，也是阖家欢乐、团聚家中的良好契机

"春节"又称"新年""大年"，是最为隆重、浩大的传统节日。中国传统的春节自腊八或腊月二十三、二十四祭灶始，延续到次年元宵佳节，其中除夕和春节是高潮节点。在我国除夕夜，人们都有"熬年""守岁"的习惯，这既是对过去一年的留恋怀念，又是对崭新一年的美好期盼。春节是集中华民族的伦理道德、行为规范、审美价值、思想观念为一体的中国传统节日。春节期间，吃年夜饭前要先祭祖，随后一家人围桌而坐一起用餐，寓意阖家团圆。而贴红纸、挂红灯、穿红袍、敲锣打鼓、燃放鞭炮等节俗丰富了春节的活动，这些活动也在中国传统节日的传承发展中成了约定俗成的一种礼俗。北方以吃饺子为节俗代表，寓意来年"和气生财""招财进宝"；南方则有蒸年糕的节俗，寓意来年"步步高升"。春节蕴含着永恒不变的家的主题，承载着中华民族的传统美德。春节文化促进了现代社会的和谐与发展。

（二）元宵节

元宵节又称"元夕"，为每年正月十五，是新年首个月圆之夜，寓意一元复始、大地回春。古人将夜称作"宵"，又是月圆之时，"圆"与"元"相通，故

而元宵节由此得名。在汉代，在第一个月圆之日，多用来祭祀天神、祈福庇佑。后来又把一、七、十这三月的中旬分别划分为上、中、下三元。在这之中，上元节也就是元宵节最受世人追捧，中元节后来多为祭拜家中故人的节日，而下元节随着时间的推移，其庆典逐渐废除。元宵节作为贺新年的尾末，注重突出"闹"字。

人们庆贺元宵节，也表达了对春节的一种延续。元宵节历史悠久，自汉朝开始，逐步从宫廷向民间迁移，从中原到全国蔓延。元宵节习俗多样，有出门赏灯、赏月、燃放烟火，也有猜灯谜、吃元宵，一家人阖家团圆、共度元宵。这表明了元宵佳节浓郁的氛围，无论是户外游赏的喧闹、男女相思的浪漫旖旎，还是灯谜、灯联的奇思妙想，都具有独特的文化价值。元宵节是一个具有两千多年传承历史的佳节，具有形式多样的习俗。一是赏灯，从汉代的赏灯，到唐朝的灯楼、灯树，而宋代的赏灯规模从图案精美上则更为庞大，开始了猜灯谜，并且开放了燃放烟火的先例，明代则开始了为期十天的赏灯活动等；二是猜灯谜活动，自宋代以后，猜灯谜活动妙语横生、生动活泼、饶有兴趣，直到今天，每逢元宵佳节，都能看到猜灯谜的习俗；三是吃元宵，"元宵"又称"圆宵""圆子"。元宵节传承了中国传统文化的狂欢之乐、浪漫爱情与游戏智慧，寄托着对美好生活的向往，也同样是阖家团圆的好日子。

（三）清明节

清明节，又称"踏青节"。寒食节和清明节时间间隔不大，后经发展，多和清明节同一天进行。寒食节最初的习俗为不燃烟火、吃冰凉的食物，后来，又逐渐增加了墓地祭拜、遵奉祖先、蹴鞠等风俗，寒食节名字的由来也与其吃冰冷食物相关。介子推的典故是有关寒食节众多传说之一，相传公子重耳想要犒赏介子推，但介子推只想与母亲隐居山林，后来公子重耳循迹至此，放火想逼介子推出山，没曾想介子推宁愿丧身火海也不愿出山。因此，公子重耳为了缅怀介子推，把烧山当日定为寒食节，全国上下严禁燃火，只吃不经过加热的食物，后来便形成了在这一天扫墓祭祀的习俗。

在每年 4 月 5 日前后，人们要举行祭祖、扫墓、踏青等活动。清明节约源于周代，历史悠久，是中国起源较早的传统节日，始于古代君王的"墓祭"礼，后流入民间，世代相传，成为固定节俗。清明节的扫墓习俗，表达了对先祖的敬意，慎终追远、追思亡者、馈谢先祖。现代的扫墓形式也发生了变化，移风易俗，不变的是慎终追远的主旨及缅怀先人的深切情怀，寄托对先人的哀思。"清明"寓意"清晰明了"。清明节踏青，寓意探春、寻春等，万物复苏、大地清明，适合踏青寻春。在祭奠先祖的同时，也能感受万物萌发、春天之息。清明节俗多样，以扫墓祭祀为主，其他如踏青、插柳、植树、缠花卉等活动为辅。

清明节具备人文和自然两种特性，因为其既是二十四节气之一，也是中国传统节日。清明节融合了寒食节禁烟火、吃冷食的习惯，又保留了礼敬祖先、缅怀先人的传统。另外，清明节还将上巳节的部分习俗纳为己用。在宋元时期，就已经形成了与现在相一致的固定习俗，在民国时期，在此基础上又增加了植树的习俗。因此，清明节作为中国传统节日中以纪念已故亲人为主的节日，充分体现了中华民族对于孝道的传承与实践，彰显了中国人民对于感恩和不忘本的深刻理解。除此之外，清明节对于孝道的弘扬、对家中已故之人思念的寄托、对加深民族认同感都起到了积极的促进作用。清明节是体现生命精神的节日，它生机勃勃、万象更新、充满希望，因为生命的消逝使得人们更加珍爱生命，珍惜现有的情谊，对于弘扬孝道、促进和睦和加深民族认同感具有重要意义。

（四）端午节

端午节又名"地蜡节"，一般在农历五月初五。以前将"端午"称为"正五"。端是起初、开始的意思。古人认为五月是凶月，初五是凶日，而"五"与"午"同音，为了规避凶日，就进行了替换，改成了"端午"。《燕京岁时记》："初五为五月单五，盖'端'字之转音也。"端午节源自先秦时代，汉魏始盛行大江南北，后陆续流传亚洲其他国家，也有"端阳节""诗人节"之称。对端午节来历，众说纷纭，有源于夏商周时期夏至之说，也有源于对恶日避忌之说，还有就是源于对龙图腾祭祀之说，以及为纪念诗人屈原之说等。虽然，在屈原之前就有了对于端午节的历史依据，但是，由于屈原的家国情怀和文学作品更加广为流传，所以，大多数人认为端午节与屈原的渊源更深。端午节俗颇多，如为纪念屈原而吃粽子、赛龙舟，同时还有挂蒲草、饮雄黄酒等传统习俗。端午节体现了民族文化的重要核心，承载着民族历史积淀和文化性格，蕴藏着强烈爱国主义精神和正直高洁的人格风范，包含了敬祖孝亲的伦理观和慎终追远的情感观。端午节是一个体现人伦关怀的节日，以节日为依附，悼唁为国为民的古往先贤，象征高昂的家国情怀。在与先贤的对话中，感受伟大爱国诗人人格的高尚，增强维护民族意识与文化的使命感，让优良的民族文化传统在现代生活中延续更新。端午节俗是人们对具有高尚人格之人的崇敬表达，更是民族精神的节日依附。

（五）中秋节

中秋节历来被看作亲人团圆、期盼丰收、幸福的中国传统佳节，庆祝形式多种多样，如祭月、赏月、吃月饼、饮桂花酒等。中国人一向重视族系家庭和血缘亲情，注重"落叶归根"，中华文化也是一种注重谱系传承与情感关怀的文化。中秋佳夜，皎洁明月常被视为家庭团聚、国泰民安的表征，中秋节俗也蕴含了人们思乡、思亲、思聚的情感意向，所以中秋节被人民群众看作是阖家团圆、举家欢乐的传统佳节。同时中秋节也是古人庆祝收获、表达喜悦的一种方式。中秋节的传说流传最多的是嫦娥奔月，也有唐玄宗相关传说、朱元璋起义之说。传说、典故的流传，使中秋节吃月饼的节俗流传至今。中华儿女一直以来都有浓厚的乡情和家庭观念，中秋月圆象征人团圆，是人们思念的寄托，以及"落叶归根"情怀的彰显。重视家庭伦理、尊重自然规律、崇尚和谐生活的民族精神和节日底蕴需要我们进一步传承与弘扬。

（六）重阳节

又称"重九节""踏秋节"。古人将九月九视为登高避祸的节日，而在现代社会，九月九也被赋予了新的时代内涵。九月九又称"老人节""敬老节"，旨在倡导人们尊老、爱老、敬老。在九月九人们开展登高望远、赏秋、赏菊、饮菊花酒、插茱萸、吃重阳糕等节俗，同时观赏自然风光，并宴饮一番，享受大自然气候变化所带来的秋高气爽的惬意，令人心旷神怡。朝鲜族将尊老、爱老视为家庭乃至整个社会的重要节俗，青少年对长辈要用敬语；壮族在九月九则要给老人准备"寿米"等，老人在节日的时候讲述节俗由来，传承节日文化。中民族是一个高度重视孝道文化的民族。中国传统节日不仅彰显了祭祖敬宗的孝亲尊老，也饱含了敬老爱老的人文情怀。重阳节俗体现了尊老敬贤、怀念家乡、思念亲友等情怀，德厚重爱的思想深入人心，植根于道德精神，彰显了中中传统节日涵养家国情怀的关键作用。

（七）其他节日

农事节。我国有"二月二龙抬头"的说法，农历的二月二又被称作农事节。龙抬头意味着雨水将至、万物复苏，是古时人们对于农业丰收的一种美好向往。二月二在不同地方有不同的庆祝方式，有的地方唱戏、有的地方吃面、有的地方祭祀等，都表达了人们对于风调雨顺的美好愿望。

七夕节。每年的阴历七月初七是我国传统节日七夕节，本身源自我国古代人民对于星象的认识。关于七夕节，人们所口口相传的则是"牛郎织女"的故事。虽然是一个神话传说，但是在历史的更替演变中，七夕节被人们赋予了更多的爱情色彩。到了现代，人们更愿意把七夕节看作中国人自己的"情人节"，赋予了新的时代价值，表达着人们对于爱情的美好向往。这一天，少男少女们互相表达爱意，表达自己对未来的美好期盼。

鬼节。清明节也被称为鬼节。鬼节，是人们祭祀祖先的重要日子。我国地域辽阔，不同的地方对鬼节有不同的规定日期，除了清明节，主要的日期集中在农历的三月三、七月十五和十月初一。鬼节源自人类最初对于自然的敬畏，虽然带有原始迷信的色彩，但是逐渐地引申为人们对于先祖的怀念与尊敬，追忆祖先，祈祷未来。

腊八节。顾名思义，是每年腊月初八的节日。关于腊八节的来历有"释迦牟尼成道之日"之说，到了现代，腊八节人们最先能够想到的是腊八粥。腊八主要是我国北方的传统节日，这一天，人们还会制作腊八蒜、腊八醋等。

小年。小年的历史渊源比较久远，到了现代基本上以每年的腊月二十三作为小年。小年就是为了"过大年"准备，人们祭灶、置备年货、扫房等等，表达着春节来临前的喜悦。

上述节日只是相对比较大众的节日。我国是一个多民族的国家，不同的民族还有本民族不同的节日，如蒙古族有那达慕、傣族有泼水节、藏族有自己的藏历新年等。

五、中国传统艺术

（一）中国传统书法

书法作为我国的一种传统文化，无论是古代还是现代，都有很高的艺术价值，受到世人的推崇。在书法艺术上，我国的传统书法是世界上最有魅力的艺术形式。汉字作为世界上最古老的文字之一，在其悠久的发展历程中，从未中断。书法不但结合汉字的表意特征，而且表达着作者自身的情感。书法也是现代人用来磨炼心智的重要方式，给人一种艺术无止境的感觉，需要人们坚持不懈的练习。我国的汉字是"活"的，书法随着文字的变化而发展。中国历史上有三次重要的文字改革。一是篆书的诞生，它使汉字走出了原始阶段；二是隶书的创立，它使中国的书写体系走向大众化，并由此产生了草书、行书和楷书；三是楷书的出现，它使得汉字最终定型并被作为标准书体使用至今。

1. 篆书

通过考古发现的甲骨文，是我国公认的最古老的文字，是一种刻在龟甲或兽骨上的文字符号，主要使用在商朝。现代汉字经历了漫长的历史变迁，由不同时代的人们丰富和发展而来，大体上经历了甲骨文、篆体、隶书和楷书，同时又有草书和行书等。

每种文字在特定的时代都发挥着极其重要的作用，甲骨文虽然是一种象形字，但是已经具备了传递信息的功能，代表了当时人们对于社会的认知，能够传承当时的文化特点。甲骨文更多的像是在画画，没有固定的笔画结构，只为表达意思。

文化是随着历史的发展、朝代的更替而发展的。文字的发展虽然缓慢，但是在商周之际也得到了一次小小的变革。这次文字的变革所产生的字体，后世称为"大篆"。相传大篆是当时周朝的史官籀所创，所以大篆也被称为"籀文"。大篆相对于甲骨文来说，显得更加简洁，同时大篆摒弃了甲骨文多弧线的字体，更多地采用直线来书写。由于时间太久，现今能看到的大篆大多存在于考古出土的周朝青铜器上，其中最著名的当数"毛公鼎"。对于大篆这种书写体，从书法的角度看，具有很高的艺术价值。

到了秦朝，古老的中国得到统一，中国的文字、度量衡也伴随着国家的统一得到了新的发展。对于文字来说，当时的秦丞相、师承于荀子的李斯便负责了当时文字的改革。李斯结合秦朝以前诸国的文字，并在秦国籀文的基础上，创造了后世称为"小篆"的字体。这种字体不但将之前的文字简化，而且显得更加的庄严，这与秦朝刚刚统一所需要的气度相符。

2. 隶书

秦朝之后小篆被继承下来并一直被使用，但仅限于比较正式的场合，如印章、标牌、皇家或官方的旗帜。尽管具有美观、庄重、艺术性高的特点，但小篆在日常使用中却非常不方便，因此一种更为简单实用的字体便被发明出来，这便是隶书。据说发明隶书的人叫程邈，是一名下级小官，有着很好的小篆功底，因得罪秦始皇而获牢狱之灾，正是在监狱的这段时间里他发明了隶书。当他把自己发明的隶书呈现给秦始皇时，秦始皇不仅龙颜大悦释放了他，还封他做了大官。这个故事在一定程度上说明了隶书发明的重要意义。与篆书相比，隶书在字形上变得扁平，笔画上也变弧角为直角，变弧线为直线，变圆形为方形，并增添了点、折、撇、捺等笔画。隶书的另一大特点是它同一笔画中的变化。如它的横画不再是一条平直的线，而是一条有着"两起两落"和"蚕头雁尾"的波浪形的线。所以，隶书无论在整体字形上还是在单个笔画上都具有优美的特点。

如果说篆书的发明是汉字的规范化和美化，那么隶书的发明则是汉字的实用化和大众化。自此，汉字不再是上层阶级的专利品，而越来越成为中国大众共同的精神财产。作为汉字书写体系的一次重大变革，对隶书的改进在汉代一直没有停止过。秦朝和汉代早期使用的隶书被称为"秦隶"或"古隶"，汉朝后期使用的隶书被称为"汉隶"或"今隶"。汉代以后，隶书继续发展，在魏晋时期发展出了"魏隶"，在唐代发展出了"唐隶"。后来尽管有更为简便的书体产生，隶书却一直被使用，即便是在今天，中国人依旧在艺术领域和其他方面使用隶书。

3. 其他书体

尽管比起篆书来，隶书的书写要简单和快速得多，但有人还是不满意，于是草书诞生了。"草"在汉语中有快速、随意的含义，所以有书法史家认为，草书的创立最初源自有人试图快速完成书写。没有人知道到底谁是第一个尝试写草书的人，但可以确定这一书体是在西汉末期产生的。早期的草书被称为"章草"。据唐朝书法家和书法理论家张怀瓘的《书断》所言，章草由史游所创。章草初创时还带有隶书的某些特点，其连笔主要还是在笔画之间，而非字与字之间。何以被称作章草而有不同的说法？有人说是因为其产生的年代在汉章帝年间，有人则认为是由于其书写要考虑整章的布局，因为"章"在汉语中有整篇、整段的意思，但任何一种说法都没有得到广泛一致的认可。后来发展成的另一风格的草书在书法史上被称为"今草"，据说是由东汉末年的张芝创立。张芝在草书上有着极高的造诣，所以有"草圣"的美称。

草书，可以快速书写，且飘逸、洒脱，具有很强的艺术效果和艺术感染力。但其问题是难以辨认，无法成为大众日常使用的书体，所以只能作为纯艺术形式而存在。为解决这一问题，行书便诞生了。它兼有书写快和容易辨认两个优点，因此一经诞生，行书就成为书法家和大众广为喜爱的一种书体。据张怀瓘所言，行书的创立者为东汉时期的刘德升。行书创立后，到晋代发展到鼎盛。这一时期王羲之、王献之父子等人的作品为我们展现了行书的特有风采，尤其王羲之的《兰亭序》被誉为"天下第一行书"。

最后一种书体是楷书，由三国时期的钟繇从隶书中发展出来。楷书作为一种书法艺术形式在唐代达到鼎盛。它比隶书更简单、更容易书写，且看起来更有精神、更有力度、更庄重，所以一经创立就很快代替隶书成为书写和印刷的正式书体。

（二）中国传统绘画

1.人物画

战国楚墓两幅经典帛画的出土是中国人物画确立的一个重要标志。那就是《人物龙凤图》和《人物驭龙图》，这两幅帛画都是以独立的人物形象作为主要的表现内容，并具备用毛笔作为绘画工具、使用"线条"作为主要造型语言的特点。这也就初步构成了中国人物画的基本范式。自此以后，中国人物画就是在此基本范式的基础上进行变体创作来发展的。受玄学思想影响，魏晋南北朝时期出现了一种"人物品藻"的风气。在这种风气的影响下，"人"成为一种审美对象，这大大促进了人物画的兴盛。同时，"人物品藻"对人的风度气质、精神状态的追求，也让画家在进行人物画创作时，刻画的重点发生了变化。画家将表现的重心从人物的外轮廓和大动态转移到了人物的性格和气度神韵上。这一时期又是一个"艺术自觉"时期，思想的解放让魏晋文人把"彰显自我个性"作为艺术表达的第一要素，魏晋时期的人物画也因此走向了成熟与兴盛。

唐代国家实力强大、经济繁荣，是中国封建社会发展的鼎盛期。同时，这一时期各个民族之间关系和谐融洽，与周边其他国家的文化交流也达到了前所未有的程度。在这样的背景下，唐代人物画家在继承魏晋绘画传统的同时，吸纳繁盛华贵的时代气息，包容外来文化的影响，使唐代人物画发展进入了中国封建时期绘画艺术的一个高潮阶段。其在绘画理论、表现技法与章法构图等方面都取得了重大的成就，达到了新的美学高度。

五代时期的人物画从审美性质上来看，属于唐代人物画发展具有复兴气象的延伸。政治格局的支离破碎使这一时期的人物画虽然题材依然以宫廷生活和道释为主，但格调已由富贵华丽向闲适慵倦转变。盛唐时期帝王功臣的形象悄然隐退，魏晋时期疏野超然的名士风姿再度登场。隋唐积累的传统精华经过时间的沉淀，消化酝酿出了一个圆熟不失典雅、精妙不失幽婉的审美新境界。

宋代的人物画，因受文人画的兴起，山水画、花鸟画崛起带来的冲击，人物画原有的历史地位一去不返。在这种三分天下的艺术格局中，宋代人物画不断摸索寻找新的发展道路。首先，在绘画题材上，宋代人物画的题材开始从宫廷仕女转向对市井民间的挖掘，其中对乡野习俗和城中风情的描绘为宋代人物画添上极具特色的一笔；其次，在笔墨技法和造型意趣上，宋代人物画在继承了五代延续下来的优秀传统的同时，吸收了文人画思潮中的美学因素，展现出不同于前代的秀雅温润的美学意趣。

到了元代，汉族文人频遭冷落、打压，社会地位日趋低落，人物画发展受到山水画发展的强势挤压。且唐宋以来人物画的审美风格和艺术手段都已经达到成熟完善的水平，让元代人物画家很难再发现、创造新的表现语言。尽管元代人物画总体呈现颓势，但在个别题材如壁画、肖像画，尤其是肖像画上还是获得了一定的发展。元代人物画家为肖像画的独立和繁荣作出了独特的贡献，也为后代明清肖像画发展奠定了基础。

明代画家们通过对传统的重新消化吸收、关注世俗题材，从小说戏曲中汲取新的营养、巧妙吸取西方语言因素等方式让人物画重新焕发了生机。

到了清代，由于统治者的扶持、西方文化的渗透、商品经济的刺激等因素的影响，清代人物画的审美格局也向着多元化发展。

2. 花鸟画

中国传统绘画中国花鸟画的艺术特色十分鲜明，其凭借独特的艺术表现形式成为我国绘画的重要组成部分。从艺术风格来看，中国花鸟画可以分为工笔花鸟画与写意花鸟画；从技法表现手法来看，中国花鸟画可以分为大写意花鸟画、工笔设花鸟画等。中国花鸟画的创作对象丰富，注重托物言志，作者会将自己的情感、思想融入作品之中，使花鸟画具备艺术情感。中国花鸟画注重骨法用笔，不提倡对自然光源、自然形象的复原。从中国绘画的发展历史来看，中国花鸟画文化背景的发展与演变伴随着中华文明发展的进程。早在石器时代和殷商时代，就出现过鱼虫鸟兽与花鸟的画法。中国花鸟画的文化背景以唐朝、宋朝最为突出，其奠定了中国花鸟画的发展趋势与走向。

唐朝是我国封建社会发展历程中的辉煌时期，也是文化繁荣发展的鼎盛时期。唐朝时期，汉文化得到了充分发展，持续向周边少数民族传播，且汉文化还大力借鉴、吸收其他民族的文化。在绘画艺术领域中，以花鸟为创作对象的绘画逐渐出现，并朝着专业化的方向发展，与绘画创作相关的评价标准也得以确认。唐朝时期的花鸟画与前朝相比有了显著的发展，题材范围更加广阔、花鸟画家数量也逐步增多。这与唐朝文化的繁荣发展是密不可分的。唐朝文化昌盛、经济发达，人们在日常生活中常用花鸟纹样做装饰，或以花鸟画做礼品。唐朝中外文化的密切交流使得中国花鸟画出现了一大批承上启下的画家。

宋朝是我国封建社会发展的崇文时期，艺术文化发展全面复兴。一大批出身寒门的士子经过科举进入了仕途。一批批艺术文化修养较高的士大夫开始涉足艺术领域，使得宋朝艺术得到了创新发展。宋朝的本土文化高度集中，几乎停止了与中亚各个国家的联系，本土艺术繁荣发展，不断追求自我完善、自我优化。与唐朝绘画艺术中厚重的外来民族特色相比，宋朝的绘画艺术风格更加纯粹，与民俗文化、文人市民更加接近。以宋徽宗为首的一大批画家，作画时十分注重贴近生活现实，提倡细致入微。更有甚者相传，宋徽宗能辨别花蕊在四季、朝暮的异同。宋朝这种追求自然、真实，注重细节的绘画艺术风气充分反映到了花鸟画作品之上，形成了宋朝花鸟画独有的风格。

3. 山水画

中国山水画发轫于隋。唐代，青绿山水画的基本面貌得到确立；两宋，形成了大青绿山水、小青绿山水和金碧山水等三种绘画特征；至元、明、清三个朝代，它们各自发展并不断相互影响。隋代展子虔开辟山水画的先河，使山水画从人物画中独立出来；唐代李思训运用泥金、白粉等材料大青绿着色，富丽工整；北宋王希孟以石青、石绿让画面产生一种金光灿烂的色彩感；南宋赵伯驹糅合文人画的书卷气，一破青绿山水呆板、俗气的僵硬格调；明代仇英融合文人画笔墨树立青绿山水的新风格。

山水画至隋唐时演变成一门独立画科，到五代、北宋日趋成熟，延续至今日依然作为画坛重要的独立画科而存在。山水画并非像西画在描摹风景，而是在绘画过程中融合了中国传统哲学思想，还为画作赋予了独特韵味，表现出画家的思想和所处时代的烙印。山水画的特色与灵魂是意境，是画者对于情与景的表达。传统中国山水画重视笔墨运用，多表现高山仰止、隐逸风流的境界。中国山水画最讲究留白之处，画家精心雕琢的空白如同中国哲学的"虚""无"，相比"实"和"有"有更多的包容与可能。留白不仅可以激起观者无限的想象空间使观者同画家产生心灵共鸣，还作为一种符号创造出超越现实的空灵意境。

纵观中国整个绘画发展历程，宋代山水画作为整个历程中的高峰时期，有着无数流传至今的经典作品。精致的宋画展示了宋代画家们对待绘画的严谨态度，画家们对细节的精雕细琢及对自然事物观照得细致入微，亦显示出他们对自然的敬畏及对绘画的虔诚。宋代山水画既重理法的探索，又重人文精神的抒发，画家们主张客观地描绘自然物象，通过绘画抒发创作者的性灵，追求绘画的神致韵味。宋代社会的政治、经济、文化、思想等方面与前代相比莫不有变，崇文抑武的政治主张使得社会结构重内虚外，影响了宋代社会的普遍心理和士大夫们的文化心态。一方面，宋代士大夫们更加注重理性的思考，以理为中心来探索世界；另一方面，宋代士人们的生命本体意识更加强烈，对本体生命、内心意绪及性灵的自由等方面表现出强烈的关注和渴望。理学的出现正好满足了士人们思想上的渴求。每个时代都有其时代的学术思想，正如每个时代有其时代的绘画艺术，绘画艺术跟随时代而发生变化。宋明理学是受到佛、道思想影响而建立的"道学",是在儒家经典思想的基础上继续发展而来的一种贯通宇宙、自然和人生的哲学思想体系,也被称为"新儒学",它发端于唐朝,在宋代正式形成,并占据了时代思想的中心位置。新儒学的主张、经典学说被人们所普遍接受,影响着宋代文化生活的方方面面,画学作为宋代文化的一部分亦不能避免。宋代理学思想的蓬勃发展使画家们的绘画思想及绘画创造发生了极大的转变。

山水画经过千余年的传承与创造,积累了丰富和独特的创作理论及笔墨技法。山水画的色彩,也从青绿、金碧、水墨、浅绛等各个方面在各个时代呈现出多元的面貌,反映了中华民族的文化智慧。色彩作为山水画视觉感受及视觉表现的重要语言,也在新时代文艺创新发展过程中被不断地深入研究和应用。

六、中华诗词歌赋

(一)诗经

《诗经》作为我国第一部诗歌总集,题材丰富,内容包罗万象,开创了我国诗歌的现实主义传统。《诗经》分为《风》《雅》《颂》三部分,是一部反映了朝廷和民间生活的综合性文本,内容通过"赋、比、兴"手法表现出来,主要采用了"一咏三叹"的重章叠句的结构方式。《诗经》包含了西周时期日常生活的社交语言,和在政治外交、战争及各种祭祀礼仪场合的官方语言。诗歌之所以不同于其他文体,是因为它的艺术表达主要不是通过说理,而是通过形象的描绘而呈现的。面对纷纭多彩的大千世界,诗人必然要对物象进行选择,必然要从独特的文化视野对其做出描述和理解。人类文化的历史表明,不同的时代,不同的民族,对物象择取的表现也各有其不同的角度和方式。正是这些独特之处,往往显示了一个时代或一个民族文学的独特成就。《诗经》的主体是抒情诗,它所表达的中心内容是诗人的各种情感。但是,每一首抒情诗都有作者,他是诗歌情感抒发的主体,或隐或显地存在于诗的内外,化为抒情诗中的主体形象。这个形象是否生动,是否具有鲜明的时代特色,是判断其艺术水平的一个重要标志。诗歌在我国远古就已经存在,但是流于后世的文字比较少,像被后世称为《候人歌》的作品只有四个字,很难从文字中找到其抒情的内容。另外,我国上古三大奇书之一的《易经》中的一些爻辞,也具有某些抒情的特点,但是这些爻辞并没有刻画出鲜活的人物形象。《诗经》则不同,通过阅读《诗经》中的文章,可以感受到《诗经》中古代劳动人民丰富多彩的生活,可以看到各种不同阶级的人物形象,可以看到不同生活状态下人们的活动心理。《诗经》中描绘的是周人的生活，体现的是周人的内心世界，它向我们展示了一个活灵活现的周朝世界。

　　《诗经》有高超的艺术技巧，最被后人称道的主要有三中表现手法，即"赋、比、兴"。在古代，人们在谈论《诗经》时，往往会使用"赋、比、兴"这三个词。关于"赋、比、兴"的产生，由于年代久远，无法考证，但是鉴于它们出现的时期，可以猜测与当时的教育有关。郑玄注："赋之言铺，直铺陈今之政教善恶。比，见今之失，不敢斥言，取比类以言之。兴，见今之美，嫌于媚谀，取善事以喻劝之。"（《周礼注疏》）如此而言，它最初的意义指的是用诗之法。《毛诗序》曰："故诗有六义焉：一曰风，二曰赋，三曰比，四曰兴，五曰雅，六曰颂。"在郑玄看来，此处所说的"六义"与《周礼》"六诗"相同，所以他也用同样的话来为《毛诗》作笺。从现有文献来看，把"赋、比、兴"当作艺术手法来进行探讨的，当属汉代郑众，他说，"比者，比方于物。诸言如者，皆比辞也。""兴者，托事于物则兴者起也。取譬引类，起发已心，诗文诸举草木鸟兽以见意者，皆兴辞也。"（《毛诗正义》）其后探讨者愈多，南宋理学家朱熹，也发表了自己对"赋、比、兴"的见解："赋者，敷陈其事而直言之者也。比者，以彼物比此物也。兴者，先言他物以引起所咏之词也。"（《诗集传》）通俗点说，"赋"就是直陈，"比"就是运用比喻，"兴"就是借物起兴，后人多采用朱熹的说法。

（二）楚辞

　　《楚辞》为《四库全书》集部之首，是南方地域文学的代表，开创了我国诗歌的浪漫主义传统。黄伯思在《校定楚辞序》中曰："盖屈宋诸骚，皆书楚语，作楚声，纪楚地，名楚物，故可谓之'楚辞'。"和《诗经》的集体创作不同，它是屈原以楚地文化为背景，以楚地方言为工具进行的个人创作。《楚辞》是想象力的集大成者，屈原凭借浪漫的想象力构造了一个琳琅满目的楚辞世界。这是屈原在理想与现实之间挣扎而产生心理安慰的结果，其中包含了以"香草美人"为代表的象征系统，根据楚地神话和巫祀文化改编的诗歌。屈原一生虽数次遭流放，却始终直言劝谏，这是士大夫的情怀与节操最高级的体现。

　　《楚辞》是继《诗经》之后，在中国文学史上出现的又一个里程碑式的卓越著作，它把中国诗歌的发展向前推进到一个新的阶段，标志着中国诗歌由群众文学进入作家创作的时代。千百年来，《楚辞》所赋予我们的精神财富无可考量。"楚辞"之名，始见于汉武帝之时，《史记·七十列传·酷吏列传》中记载："庄助使人言买臣，买臣以楚辞与助俱幸，侍中，为太中大夫，用事。"可知这是历史上最早提及"楚辞"的文献记载。在西汉初期,"楚辞"是对具有楚地特色作品的泛指,由于南北差异,富有地方特色的楚辞明显不同于我国传统的北方诗歌。汉武帝推动了《楚辞》的成册,《汉书·艺文志》载屈原赋二十五篇,包含《离骚》《九歌》《天问》等"惊采绝艳,难与并能矣"(《文心雕龙·辨骚》)的不朽之作,其中以《楚辞·九歌》最能代表《楚辞》的古楚民俗特。作为《楚辞》里最优美动人的篇章,它记录了荆湘南楚人民最原始的生活画面,是一组浸透着神话生命力的古楚巫歌,具有深厚的文化内涵与楚族特色。

《楚辞》作为中国诗歌的两大源头之一,它的产生注定了其与中国文学难以割舍的渊源。《楚辞》以其独特的艺术特色,表达了以屈原等为代表的文人对社会人生的感悟,历来受到后世文人的推崇,为后世的文学创作提供了丰沃的土壤。早在汉代,人们便已经关注到《楚辞》的价值,东汉时期王逸在《<楚辞章句>序》就表示:"自终没以来,名儒博达之士,著造词赋,莫不拟则其仪表,祖式其模范,取其要妙,窃其华藻。"可见当时的文人已经注意到《楚辞》,并有意识地对其表现手法、艺术结构,以及语言等方面进行模仿。南北朝时期的刘勰也在其《文心雕龙》中多次提到后世文人对《楚辞》的借鉴。可见,《楚辞》对后世文章创作产生了深远影响。

(三)汉赋

汉赋依形式的差别一般被分为散体大赋、骚体赋和抒情小赋。在修辞手法上,我国古代先秦文学经常使用夸张和比喻。至汉代,汉赋的兴起对这两种修辞手法进行了进一步的发展,同时,汉赋的创作手法也对后世唐代文学作品的发展产生了极大的影响。对于文学创作来说,使用夸张和比喻来描写眼前的事物,能够让人感受到文字运用中的巧妙,体现创作者的艺术水平。这一时期对修辞手法的使用,体现了当时文学艺术水平的进步,是我国文学史上浓墨重彩的一笔。

汉大赋中有的描写壮丽山河、有的描写雄伟宫殿、有的描写盛世京都,其取材无不体现着磅礴大气、波澜壮阔。赋作家们穷尽笔墨描绘事物的千变万化,以气吞山河之势,展现其高超的文字艺术水平,极大地拓展了汉赋的取材范围。而汉小赋则有的描写屏风、有的描写植物、有的描写机杼,其取材大多是生活中的物品,但是却以优美的文字表达出作品所蕴含的丰富感情。总体说来,汉赋以其华丽的辞藻描绘出世间的万事万物,展现了当时灿烂辉煌的社会文明。

汉赋作品中庞大的"体物"体系传递出与天地参的精神,进而形成了汉赋宏伟巨丽的文体风、气势磅礴的总体效果。虽说赋作家的赋作很多时候都是宫廷之制，出于嫚戏的目的而作，但也不妨碍他们于其中追求与天地参、与天地一的精神，假使汉赋没有此精神灌注其间，亦不可能有大气魄。

汉赋是汉代的代表性文体，它反映了汉代人蓬勃的生命力、奇特的想象力和非凡的创造力。汉赋上承楚辞，下启骈文，是我国文学史上不可或缺的一环。汉赋运用丰富繁多的意象来夸饰物产、描绘场景，这是汉赋重要的艺术特色之一。任何一种文体在发展自身的时候，都需要借鉴吸收前代文学的精华，同时也需要反映当时社会风貌，符合当时的审美价值取向。汉赋就是如此，它不仅吸收借鉴了《楚辞》的创作艺术，对汉代的审美取向也进行了认可与表现。汉赋还借鉴了《楚辞》虚实结合、纵情肆意的写作手法。汉赋出入古今、想象奇特。赋作家将不同朝代，在不同文学体裁中出现的人与物品引入汉赋，使汉赋变得琳琅满目、丰富多彩。汉代的审美价值取向偏向于广阔、浪漫、热情、积极，这些在汉代艺术里都有体现，汉大赋更是汉代审美取向的表现者。汉赋侧重反映现实，注重对祭祀、游猎、舞蹈、建筑、工艺品等现实场景和物品的描写。赋家记载这些，是出于对它们的肯定和赞美。汉代人是热情洋溢的，他们有创造、表达、追求一切美好外物欲望。这种情感反应在雕塑、画像石等艺术品中，也体现在汉赋中。

在汉代，神话与文学互相交融，对仙界的描绘，不仅拓宽了汉赋的表达空间，也为汉赋增添了活力。汉赋在写作中引入了不少仙人仙物，如冯夷（河伯）、望舒（月神）、飞廉（风伯）、祝融（火神）、羲和（日神）、句芒（木神）、丰隆（云神）、汤谷、灵草、麒麟、赤松子、彭祖、羡门、安期等。在汉赋塑造的仙界中，神仙们平易近人、祥和快乐，邀人共享天界的乐趣。汉赋中的龙凤蛟螭多是为了展现仙界、描绘仙人或者歌颂现世而作。汉代人具有开阔、博大的心胸，而赋作家也有囊括宇宙的渴望，仙界也是他们渴望的世界。汉代的文学艺术虽然无法给予后代空灵精致的艺术风格，却有一种浑厚、开阔、朴拙之美，后世文艺作品很难达到这样的境界。汉代人对世界的好奇、喜爱、包容、畅想也全都在汉赋中体现出来。

（四）唐诗

唐诗是唐朝文学艺术最成熟的文体，后世难以超越。唐朝强盛的发展历史是唐诗繁荣昌盛的动力。第一，唐代经济的富足，为唐诗繁荣奠定了稳固的物质基础。唐朝是封建社会发展的一个顶峰，人民生活安定、物质充裕。初唐有太宗贞观，盛唐有玄宗开元，安定长达 200 年，社会几乎达到了上古大同的地步。杜甫《忆昔二首》中说："稻米流脂粟米白，公私仓廪俱丰实。"这样国泰民安、长期稳定的时代，为诗歌发展提供了苗壮成长的土壤。第二，宽松政治政策促进了唐诗的繁荣。唐朝从建立开始，对内施行儒释道并存、广开言路、经诗赋取士等一系列国策；对外奉行"中国既安，四夷自服"，讲究对待外族一视同仁，很多域外文化融入中华文化之中，形成多民族文化大融合的开放局面。第三，文化教育的普及为诗歌发展提供了不竭的动力。唐朝建立以后，注重以文治国，推行科举制度，广大平民可通过科举考试踏入仕途。有了稳定的社会环境和充裕的物质生活水平作为后盾，再叠加这一选拔人才的机制。唐朝在中央设立国子监总管六学，地方上设地方官学，颁布命令天下家藏《孝经》《论语》各一册，普令勤读学习。由此也使唐朝私学之风益盛，规模日益扩大，推动了全民教育的普及。教育的兴起与普及也使诗歌无处不入。唐朝上至宫廷秘闻，下至生活百景无一不可入诗。唐代诗人不仅限于王侯将相，更有市井小民、贩夫走卒、和尚尼姑、渔民樵夫，甚至乞公丐婆。唐诗作者的多阶层性、生活视野的多样性，使唐诗更加绚丽多彩，推动了唐诗的空前繁荣。

盛唐是唐诗发展的高峰，最具有标志性的是"李杜"两位大诗人。李白是浪漫主义高峰，杜甫是现实主义顶点。通过欣赏李白的诗词，可以感受到其内心的远大政治抱负和社会理想，但是处在当时政治腐化的时代，他看清了官场的腐败现实。在儒家兼济天下和道家功成身退的思想影响下，他以浪漫的手法，创作了既脍炙人口又千古传诵且具有对社会批判性质的诗歌，他把自己描绘成洒脱自然、放荡不羁的形象，以此来表达对政治的不满、对理想的追求，实不愧伟大的浪漫主义诗人。杜甫正身处安史之乱爆发，唐代由盛而衰的转折时代。他本着强烈的爱国主义感情，直面现实、针砭时弊，痛陈当局的腐败无能，随行记录了战争中群众的疾苦。他写出了震古烁今的《自京赴奉先县咏怀五百字》，揭露了阶级的对立，也写出反映战争疾苦的《悲陈陶》《哀江头》《春望》《北征》《洗兵马》，以及"三吏""三别"，被后人称为"诗史"。在风格上他极尽沉郁顿挫、雄浑激壮之能事，成为变古开新的伟大现实主义诗人。

（五）宋词

宋代是中国古代文学高度发展与繁荣的时期，也是高度成熟与定型的时期。虽然宋词以自然而灵活的形式活跃在文学历史的长河中，但历史上在正统的文学史中，词作为一种文学形式始终没有被肯定。北宋时期，社会局势稳定、经济繁荣，正是这样安宁繁华的社会背景，使词在宋代得到了稳步快速的发展，在宋词的世界里，展现出了繁华的都市、游走各业的精英、征战沙场的英雄、闲情雅致的文人，其中不少的宋词更是带我们走进了宋代女子的生活，她们或饱读诗书、或理智聪慧、或天真烂漫。北宋词因其传播方式的特殊性，更注重民间俗文学与文人雅文学的平衡，合乎"自然的活文学"的要求，这是宋诗、宋文无法相比的优势。但是，宋词本身的发展也包含了多样性的风格变化和词体功能的转变过程。宋词虽然在当今获得了人们极高的称誉，但在宋朝，受封建社会价值观的影响，词的地位低下。词为"小道"或"小技"是文人普遍拥有的词体观。著名词人如欧阳修、苏轼等在整理自己的文集时，甚至将词作弃而不收。填词之人哪怕才高八斗，仍然入不了主流社会，柳永的一生也证明了这一点。

宋代教育事业的发展与进步培育出了一代文采出众的女词人，这其中包括出生于官宦之家的张玉娘、出生于书香之家的李清照、饱读诗书的苏小妹、才情并茂的朱淑真等。"凭楼试看春何处。帘卷空青澹烟雨。竹将翠影画屏纱，风约乱红依绣户。小莺弄柳翻金缕。紫燕定巢衔舞絮。欲凭新句破新愁，笑问落花花不语。"（张玉娘《玉楼春·春暮》）这首词，仿佛使我们看到了一位喜欢舞文弄墨的官宦世家小姐，春日闲来无事，打哈凑趣，喜欢用文字来挥发春日时光的景象。旷世奇才李清照更是创作出了多首令人称赞的词作，她早期创作的词风柔美、活泼，后期创作的词风悲凉、凄苦，但是李清照创作的词始终令人称赞不已。"独行独坐，独唱独酬还独卧。伫立伤神，无奈轻寒著摸人。此情谁见，泪洗残妆无一半。愁病相仍，剔尽寒灯梦不成。"（朱淑真《减字木兰花·春怨》）词人表达了自己的孤独与寂寞，但是不难发现朱淑真所作的词都是比较悲观与孤独的，这或许与朱淑真的生活经历相关，虽然朱淑真与李清照早年的词风形成了鲜明的对比，但从朱淑真所作的词中不难看出朱淑真在宋代绝对是一位才华横溢的女词人。不过，由于女子常常作为文人墨客的倾诉对象，当时一些知识分子感叹人心不古，强烈呼吁道统精神的回归，那就是不要再让女子接受教育。但司马光在其《家范》中说："是故女子在家，不可以不读《孝经》《论语》及《诗》《礼》，略通大义。"可以说当时以司马光为代表的一大批儒家知识分子是倡导女子接受教育的。宋代多位女词人的出现有力地证明了宋代教育事业的繁盛，女子有了更多受教育的机会和途径，女子接受教育后呈现出的是可以与男子比肩的诗词才华。女子呈现出的诗词才华为宋代女词人在词坛中赢得了一席之地，对宋代社会各个领域的繁荣发展起到了一定的促进作用，更为女子社会地位的提高做出了努力。

通过词人笔下的宋词，可以感受到宋代街市的繁华、文化的繁盛、家庭的温暖，正是这些不同的词让人们认识了丰富多彩的宋代社会，让人们体会到了不一样的女子社会地位。事实上，从文化的角度来看，理学家周敦颐的《太极图说》有：

"乾道成男，坤道成女，二气交感，化生万物。"司马光《家范》也有"夫，天也，妻，地也；夫，日也，妻，月也"的说法。包括之后的朱熹，都将女子上升到与男子同样的地位。宋代知识分子显然开始从更高的形而上层面思考男、女在社会中的地位。王安石《宰嚭》中有"谋臣本自系安危，贱妾何能作祸基"的诗句，明显就是在政治上为历代女子误国的说法加以纠正。至于后来《二程全书·遗书二十二》说到的"饿死事极小，失节事极大"则很大程度上是程颐逞一时的口舌之快。

宋朝确实是一个特殊的朝代，通过词的分析，不难看到，北宋词更多的是对妻子的怀念、对母亲的尊重。而南宋词中不少对女子的怀念却是带有幽怨、哀叹，或者也有的是对青楼女子的想念，这也是当时知识分子对时代哀其不幸的反映。

（六）元曲

元曲是盛行于元代的一种文艺形式，包括杂剧和散曲。元曲原本来自所谓的"蕃曲""胡乐"，首先流传于民间，被称为"街市小令"或"村坊小调"，是随着元朝建立而流传在中原地区的。由于元曲的形式相比于诗词的曲高和寡、高山流水更为通俗易懂、平易近人，易于平民百姓理解，因此元曲在民间流传更为广泛，也更加能够反映元代大部分人生活的形式和状况。元代是我国历史上一个特殊的王朝，有着不一样的地位。元代是我国第一个由少数民族统治汉族的王朝，汉族文化受到来自草原的蒙古族文化的冲击，并与之交融，在这个时期产生了许多新型的生活方式。

虽然元朝在历史上存在的时间比较短，但是依然给后世留下了丰富的文化遗产。在当代，元曲与唐诗、宋词一样，被世人称赞和学习。

元曲中的特色修辞艺术举不胜举，以三类修辞为例。

第一，鼎足对，即由三个句子组成，且句句之间形成对偶。其兼具对偶和排比的特点，能从各种角度各个层面描写同一事物或同一种情感，使事物的特点得到全面深刻的展现。鼎足对在元曲中比较常见，最经典的鼎足对要数马致远的套曲《双调·夜行船》中"红尘不向门前惹，绿树偏宜屋角遮，青山正补墙头缺"三句一鼎足，清幽环境、绿树青山、构图简洁、表意霸气；再譬如，徐再思《水仙子·夜雨》中的"一声梧叶一声秋，一点芭蕉一点愁，三更归梦三更后"，离别愁绪，言短意长。第二，"独韵"也称为"独木桥体"，指的是通篇用同一个字作韵脚或者连续的几句末尾用同一个字。这种韵格，可以说是匠心独运。比如，元曲《折桂令·叹世间多少痴人》中："叹世间多少痴人，多是忙人，少是闲人。

酒色迷人，财气昏人，缠定活人。钹儿鼓儿终日送人，车儿马儿常时迎人。精细的瞒人。本分的饶人。不识时人，枉只为人。"第三，析数，是指在一定的言语环境中，利用数字的加减乘除关系把一个大数拆成若干小数来说。其修辞目的是希望增加语言含蓄的意味。如散曲《中吕·红绣鞋》中"一两句别人闲话，三四日不把门踏。五六日不来呵在谁家？七八遍买龟儿卦。久（谐音"九"）已后见他么，十分的憔悴煞。"

七、中国传统宗教

（一）儒教

儒家是由孔子创立的一个学派，但是由于其深厚且宽广的影响，也可以把它看作是一个宗教派别。对于宗教概念来说，它是人类发展过程中一种特殊的意识形态，源于人们思想的发展和信仰的依赖，同时也是一种普遍的文化现象。宗教伴随着人类文明的发展有不同的体现方式，原始的宗教主要表现出一种"神化"，主要是因为人类对自然界认识的不足，同时也反映出人类内心对未知的探索。在历史的长河中，宗教的含义逐渐发生改变。从全球范围看，当今世界的宗教呈现出多样性，影响着本教人的思想，其中以基督教的人数最多。从我国的儒家学说来看，自其创立以来，世人对其研究而产生的著作，可谓是汗牛充栋。儒家学说就像西方的宗教一样，深深地影响着中华民族的思想，对中国社会有巨大的道德教育意义，从这方面讲，儒家也可以列入宗教的行列，但并不等于完全意义上的宗教。

作为教化意义上的儒家不完全是思想形态，更多的是通过文字熏习变化气质的人文教养。儒家的君子、圣贤人格在"志于道"的践行中是学习者外在的楷模和内在的通道。孔子从未将自己视为圣人，任何德行上有大成就的人都不会自认为已经"成德"，而外在的描述和圣化虽然有敦化的功能，但是从精神哲学的维度看，未能超越信仰。儒家的精神哲学是身心性命转化的修养。"志于道"的体认是"心即理""性即理"的证成，证成的过程如何超越理性和信仰是认知儒家"君子"定义的基础，缺失了信仰，君子即为一物，缺失了理性，圣贤亦脱离了实践的意义。

（二）道教

我国本土文化中，道教可以称为宗教。道教的创立与"老庄"哲学有着千丝万缕的关系。道教在"老庄"哲学的基础上，融合战国时期的方术，形成了自身一套完整的宗教体系。在道教中，道家学派的创始人老子被神化为"太上老君"，这一点与其他西方宗教有些相似。道教中的老子类似于基督教中的救世主耶稣，道教中的《道德经》和《南华真经》类似于基督教中的《圣经》，道教中的道士类似于基督教中的基督徒，道教中的道观类似于基督教中的教堂，这些类似点同样可以在其他宗教中找到。道教有自己的神化体系，尊奉"三清"，分别是玉清、上清和太清，对应着三位道家神仙，分别是元始天尊、灵宝天尊和道德天尊。

与其他宗教通常鄙视现实的生活而寻求天国的生活不同，道教一开始就追求长生不老，认为只要参悟透了"道"的奥秘并遵循"道"的法则来生活，再辅以特殊的丹药，人就可以永生不死。因此，早期道家热衷于炼丹术，以期炼出长生不老药。为了炼出心目中的丹药，他们会收集一些特殊的矿物质和植物的种子，把它们磨碎、混合，然后在特制的炉内加热。这些矿物质中有一种关键的成分即朱砂，它在加热时会产生汞，如此一来最后炼制出的不但不是什么长生不老药，反而是毒药。由于越来越多的道士因吃丹药被毒死，这种通过炼丹和吞丹达到长生不老目的的做法到南北朝时期就基本停止了。

另一种获得长生的方法道士们称为"内丹"。炼内丹的第一步是根据老子和庄子的理论，消除内心的一切情感和思想活动，保持内心的平静。第二步是用意念促使身体内的能量流动起来。操练者相信这样做能保持生命的旺盛。内丹的方法后来发展成了颇具中国特色的独门绝技——气功。长期以来中国人通过练气功以达到强身、治病的目的，也有的是为了练就攻击和防卫的特殊技能，这对于外国人而言有些不可思议。尽管与其他宗教有共同点，道教还是有它自己的特点：它追求现世的长生而不是期望天国的生活，它追求自由自在而不是苦行，它相信命运掌握在人自己手里而不是神灵的手里，它对其他宗教和观念抱有宽容和开放的态度。

在长期发展过程中，道教对中国文化尤其是在医药和卫生方面作出了很大贡献。例如，生活于南朝时期的陶弘景曾撰写过关于医药、处方、药理等七部著作；东汉时期的伟大的医药科学家张仲景，也是早期的道教人物。道教的贡献还包括化学、健身法、武术、文学、道德修养（道教也主张善恶有报）等。在对社会有着积极意义的同时，道教也有它迷信的一面，这主要反映在它的"符箓"和"风水"等观念上。风水观念曾被民间广泛用于建房和墓地的选址上。

（三）佛教

三大世界宗教中佛教在中国最为流行。在中国几乎哪里有美丽的风景哪里就会有一座寺庙，而且在旅游或节假日期间参观佛寺几乎成了中国人的必然项目。

进入中国后，佛教经历了一个中国化的过程，直到禅宗的诞生。作为最中国化的佛教，禅宗主张最简单的修行方式，反对长时间的参禅和枯燥的佛经研究工作。之所以如此，是因为禅宗认为只要心足够诚，佛性的获得只是瞬间的事。这种观点很好地反映在禅宗的创立者慧能的一首佛偈中："菩提本无树，明镜亦非台。本来无一物，何处染尘埃？"（《坛经·行由品》）禅宗主张修行的关键不在于念经、研经和参禅，而是领悟，这与儒家和道家主张的心性修养论有某些相似之处。正因如此，禅宗更为中国人所接受。更重要的是，禅宗对佛教仪式和佛教活动的简化也降低了大众进入佛教的门槛，这使得佛教成为中国最为流行的宗教。所以，禅宗的建立被看作是佛教中国化、大众化和世俗化改革的产物。

尽管在历史上佛教受到多次迫害，在近现代也受到过一些冲击，但佛教在中国依旧是最受欢迎的宗教。究其原因，首先，其"众生平等""慈悲为怀"的主张与儒家"仁"的观念相一致；其次，其伦理上的"业报轮回"说具有净化社会风气和促进孝道的作用；再次，佛教哲学成为中国人的一种智慧源泉，它不仅影响了中国哲学理论如朱熹的理学和王阳明的心学的发展，而且也为中国人解决现实的问题提供了策略；最后，它参禅的方法和目标及以德报怨的道德理念与道家有相似之处，这也为中国人高尚的道德修养提供了精神资源与方法。这些也是中国人喜欢参观佛寺的原因，因为佛寺在中国人的心目中是美丽、纯洁、慈悲和智慧之地。

第二节　传统文化的特点

一、重人伦道德

传统文化有着显著的伦理性特征，伦理道德观念在传统文化中始终处于核心地位，是进行价值判断的依据。历代统治者大力倡导以人为本的伦理道德观，对此，民众也极为推崇。传统文化崇德尚贤的伦理性特征强调重视人的德行修养，主张人们通过加强自我道德修养，成为具有高尚品质、崇高理想的人。传统文化的一大本色是"崇德"。"崇德"一方面要求加强个人品德修养，以实现自我价值；

另一方面则要求将道德作为整个社会、整个文化的立足点。关于德育至上这一观点，在中国古代典籍中多有记载，如"克明俊德，以亲九族"（《尚书·虞书·尧典》），"惟不敬厥德，乃早坠厥命"（《尚书·周书·召诰》），这些都表明了敬德、修德的重要性。人们和其他人相处时的礼仪、行为标准就是"伦理"。中国传统文化中"重关系"的思维特点及在研究种种关系中形成的道德准则都体现了其伦理性特征。首先，在家庭中，有夫妇、父子等关系，从而相应地形成了父敬妇从、父慈子孝的道德规范。其次，这种家庭关系会被引申为更大范围的社会关系，在这个更大的关系网中，就包含着国家和社会。这一步就将原本只在家庭范围使用的礼仪规范扩大开，成为处理社会关系的准则，这就加强了个人与社会中其他人的情感。因而，在中国人的处事观念中，就有了"天下如一家、中国如一人"的说法。事实上，中国传统文化也没有局限在普通的伦理关系上，它超越普通的伦理关系，讲究人与其生活环境的融洽关系。如宋代理学家张载在《西铭》中所说："民，吾同胞；物，吾与也。"其内涵就是要以仁慈之心对待包括自然在内的一切人和物。中国传统文化主要就是从家庭、社会、自然的相互关系中进行展开，最终达到"天人合一"的最高和谐状态。

中华优秀传统文化是一种关注人伦、以伦理道德教化为重要目标的伦理性文化，具有浓厚的崇德尚善的道德色彩。贯穿整个中国历史，几乎所有的学说都对于引人向善的道德伦理有所论及。各种观点也普遍存在于我国古代经典著作当中，尤其是在经典儒家著作中体现尤为明显。提出"克明俊德"（《尚书·虞书·尧典》）和"皇天无亲，惟德是辅。民心无常，惟惠之怀。"（《尚书·周书·蔡仲之命》）这说明，在古代社会，明德作为重要原则规范贯穿于社会生活的各方面，中华优秀传统文化处处渗透着伦理道德思想的影响。先秦儒家学派高度强调道德的践行，《大学》指出"欲修其身者，先正其心；欲正其心者，先诚其意"。这突出了个人自觉性和主动性在自我道德修养中的重要作用。如"德之不修，学之不讲，闻义不能徙，不善不能改"（《论语·述而篇》）等丰富的论述阐明修德的价值与意义，还对如何修德进行了规定，如："弟子入则孝，出则弟，谨而信，泛爱众，而亲仁，行有余力，则以学文"，（《论语·学而篇》）这说明他将修德放在学习知识和做学问之首，凸显其重要性。孟子进一步指出，人之所以与禽兽有别，在于满足温饱之后应学礼而守德，对于德性的追求不仅对个人品质有益，使人们成为"富贵不能淫，贫贱不能移，威武不能屈"（《孟子·滕文公下章句》）的大丈夫，而且对于整个社会国家形成崇德风气和向善品格都有重要意义。儒家另一代表人物荀子则认为，后天的道德教化对人的品质影响极为重大，甚至可以"涂之人可以为禹"(《荀子·性恶》)。这些思想不同的是观点角度的差异，相同的是都在推崇德性的作用，重视道德的培养。道家思想也注重追寻德性。老子认为"上善若水。"（《老子》）庄子在《庄子·外篇·秋水》中指出"井蛙不可以语于海者，拘于虚也；夏虫不可以语于冰者，笃于时也；曲士不可以语于道者，束于教也。"这种谦虚谨慎的致知态度，身处逆境也要保持浩然之气的精神境界，在铸就中华民族的精神品格方面有着持久重要的影响。在儒家成为官方正统思想后，在儒家学者和统治者的推动下，这种注重道德践履的思想不断发展完善，成为治理国家和教化民众的重要工具。经过长时间的道德伦理浸润，上至统治者，下至平民百姓，人们自觉尊崇圣贤，恪守"仁、义、礼、忠、孝、悌、信"等儒家道德要求，不断完善自我，实现以君子人格为追求目标。从人与人的关系而言，传统文化强调要有仁爱之心。无论是孔子的"己欲立而立人，己欲达而达人"（《论语·雍也篇》），"己所不欲，勿施于人"（论语·颜渊篇），"人不独亲其亲，不独子其子"（《礼记·大道之行也》），抑或是孟子的"老吾老，以及人之老；幼吾幼，以及人之幼"（《孟子·梁惠王章句上》），都成为中华优秀传统文化中的具有深远影响力的道德信条。以血缘关系为纽带的长幼尊卑秩序和一系列宗法制，从家族和宗族的集体生活规范，衍申为社会国家组织的基石，形成一种家国同构的社会模式，人与人之间的道德要求也延伸到国家层面，形成了君君、臣臣、父父、子子的伦理道德原则和安身立命的行为规范，极大地巩固了"家国同构""家国一体"的政治体制格局，推动了古代国家的存续。

重伦理、倡道德始终在传统文化中处于核心地位，传统文化将"德"作为整个社会的基础，保障了社会的长久稳定，形成了牢固的家庭关系、融洽的人际关系，在中国大一统思想的形成中产生了不可比拟的积极影响。但我们也要看到，这种道德观念强调家主、君王的权威，要求家庭成员和臣民无条件服从，一定程度上阻碍了民主思想的发生与发展。同时，一味倡导人们遵循道德伦理，导致个人身心需求被漠视，个人权利被忽略，这阻碍了人们创造性、自主性的培养。因此，传统文化的伦理性特征具有二重性。

二、讲经世致用

中国传统文化是从农业文明中孕育和发展起来的，是名副其实的农业文化。数千年来，中国经济的核心一直是农业，农业在国民经济中始终占据主导地位，成长、生存在农业文明中的中国人，始终坚持"日出而作，日入而息。凿井而饮，耕田而食"(《击壤歌》),祖祖辈辈,一年又一年、一日又一日地从事着简单的农业生产。这种简单重复的生产方式使中国人养成了重视农业、注重实际、看重实效的务实精神。传统文化显著的务实精神使得入世思想成为主流思想,这一思想始终在中国人的思想中占据着主导地位,避免了国人陷入宗教狂热。因此,中国历史上从未有某种宗教成为国教的现象,不论本土宗教,还是外来宗教。传统文化的务实思想还表现为,做学问要有利于国家生计和人民生活,如修史是为了鉴古观今、以史为鉴,写文章提倡以文载道,作词写诗主张用诗歌抒发自己的志向,绘画、音乐、舞蹈等同样如此,除了表达自我情感,更重要的是对世人的规劝、教化作用。重实用的思维方式、对人的教化及对君子人格的追求都反映出中国传统文化经世致用的功能取向。经世致用即指管理国家事务,关心社会所面临的危机,切合实用,尤其表现为对政治的关怀。在春秋战国社会变革的大环境下,各家都积极思考社会问题,进而提出自己的治国之道。儒家以"仁"为核心,以"礼"为用,致力于形成一个尊卑有序的和谐社会;法家主张以"法、术、势"相结合的方式治理国家;道家主张"天、地、人"三者之间实现和谐;墨家作为下层劳动人民的代表,提出了"尚同、尚贤、兼爱、非攻"等政治主张。从表面上看,四家学说各不相同,但本质上他们提出的学说都是对现实社会问题的回答,是对国家如何走向统一的回答。也就是说从先秦哲学开始,就已经奠定了中国文化经世致用的基调。汉代董仲舒所提出的"三统论"也是为政权合法性提供理论支持;魏晋玄学看似幽深玄远但也是为三纲五常、尊卑有序寻找天道的依据;宋明理学更是从本体论的层次规范社会秩序。因而说中国传统文化关注的都是现实社会问题,尤其与政治关系密切。

中华民族以应天时、尽地利的农耕劳作为主要生活方式,形成了立足实际、勤劳务实、安土乐天的朴素共识,积淀了审时度势、与时俱进的"实用—经验理性",凝练了崇实尚行、经世致用、利用厚生的价值取向和"大人不华,君子务实"(《潜夫论》)的人格追求。孔子曾说:"富而可求也,虽执鞭之士,吾亦为之。"(《论语·述而篇》)这体现的正是中华民族深植于农耕经济厚实土壤的农本思想,在长期的社会生产实践中产生的注重现世、淡化来生、不擅思辨、排斥玄虚的务实态度。这样的思维倾向使在西方文化中占有重要地位的宗教文化没能成为中国传统文化中的主导内容,尽管历史上中国本土产生了道教、也曾经传入了佛教、基督教等,但中华优秀传统文化的现实、入世取向,阻挡或淡化了宗教在传播中对民族意识的影响。而在中国封建君主统治时期,封建伦理性文化,如同严密的思想屏障,将人们的思想与宗族、土地牢牢锁在一起,而实用理性倾向,也促使农学，天文学等得到长足发展。但是，这种对抽象思辨的忽视，却也阻碍了思维逻辑的发展成熟，影响了基础科学技术的进一步发展。以经世致用为导向，中华优秀传统文化具有鲜明的实践指向性。以中国传统文化中"天"的概念为例。西周之前的"天"的观念具有较浓厚的客观唯心主义抽象色彩，但其中已经出现了"以德配天"的思想，散发出亲近人世的气息。进入西周之后，"天"的这种抽象和神化特征开始褪色，取而代之的是规律性的含义。而春秋时期，孔子创立儒学，提出"子不语怪、力、乱、神"（《论语·述而篇》）的主张，反应和体现了其重视现实生活的价值取向。自那时起，相较于抽象的神，中国传统文化的中心实质上是从天上转到了人间，注重世俗实际和实践的倾向就愈发凸显出来，它强调所有的理论、学说、观点最终目的都是为了解决人自身生存及人在世间生活的问题，即使是具有明显现实超越性的道家思想也显露出对理想人生、对美好生活、和谐社会的追求。在构成中华优秀传统文化主体的儒家经典文献中更是随处可见。正如司马迁在《史记·七十列传·太史公自序》说，"'天下一致而百虑，同归而殊涂。'夫阴阳、儒、墨、名、法、道德，此务为治者也"。纵观春秋战国时代各家学说可以说均为应时而为、应运而生，都是以实现社会稳定，天下大治为目标。在中华优秀传统文化的实践思维中，虽然宋明理学提出了"存天理，灭人欲"超验性追求，但"内圣外王"依然是其根本价值追求，它聚焦的核心问题和理想指向是"为往圣继绝学，为万世开太平"（《横渠四句》）。可见经世致用的务实性，贯穿于中华优秀传统文化之中。

　　这种务实性特征，使中国古代科学成为实用性科学，"广大高明而不离乎日用。"在这种实用性观点的指导下，古代科技取得了长足进步，"四大发明"即我国实用技术高度发达的体现，此外，医药、数学、人文地理、农学水利等，大多也是和国家生计、人民生活密切相关的。我国实用科学成就高，解决问题能力强，曾遥遥领先各国，各国科学家对此都叹为观止，可以说，正是这种务实的思想，为传统文化的发展和繁荣奠定了坚实的基础。但我们也必须承认实用主义思想对事物原理和方法的忽视，阻碍了人们思辨理性的发展，延缓了我国自然科学、逻辑学等思辨学科的发展进程。同时，实用主义氛围下人们形成的向往稳定、不求变化的心态一定程度上也养成了中国人安于现状的惰性。故而，传统文化经世致用的务实性具有双重性，对此，我们应辩证看待，实事求是。

三、求贵和尚中

虽然中国传统哲学理念、人文精神、道德理念的主要内容有所区别，但它们追求的最高价值目标是一致的，即"贵和尚中"的价值理念。"贵和尚中"既是一种精神境界，也是一种生存方式，还是一种哲学方法论。其中"致中和"是途径，而"和谐"是最高的价值目标。"和"文化体现了一种具有中国特色的辩证的思维方法，它强调在事物的对立中，以持中的方法避免过与不及两种极端，进而达到"天人合一""阴阳有序"的万物和谐并生的理想状态。在自身的身心关系上，中国传统文化强调加强自身的道德修养，在义与利冲突时，克制欲望，平衡二者达到中和，实现身心的和谐。只有个人身心和谐、知行合一，才有可能谈齐家治国平天下的问题。在人我关系上，以儒家为代表的中国传统文化讲严以律己、宽以待人，以仁爱之心对待他人，主张各安生理、各司其职，致力于实现"人和"，进而实现社会、家国的和谐。在天人关系上，虽然也有服从自然和征服自然的观点存在，但以"天人协调说"为主导。"天人协调说"认为人是自然界的产物，是大自然的一部分，同时人也应在遵循自然规律上充分发挥自己的能动性，去调整、引导自然，最终实现自然万物的和谐发展。不管是哲学观点、人文精神还是道德理念，都指向一个目标，就是"和谐"，因而"贵和尚中"是中国传统文化的最高价值体现。

第三节　传统文化的价值

一、传统文化的价值取向

（一）重家庭、尊宗法的群体本位

"重家庭、尊宗法"是传统文化的价值取向之一。传统文化发展最基本的载体始终是宗法家庭，国家、民族、村落都是血缘宗法家庭的衍生体或者派生物。宗法制基础上发展起来的传统文化，决定了在中华文化中居于核心地位的是祖宗观念、后代观念，而非宗教神学。因此，中国人不像西方人那样崇拜上帝、祈求上帝的救赎，中国人只认祖宗，为人处世首先想到的就是自己的行为做法是否会使祖宗蒙羞。光宗耀祖、衣锦还乡、安土重迁、落叶归根等成语皆是传统文化家庭本位观念的体现。儒家所倡导的"修、齐、治、平"理论是群体价值外推的表

现之一。"修身、齐家、治国、平天下",从表面看,"修身"似乎是基础、是根本,但深入思考就会发现,"修身"的主要内容还是宗法家庭倡导的孝、悌、慈等观念,而"治国、平天下"是倡导这些观念的目的所在。儒家经典对孝、悌、慈的释义是:"孝者,所以事君也;悌者,所以事长也;慈者,所以使众也。"(《大学》)意为服务君王要像孝顺父母一样,侍奉长者要像敬爱兄长一样,管理民众要像疼爱子女一样。这样,尊老爱幼的宗法观念就延伸到了整个社会中,形成了传统文化"重家庭、尊宗法"的群体本位取向。

(二)崇仁义、明教化的人生本位

传统文化的另一价值取向是"崇仁义、明教化"。自古以来,传统文化的主要内容就是儒家所倡导的价值观,而"崇仁义、明教化"作为儒家学说的本质特征,更是传统文化的基本价值取向。儒家思想的创始人孔子最早提出"仁学",并将"仁"作为儒家思想的核心。他主张通过"仁"来进行个人修养,实现自我价值,成为完善之人。孔子之后,历代儒家学者进一步发展了"仁学",使其更加充实、完善。如孟子主张"仁政",董仲舒提倡"人性"论,墨子倡导"兼爱""尚同",皆将"仁"视作人伦宗法的最高境界与状态。可见,尽管不同派别说法各异,但其本质思想却是一致的,皆是"仁"。之所以"崇仁义、明教化"成为传统文化的另一价值取向,是因为"仁"的思想充分体现了传统文化崇尚和谐的内在精神。"仁"的伦理要求主要表现为两点,一是主张协调人际关系,二是注重人的自我修养。中华民族在家族本位的长期影响下,始终将孝悌视为伦理道德的根本,提倡父母慈爱、子女孝顺、兄弟友爱。这种家庭成员间的友善、和睦相处推而广之,就成了对朋友言而有信、对国家忠诚有义的为人准则,社会范围内则表现为"四海之内,皆兄弟也"(《论语·颜渊篇》)的博爱胸怀。故而,天下一家、公而忘私、廉洁奉公便成了人们推崇的价值理想。"崇仁义、明教化"的价值取向,还表现在人们对义利关系的认知上。中国传统义利观,经过历史积淀,主要思想可概括为下述几点:首先,义利问题方面,传统伦理道德始终坚持"重义轻利"原则。"重义"并不代表要完全舍"利",而是主张我们应在"义"这一标准的指导下谨慎的对待"利"。当"利""义"相符之时,"利"便可取之,即见利应思义;若"利"与"义"相违背之时,则需"重义舍利"。如此,方为"君子"也。其次,更深层面来说,重义轻利思想指的是个人应维护国家、民族利益。中国社会的主流价值观始终倡导人民应坚持舍己为国原则,要以大义为重,舍小家为大家,要有国家至上、人民至上的崇高爱国情怀。

（三）崇道德、重礼仪的道德本位

"崇道德、重礼仪"是传统文化的又一价值取向。"大上有立德，其次有立功，其次有立言。虽久不废，此之谓不朽"（《左传·襄公·襄公二十四年》），以及"德者本也，财者末也"（《大学》）。可见，传统文化的一个显著价值取向即"崇道德、重礼仪"。数千年来，历代贤哲和统治者始终大力倡导伦理道德。孔子主张"志于道，据于德"（《论语·述而篇》），提倡人应涵养崇高道德品质，培育立志追求真理的精神，做任何事都不能超越道德的界限。孟子在继承孔子思想的基础上，首创"五伦"说，指出"父子有亲，君臣有义，夫妇有别，长幼有序，朋友有信"（《孟子·滕文公章句上》），这是孟子关于"五伦"的简要论述。经过历代贤哲们的积极倡导，以及统治阶级的长期教化，传统伦理道德对中华民族的民族心理、价值判断、民情风俗等方方面面都产生了广泛的影响。人们习惯以伦理道德作为衡量标准去评判他人的思想与行为，要求人们忠君爱国、孝顺父母、大公无私、舍生取义、兄友弟悌、诚实守信等。古代中国拥有浩瀚庞杂的礼类文献，是其他国家和民族难以企及的。如公元前五世纪的《仪礼》及宋朝的《政和五礼新仪》等。唐代杜佑所著《通典》，系统整理了唐之前历代典章制度的发展与演变，这本书总共 200 卷，而其中和礼制相关的记载就有一半之多，可见古代中国对礼仪的重视之深，研究之精。此外，由于孝悌思想是宗法家庭的基本思想，将其外推至社会，孝悌就演变成了"忠义"，成为社会群体必须遵守的道德伦理规范，为了维护这一规范，必须建立一套与之相适应的礼仪。因此，上到君王大臣，下至黎民百姓，都需要遵守一系列严格的礼仪规范。故而，对古代中国而言，"礼仪之邦"的称谓可谓是当之无愧。

二、传统文化的时代价值

（一）助力中华民族复兴

从改革开放以来，我国在经济上取得了巨大的成就，同时也面临着一些问题。中国传统文化历经几千年依然熠熠生辉，可以为中国的现代化建设提供智慧。首先，中国传统文化的"民本思想"、墨家的"兼爱"思想等为中国的政治建设提供了新的思路。其次，中国传统文化中蕴含着丰富的"和谐"思想。当今时代由于经济的发展也产生了一系列的社会问题，比如不诚信、不道德的事件时有发生，要解决这些问题，中国传统文化中的诚信、仁爱思想就为社会主义和谐社会奠定了基础。最后，中国传统文化中的"仁爱睦邻""四海皆兄弟""和而不同"的思想生动地体现了中国是一个热爱和平的国家，同时为中华民族的复兴提供了发展智慧。

在历史的长河中，中国传统文化之所以能够一直流传下来，是因为自身的兼容并蓄，使得各民族智慧得以汇聚，并成为凝聚各民族归属感和认同感、推动社会和时代发展的重要力量。从屈原的"长太息以掩涕兮，哀民生之多艰"（《离骚》），到顾炎武的"天下兴亡，匹夫有责"（《日知录·正史》），在古代历史上，无数诗词篇章记录下了古人对于国家的矢志不渝。从一声炮响到嘉兴画舫，再到中华人民共和国成立，近代无数仁人志士也在古人的诗篇中得到激励，前赴后继为民族振兴而不懈奋斗。在当代，不论是抗击新冠疫情还是打赢脱贫攻坚战，都离不开中华民族血液里流淌的中国传统文化所给予的精神力量。中华各族儿女万众一心、众志成城，才使得中华民族一次又一次的战胜困难。中国传统文化是一个纽带，将身处世界各地的中国人紧紧缠绕。每一个重要时刻的诞生，都能激起中华儿女对于中华民族的认同感和自豪感。反过来这份对于国家、对于民族的认同感和自豪感，又在继续鼓舞着一代又一代的中国人不断为中华民族的灿烂明天做贡献。现在我们站在新的历史起点上，肩负着实现中华民族伟大复兴的重担，在面对不断加大的外部压力时，中国传统文化所蕴含的精神力量，仍在鼓励我们奋勇向前、不断进取，为实现中华民族的伟大复兴而贡献出自己的力量。

（二）弘扬中华传统美德

"中华传统美德是中华文化精髓，是道德建设的不竭源泉。"[①] 中华传统美德的深刻内涵既体现于仁人志士的伟大壮举之中，也体现在每一个中国人民微小的善举之中，这一深刻内涵在新冠疫情防控中体现得尤为淋漓尽致。2020年初，一场突如其来的疫情打破了生活的平静与安宁，面对疫情，中国人民无所畏惧、团结一心，纷纷以自己微小的力量为抗击疫情贡献出自己的一份爱心。一时之间举国上下齐心协力共抗疫情、共克时艰。中国用令世界人民震惊的速度迅速控制住了疫情，这其中有一个关键因素便是中华传统美德的延续与传承。生命至上是我国仁爱思想的鲜明体现，众志成城、齐心协力源于对家国情怀的深深信仰，不畏艰险、不计得失则是对中华传统美德中舍生取义思想的生动阐释。在这场疫情中，多个省份及时驰援武汉，多个医护人员始终忘我地奋战在第一线，火神山、雷神山的神速搭建，以及各种必需医疗物资被紧急送往抗疫前线，所有的这一切都是

---

① 　新时代公民道德建设实施纲要 [M]. 北京：法制出版社，2019.

中华传统美德在当代的生动体现。

（三）满足精神文化需求

自 1978 年改革开放以来，我国在经济、政治、文化等方面都有了长足的发展，尤其是经济建设方面取得的成就尤为突出，人民群众物质层面的需求已大体得到满足。进入新时代，"我国社会主要矛盾已经转化为人民日益增长的美好生活需要和不平衡不充分的发展之间的矛盾。"[①] 以衣食住行为例，人们大多已经摒弃了之前的陈旧观念，穿衣理念从防寒保暖转变为时尚好看，饮食习惯从吃饱喝足转变为营养均衡，居住方面从低矮平房转变为砖瓦楼房，出行方面从自行车转变为私家车、飞机和高铁等。这些变化都足以说明人们的物质需求已更上一层，随之而来的便是精神文化方面的需求。然而，马克思主义辩证法已揭示事物的发展是前进性与曲折性相统一的结果，伴随经济快速发展而来的产物便是，人们对精神文化需求的理解与认知存在不同程度的偏差。一部分民众过于看重精神文化需求的重要性，从而偏离现实；一部分民众则对精神文化需求的价值视而不见；还有一些民众在精神文化方面的需求得不到满足，从而盲目崇拜他国文化。造成此种现象的原因是多方面的，要想改善这一困境，在新时代背景下，努力推动中国传统文化创新性发展不失为一个良策。精神文化需求与人民群众的精神生活质量息息相关，人民群众的精神文化需求日益得到满足，其精神生活质量也会得到相应的提高，从而能够获得足够的精神安顿、拥有独立的自我、提高思想道德素质，进而促进人的自由而全面的发展；同时，精神文化需求的满足程度也关系到人民群众的人心向背与民心凝聚，积极弘扬主旋律 / 提高精神文化需求，便能够最大限度地凝聚人民群众的力量。中国传统文化凝结着无数志士仁人的智慧结晶，大力推动其创新性发展自然有利于推动民众精神文化需求的满足。

（四）增强中华文化自信

党的十八大以来，习近平总书记提出要增加文化自信，建设社会主义文化强国，强调"文化自信，是更基础、更广泛、更深厚的自信。"[②] 文化是一个民族的精神所在，是人们赖以生存的精神食粮，是一个民族最独特的印记，是一个民族持续发展的不竭动力。中国传统文化是中华民族的血液，是中华民族的美丽瑰宝，

---

① 习近平. 习近平在中国共产党第十九次全国代表大会上的报告 [EB/OL].（2017-10-28）[2021-10-16].http：//cpc.people.com.cn/nl/2017/1028/c64094-29613660.html.

② 习近平. 习近平在庆祝中国共产党成立 95 周年大会上的讲话 [N]. 人民日报，2016-07-02（02）.

是实现中华民族伟大复兴的精神动力，是中华儿女的根和魂。首先，从历史进程来看，在中华民族五千多年的历史长河中，中国传统文化记录了中华民族光辉的发展史，在近代以前，中华民族一直是世界上最发达、最繁荣的地方，而且中华文明从未间断过，这是历史的奇迹，也是世界的奇迹，给中华民族乃至整个世界留下了最宝贵的精神财富。其次，从中国传统文化的内容上来看，中国传统文化博大精深、浩如烟海，其中很多思想在今天依然闪耀着真理的光芒。例如诗词歌赋和书法艺术、医学典籍、天文历法、农业书籍等，其中蕴含着中华民族广大劳动人民的精神智慧，体现了中华民族最独特的魅力。中国传统文化历经几千年，经久不衰，这其中必有其道理。新时代党和国家非常重视中国传统文化的发展，这对于我们增强文化自信、推动文化强国建设具有重大的现实意义。

（五）提高文化软实力

和平与发展仍是当今世界主题，世界格局多极化、全球化是不可逆的趋势。世界各国的经济、文化、政治等方面越发紧密相连，牵一发而动全身。"软实力"是一种通过文化与意识形态的感召力而吸引他人的能力，是未来综合国力的重要组成部分。如今，文化软实力已经成为世界各国展现各自影响力的主战场。西方国家凭借自身优势，率先通过影视作品、书籍和文化交流等活动，积极宣传自身文化和价值观，这也成为西方意识形态传播的新途径。相对于西方国家，中国文化软实力发展起步较晚，但中国在文化软实力的建设发展中一直加快追赶步伐。中国传统文化作为中华民族千百年来的文化血脉和精神力量，曾对世界的发展起到重大的推动作用。新时代，继续传承中国传统文化，有助于提高中华文明的影响力，增强中国文化软实力。要向世界各国传达中国思想、发出中国声音，占领世界舆论高地，从而树立中国形象。

（六）提升国际话语权

提升国际话语权不仅能够更好地维护本国利益，也能为一个良好的国际秩序与国际环境构建添砖加瓦，增进世界各国人民对本国的了解与价值认同。纵然我国的经济发展已跃居世界前列，但国际话语权的地位却与之格格不入，这其中的原因是多方面的。一方面是我国的话语传播渠道有限，即便是传播内容优质也较难产生较大的影响力，导致"有理说不出"；另一方面则是个别国家利用其在舆论方面的优势挤压中国的国际话语权，导致"有理说不清"。中国传统文化以其深厚的文化底蕴为提升国际话语权提供了全新的时代契机。其一，中国传统文化可为本国国际话语权的构建提供崭新的视角与理念，从而推动构建具有中国特色的话语体系。例如当下我国所倡议的人类命运共同体思想、"一带一路"倡议等都可从中国传统文化中追根溯源。其二，中国传统文化能够以"润物细无声"的方式讲好中国故事。官方的话语固然有其必要性，但是如果缺失鲜活性，不够接地气，不以"本土化"的方式进行传播，那么便很难讲好中国故事、传播中国声音。中国传统文化历经千年而不衰，其思想与内容也同样博大精深，深入挖掘其中与本国话语体系相贴近的生动例子，能够以妙趣横生的方式讲好中国故事。

第二章 思想政治教育中的传统文化

本章主要介绍思想政治教育中的传统文化，首先介绍思想政治教育内容，其次介绍传统文化中的哲学，再次介绍传统文化中的道德，最后介绍新时代的传统文化。

第一节 思想政治教育内容

一、马克思主义理论教育

（一）马克思列宁主义教育

马克思列宁主义是我们党治党立国的根本思想，在中国特色社会主义现代化进程中具有重要作用，对于马克思列宁主义，习近平总书记强调要真学、真懂、真信、真用，并指出："思政课教师只有自己信仰坚定，对所讲内容高度认同，做学习和实践马克思主义的典范，才能讲得有底气，讲深讲透，才能有效引导学生真学、真懂、真信、真用。"[①] 马克思列宁主义教育是大学生思想政治教育的重要内容，作为马克思主义的政党，党始终重视用马克思列宁主义武装思想、教育人民，对于大学生的教育不能仅仅停留在表面进行说教，务必内化为学生的真实品格，转化为学生的实践行为。通过长期的社会实践和经验中积极践行马克思列宁主义，并指导大学生更好地认识问题、分析问题和解决问题。指导学生参透马克思、恩格斯和列宁思想的感悟真谛，在马克思列宁主义的指导下形成正确的信仰，确立正确的人生方向。

---

① 习近平.习近平：思政课是落实立德树人根本任务的关键课程 [EB/OL].（2020-08-31）[2021-10-16].http: jhsjk.people.cn/article/31843368.

（二）毛泽东思想教育

毛泽东同志的思想魅力不仅来源于带领人民实现了中华民族站起来的变化，建立了中华人民共和国，也在于毛泽东同志的历史功绩及他创造的革命建设新道路和新理论。由他带领所形成的毛泽东思想，丰富了马克思列宁主义，也为今天的中国特色社会主义现代化建设提供了宝贵的思想资源。

（三）中国特色社会主义理论体系教育

中国特色社会主义理论体系包括邓小平理论、"三个代表"重要思想、科学发展观和习近平新时代中国特色社会主义思想。当代的大学生是未来中国梦的见证者、建设者。为了牢固中国特色社会主义的本质，促进国家的繁荣兴盛，要对大学生进行中国特色社会主义理论体系的教育，增强他们的政治意识、大局意识、核心意识和看齐意识。尤其是要加强对习近平新时代中国特色社会主义思想的学习。党的十九大提出了习近平新时代中国特色社会主义思想，并将其写进党章，成为全党必须长期坚持的指导思想和行动指南。第十三届全国人大一次会议第三次全体会议通过的《中华人民共和国宪法修正案》，又郑重地把习近平新时代中国特色社会主义思想载入宪法，实现了从党的指导思想向国家指导思想的转化。党的十九大重要的贡献就在于形成了习近平新时代中国特色社会主义思想。习近平新时代中国特色社会主义思想是我们党和国家需要坚定不移地坚持的指导思想，大学生要持久地学习习近平新时代中国特色社会主义思想，更加自觉地为实现中华民族的伟大复兴不断奋斗。

二、世界观、人生观、价值观教育

（一）社会主义核心价值观教育

党的十八大报告首次明确提出社会主义核心价值观的内容，引导大学生熟知并自觉践行是高校的又一重要任务。习近平总书记强调："青年的价值取向决定了未来整个社会的价值取向，而青年又处在价值观形成和确立的时期，抓好这一时期的价值观养成十分重要。"[①] 社会主义核心价值观体现了中华民族的价值追求，凸显了社会主义的本质属性，是基于马克思主义指导下形成的一种新型价值观，立足于中国传统文化，富有中国特色。社会主义核心价值观集共性与个性于一体，

---

① 习近平. 习近平：青年要自觉践行社会主义核心价值观——在北京大学师生座谈会上的讲话 [N]. 人民日报，2014-05-05（02）.

社会主义核心价值观不是另辟蹊径，它的价值追求不仅体现着中国人民的价值追求。当前，人们利益多元、思想观念多元，因此，社会主义核心价值观的"核心"应是多元的，应体现出人们多元的价值追求。它的价值追求还体现了全人类的价值追求，中国与世界紧密相连，中国想要更好地融入世界大潮之中，必须得到更多国家的认同。

在对大学生进行思想政治教育过程中，核心价值观教育始终是其中的重要组成成分，尤其是社会主义核心价值观，对大学生的成长发挥着重要的导向和指引作用，中国共产党自成立以来始终对青年的价值观进行教育和引导。社会主义核心价值观对于大学生来说影响深远，大学生是未来社会的建设者，绝不是旁观者和享受者，大学生具备良好的社会主义核心价值观，才能在发展中沿着正确的方向行进。

（二）理想信念教育

理想确立的过程是对自身、对社会的再认知过程，是个人成熟的重要标志之一，有了理想目标，人生才会有方向。理想信念对每个人都至关重要，理想信念对人生是一种内在的、强大的凝聚力，理想指引人生道路、信念决定道路成败，一个人有了理想信念，就会克服重重困难，坚定道路、勇攀高峰、成就人生。如果没有理想信念，我们就会浑浑噩噩度过一生，我们精神上就会"缺钙"，就会得"软骨病"。新时代大学生的信仰主要是信仰马克思主义，只有坚信马克思主义，才能树立起中国特色社会主义的自信，如果没有坚定的信仰，我们不会取得新民主主义革命的胜利，我们不会走中国特色社会主义道路，历史证明我们的选择是正确的，改革开放取得的巨大成就更加坚定我们的选择。习近平总书记在同各界优秀青年代表座谈时指出："广大青年一定要坚定理想信念。"没有理想的大学生，难以实现中国梦，难以承担建设社会主义的重任，因此大学生必须树立远大理想。理想信念具有强大的凝聚功能，中华民族共同的理想信念使全国人民紧密地团结在一起，为改革开放注入强大力量，大学生也要与各族人民在一起，共创美好家园。大学生的理想信念要建立在对科学理论的理性认同上，只有这样，我们才能真诚地拥护党的领导，永远跟党走。大学生有理想，国家才有希望。

（三）家国情怀教育

家国情怀教育在大学生思想政治教育中的作用极为突出，家国教育尤以爱国主义教育为主。进入新时代，高校要抓好爱国主义教育这一课，把爱我中华的种子埋入每个大学生的心灵深处，让社会主义核心价值观在祖国下一代的心田中生根发芽。大学生的家国情怀是增强中华民族凝聚力的基础性工作，爱国主义作为中华民族永续发展的价值瑰宝，在祖国各项事业的繁荣昌盛和全体中华儿女的团结向上过程中始终起到激励作用。纵观中华民族发展奋斗的心路历程，无论处于什么样的历史阶段，爱国主义始终是一面引领中华民族开拓创新的精神动力，也是我国大学生教育过程中的永恒不变的主题。在大学生思想政治教育中融入以爱国主义为目的的家国情怀教育，能够激励大学生树立爱国的意识，将个人利益与国家利益相联系，在重要时刻将国家利益置于首位，对国家忠诚、对党忠心、对社会主义热爱，能够增强对中国特色社会主义的政治认同和情感认同。当前我国处于新的历史背景和时代机遇中，大学生要认真学习马克思主义及马克思主义中国化最新理论和实践成果，用科学的思想武装自己的头脑，在爱国的过程中明确自己的使命担当，使爱国主义深入人心。

三、法治教育

法治教育是实行依法治国必不可少的环节，是长期性、基础性的工作，法治教育能够增强人民群众的法律意识，使人民群众依靠法律手段解决问题、维护自身合法权益，法治教育有利于构建和谐社会，推进社会主义民主法治建设。法治教育是促进经济发展的内在要求。习近平总书记强调要贯彻新发展理念，实现经济从高速增长转向高质量发展，需要以法治为引领，任何活动都需要依法开展、依法办事。中国特色社会主义进入新时期，各种矛盾日益凸显，社会中充满着错综复杂的利益关系，我们需要运用法律保障人民群众的合法利益、促进经济稳定发展。法治教育是构建社会主义和谐社会的重要保障。法治教育是向民众宣传法律，加强民众对法律的认识与认可，增强法律的权威性，有利于法治建设。法治教育是营造法治社会的重要手段，是构建和谐社会的重要保障。法治教育是实行依法治国方略的基础性工作，依法治国是坚持和发展中国特色社会主义的本质要求，是实现国家治理体系和治理能力现代化的必然要求。法治教育是实现依法治国的基础性工作，中国人民群众法律意识淡薄，有时对法律的效力产生怀疑，所以法治宣传工作已刻不容缓。加强法治教育、提高人民的法律意识，严格要求各部门依法办事，使人民群众自发地学习法律知识，让人民信法、懂法、用法，促进依法治国方略顺利实施。

四、党史、国史教育

习近平总书记非常重视党史、国史的学习情况，习近平总书记指出："全党同志要做到学史明理、学史增信、学史崇德、学史力行。学党史、悟思想、办实事、开新局，以昂扬姿态奋力开启全面建设社会主义现代化国家新征程，以优异成绩迎接建党一百周年。"[①] 各种敌对势力一直妄图挑拨中国共产党与人民的关系，妄图颠覆我国的社会主义制度，他们扰乱人们的思想、争夺群众，诽谤中国的领导人和中国历史，妄图在乱中取胜。青年兴则国家兴，我们必须加强对大学生的党史、国史教育，加强党史、国史教育有利于明辨历史是非。我们必须树立正确的历史观，用史实说话，抵制历史虚无主义的影响，我们要用实事求是的态度对大学生进行党史、国史教育，让他们学习中国共产党那段艰难困苦、玉汝于成的历史，提高历史认知思维能力，理性地看待中国在发展过程中取得的成就与失误，抵制各种错误思潮的影响，只有熟知历史，才能攻破谣言。加强党史、国史教育有利于增强道路自信。道路问题关乎党和国家的命运，实践证明，在中国走资本主义道路和中间道路是行不通的，只有社会主义道路才能复兴中国。大学生进行党史、国史的学习，更能了解中国人民的选择，更能掌握历史发展规律，增强道路自信，永远跟着党走。

大学生是社会发展的决定力量，是未来中国特色社会主义事业发展的重要群体，在实现中华民族伟大复兴中国梦中扮演着重要角色。大学生群体的政治信仰十分重要，它代表了未来接班人对我国发展等方面、意识形态等方面，以及社会制度的尊崇、信仰和拥护，对他们进行中国共产党党史教育关乎民族未来发展的方向，对于坚定不移地走社会主义道路，牢固树立对中国共产党执政的拥护能够起到良好的促进作用。经历历史的沧桑巨变，中国如今以更加积极蓬勃的姿态向前发展，通过党史、国史的学习教育和宣传，让大学生开拓视野，对于中国的建设和发展有新的认识和探索，能够增强大学生对于国家发展和民族进步的自信心。了解国家发展趋势、时代发展步伐，更好地将大学生的青春理想融入国家发展进程中去，激发大学生的爱国情感、民族气节，激发大学生的历史使命感和责任感，达到思想政治教育的良好效果，最终成长为能够担当民族复兴大任的人，在日常行为中更热衷于将爱国志、报国行贯穿于自身发展的全过程。

---

① 习近平. 习近平在党史学习教育动员大会上强调 学党史悟思想办实事开新局 以优异成绩迎接建党一百周年 [N]. 人民日报，2021-02-21（01）.

第二节　传统文化中的哲学

一、天人合一

中国古代思想中的"天"，泛指宇宙、天地、自然万物，也包含自然规律。"人"则往往包含的是自然的人、人性、人生及人类社会的历史发展过程。由于"天"与"人"的问题包含着对如何认识世界、如何改造世界问题的探究和解答，因此中国历史上的思想家们，一般将"究天人之际"的哲学问题作为思考的首要问题，而这些思想成果为我们留下了既有理论深度又有民族特色的宝贵思想财富。纵观历史上思想家们对"天人之学"的探究和观点，"天人合一"可以看作是中华文化对"天"和"人"之间关系的总体把握，以及达到二者和谐状态的理想追求。"天人合一"强调人与天的和谐相处，二者紧密联系不可分割，主要体现为尊重自然规律、顺应天时，最终达到天道、自然和人的和谐状态。有关研究认为，这一观点最早孕育于以农业为主要生活方式的夏商周时期，具有明显的宗教色彩。当时人们将"天"视为上帝，主宰着大自然的风云雷雨，决定着禾苗生长和农业收成，因此人们包括统治者都要揣测天意而为之。到了周朝，"天"自然规律的意义加强了，同时还增加了道德性的内涵，认为天会选择有德行的人给予帮助，因此要"以德配天"。《左传·昭公·昭公二十五年》中有："夫礼，天之经也，地之义也，民之行也。天地之经，而民实则之。"这段话的含义是，天、地的运行要顺乎"礼"，人们的行为处事也必须合乎天理地义。这里的天地是道德的具化，是人们行动的终极目标，人们做事必须取法于天。可见，早期的天人关系是在当时物质和理性思维发展制约下形成的人服从于天的被动合一。直到春秋战国时期，人们冲破了宗教思想的束缚，用理性探索天人关系时，天人关系成为一种哲理思辨，以崭新的面貌融入了中华优秀传统文化中。

老子指出，"人法地，地法天，天法道，道法自然"（《老子·道经》），说明了人、地、天、道四者的关系，表明了人与大自然的一致与相通。"天之道，损有馀而补不足。人之道，则不然，损不足以奉有馀"（《老子·德经》），体现了他对人道不公的观察和批判，他认为人道应当顺应天道，"绝圣弃智"《老子·道经》，实行"无为而治"。庄子坚定地站在"天"的立场上看待万物说："弃世则形不劳，遗生则精不亏，夫形全精复，与天为一。"（《庄子·外篇·达生》）主要强调远离世俗事务的困扰，让身体不受牵绊，拥有豁达的人生观，让精神无所亏缺，一切都顺其自然，这样就会使人达到形、神圆满的境界，复归于自然，达到一种与天合为一体的逍遥自由的境界。孔子则从人的角度来把握"天人合一"的命题。孔子敬畏天，但在他看来，"人能弘道，非道弘人"（《论语·卫灵公篇》），人无论遇到何种境遇，都会对自身所处文化传统有自知之明、有深厚感情和责任担当。因此，他一生致力于复兴周礼。儒家另一位重要思想家孟子沿着孔子的思路进一步强调人保持人的内心本性，"尽其心者，知其性也。知其性，则知天矣。"（《孟子·尽心章句上》）可见，孟子认为人的"心""性"与"天"是相通的，人性与天道密切相关，发挥人性之善，就是对天命最好的回应。

春秋战国重要经典《周易》包含着中国最古老的朴素唯物主义的辩证法思想。"易，所以会天道、人道者也"（《郭店楚简·语丛》），它以一种整体的世界观将天地人视为有机统一体，因而引起诸多学者的研究和阐发，形成了《易传》。这些研究从变化的角度将天与人紧密联系起来，人们在阴阳交会中可以体察到万事万物的运转与变化，懂得了变化的规律就能够按照其内涵的道理接待人物，展现天性于人的本性之中。正如《易传·文言传·乾文言》提出："夫'大人'者，与天地合其德，与日月合其明，与四时合其序，与鬼神合其吉凶。先天而天弗违，后天而奉天时。"是指真正智者能够主动感应天地，行为上合乎天地意志，把握天道运行规律，顺应天道变化，从而才能达到先天后天无往不利。《中庸》中提到："诚者，天之道也。诚之者，人之道也。"肯定"诚"的重要性，认为人们要充分发扬"诚"的德性，才可与天道相一致。孟子提出"天命之谓性；率性之谓道；修道之谓教"（《中庸》），"尽心知性知天"（《孟子·尽心章句上》），"上下与天地同流"（《孟子·尽心章句上》），"天时、地利、人和"，认为人与天相通，表现出"天人合一"的思想。战国末期的荀子提出天人相分的观点。他认为："天行有常，不为尧存，不为桀亡。应之以治则吉，应之以乱则凶。"（《荀子·天论》）这是将天视为不受人的意识支配的自然法则，顺应它就会得到生养之资，违背它则会受到惩罚。荀子还从农业的角度进一步阐释人应当发挥自己的主动性，认识规律、把握规律，深刻阐述了人是与天相对独立的认识主体、实践主体。荀子这种基于相分与相和观念的探索将对天人合一的探索推进到一个新阶段，对后来的思想产生了重要而深刻的影响。到了汉代，大儒董仲舒提出了"天人之际，合而为一"（《春秋繁露》）的"天人感应"理论。这是两千年来儒家思想的又一个重要观点，由此不断发展成为哲学思想体系，成为汉代统治思想，对整个中国政治思想的发展影响极其深远。"天人合一"作为一个明确的理论命题是北宋哲学家张载最先提出，"儒者则因明致诚，因诚致明，故天人合一，致学可以成圣，得天而未始遗人。"（《正蒙·乾坤篇》）"乾称父，坤称母；予兹藐焉，乃混然中处。故天地之塞，吾其体；天地之帅，吾其性。民，吾同胞；物，吾与也。"（《西铭》）可见，他将"天人合一"既作为本体，也作为发展认知的方法和依据，这可以说是对这一核心理念的经典解读。宋代以来，"天人合一"逐渐为思想家广泛接受，成为当时思想文化观念的主流。

新时期，中国传统文化中的"天人合一"思想为正确认识人与自然关系提供了丰富的理论资源，将其有机融入大学生思想政治教育中，不仅能够帮助学生树立坚定的可持续发展理念，养成良好的绿色生活习惯，而且能够让学生意识到自然发展有其独特的规律性，使他们树立正确的生命观，尊重并呵护自然中的每个生命体。事实上，天地万物都是大自然孕育出来的，自然物质条件是生命赖以存在的首要条件。我们要使当代大学生深刻明白，作为万物之中最具独特性和生动性的人类，不仅要尊重、爱惜自己与他人的生命，也要尊重、爱护大自然中的其他生命，保持对生命和自然的敬畏之情。"天人合一"的思想理念是中华民族探讨处理人与自然关系的宝贵思想财富，在今天仍具有深刻价值，为我们贯彻绿色发展理念、守护绿水青山以建设美丽中国提供了思想渊源，为追求人与自然和谐相处、维护生态平衡奠定了文化基础。将中国传统文化中"天人合一"的思想融入大学生思想政治教育中，能够有效帮助学生树立正确的自然观和生命观，在社会主义生态文明建设中实现人与自然的共同发展。

二、和而不同

"和而不同"思想是孔子对春秋之前史伯、晏婴的"和""同"思想的继承与发展。"和"是不同事物的融合，"同"是相同事物的一致，"和而不同"则是不同事物之间在保持合理差异的同时交流互通。孔子提出"中庸之为德也，其至矣乎"（《论语·雍也篇》），认为中庸之道是衡量君子道德修养水准的重要标准，这里的"中"所指的是恰当和合适，"庸"则是指适度和平常，即一个人在说话和做事时要把握适度原则，选择对问题和矛盾最适当的处理方法，尽量在兼顾各方利益的基础上达成目标。此外，孔子在教育弟子的过程中也非常重视中庸之法的使用，这在"子温而厉，威而不猛，恭而安"（《论语·述而》篇）及"君子惠而不费，劳而不怨，欲而不贪，泰而不骄，威而不猛"（《论语·尧曰篇》）等表述中都有体现。在中国传统文化中，中庸并不是不讲原则的折中之法，其核心要求在于督促人们凡事讲求适度原则，以维系人际和内心的平衡。作为人与人之间相处的重要准则之一，中庸即是要在人际交流相处的过程中承认对方在思想、行为等方面的差异，尊重矛盾双方的个性，通过协调最终形成共识。与此同时，矛盾双方也不能彻底失去自己的独立性一味顺从地迎合别人，要客观接受、认真对待他人对自己的看法和意见，切忌随波逐流。中庸包括执两用中和时中两个层次，执两用中就是要求人们在思考问题时要从对立的两个面入手，找到那个处理问题的平衡点，做到不偏不倚；时中则要求人们在处理事情时根据实际情况灵活变通，而不是只会照本宣科。在市场经济快速发展的今天，越来越多的人会产生心理问题和价值迷茫，尤其是处在心理形成关键期的大学生就需要运用中庸之法来调养自己的心性，学会自我排解。思想政治教育要特别注重大学生健康心理的养成，致力于培养全方位健康发展的新时代人才，以优秀传统文化中的中庸处事理念引导大学生的成长发展，积极发挥思想政治教育对学生养成健康、豁达心理的教化作用。

"和而不同"是中华优秀传统文化中蕴含的重要的思想理念和辩证思维方式，其核心精义是"和"。"和"字，以及"和"的概念在《诗经》《尚书》等典籍中已经有了清晰深刻的表达，如"百姓昭明，协和万邦"。（《尚书·虞书·尧典》）这些关于"和"的阐述主要指人与神的和谐关系或中华大地上诸国间的政事和顺。西周末期的伯阳父提出了"和实生物，同则不继"（《国语·郑语·史伯为桓公论兴衰》）的命题，第一次区别了"和"与"同"的概念，赋予"和"哲学思辨的深意。从哲学的视角看，"和"是从普遍性、共性着眼，使不同的事物在相互作用中协调协同，进而达成一种新的平衡状态，或者创造新的事物的动态过程。这相较于同质或同类事物的叠加，更加凸显了共性与个性的辩证统一，是在差异矛盾的辩证中推进发展的哲学智慧。春秋末期的孔子重视"和"的社会政治功能，进一步将"和"与道德践履结合起来，提出了"君子和而不同，小人同而不和"（《论语·子路篇》）等经典论述。道家老子也十分重视"和"，提出"万物负阴而抱阳，冲气以为和"（《老子·德经》）的观点，将"和"视为万物生存的基本条件与最佳境界。北宋思想家张载在前人基础上构建了相对完整的"和而不同"思想体系。他从宇宙本体论出发认为"太和即道"，它"散殊而可象为气，清通而不可象为神"（《正蒙·太和篇》），太和既是宇宙的本源，同时蕴含着宇宙的规则、客观世界运行中矛盾对立统一结构，因而，"有象斯有对，对必反其为；有反斯有仇，仇必和而解"（《正蒙·太和篇》），即随着事物的运动变化，对立与矛盾必将"和而解"。同时，"和"也是人们修养所要追求的目标，张载认为"心和气和"，从自身的本性出发穷理尽性而与天合一，达到"民胞物与"境界，就能进而获得自然、社会、国家和个人心境上真正的"和"。随着"和"的概念与内涵的不断丰富、深化，古人们又继续深化了"和而不同"命题的思考，将其与"中"联系在一起，为"和"赋予了实践尺度。《中庸》中论述道，"中也者，天下之大本也。和也者，天下之达道也。致中和，天地位焉，万物育焉"，将"和"放在了万物发展循环、并行不悖的原则规律来看待，强调了万物运动变化与个人内在修养追求的和谐统一；进而用"万物并育而不相害，道并行而不相悖"（《中庸》）的精炼语言刻画了"和而不同"理念映照在自然与社会中的美好景象，展现了丰富的辩证思维和发展智慧。随着"和而不同"思想理念的传承，崇尚和合的意识已经融入中华民族的文化血脉，广泛存在于传统文化的方方面面，从中医学所强调的"阴""阳"及阴阳平衡和互补，到中国古代美学所强调的"中和"，再到儒家对"和"、道家对"妙"、佛教对"圆"的追求，无一不是"和而不同"思维的具体体现。在当今时代，"和而不同""贵和持中"的思想精髓进一步拓展，潜移默化地发挥着重要作用。在思想文化上，追求"各美其美、美人之美、美美与共、天下大同"的共同繁荣；在政治上，主张"兼听则明，偏信则暗"（《资治通鉴·唐纪人》），坚持民主与公正；在社会上，深刻认识到和由义起，同由利生，主张重义轻利，以和为贵；在个人素养上，培育"致中和"的君子之风。从全球化背景下国际社会合作竞争的关系来看，中国始终秉承"强不执弱""富不侮贫"理念，注重协和万邦、亲仁善邻，主动维护国际社会秩序的和谐安定，推进国家间和平共处，向全世界展现了"和而不同"思想理念的强大魅力，尊重事物间的多样性与差异、客观看待矛盾乃至冲突对抗，进而寻求共识、实现动态和谐发展的"和合"思维也得到了国际社会的广泛赞同，为化解当下各种危机，促进人类社会和平发展贡献了中国智慧。

三、平常之心

中国传统文化中有很多关于生命生活的智慧和学问。其中，禅宗作为一种注重人心灵精神的哲学，要求人们在世俗生活中保持平常之心，该做什么的时候就做什么，做好日常生活中自然而然的事，尽量不去思虑各种烦恼，在既非刻意追求又非不追求的状态下保持自我，启发内心的本性和自觉。禅宗作为儒家思想一定程度上的对立和补充，使中国历代士大夫在历经不幸之后，用超脱的审美态度在大自然中获得超越生命的力量，在坚持操守的同时以山水自娱，创造出了无数意蕴深永而流芳百世的艺术作品。这些都表明禅宗的"平常心"在一定程度上可以更好地陶冶人的内心世界，教导人们忘却得失，放下一些不必要的执着，在现实生活中获得精神上的自由与启发。事实上，世俗社会中人们的很多要求都是符合情理的，禅宗的人生智慧不是要否定每个人正常的欲望与追求，也不是要否定每个人对成功的渴望和奋斗，而是要求人们在奋斗的过程中时刻保持自己的平常心。也就是说，人们在日常生活中应该正确合理地对待自身需求与欲望，在认真学习、努力生活和敬业工作中实现自身价值，在参与各种社会实践活动的过程中放下那些会让自己紧张不安、扭曲平常心的精神负担，让自身在最为本真的状态下更好地承担起应有的责任和使命。

禅宗的精神价值在经过创造性转化与创新性发展之后，可以作为大学生思想政治教育的重要精神资源。不管是在求学过程还是就业阶段，当代大学生总是需要与性情各异的人交流相处，经常需要处理人与人之间不同的利益矛盾，内心承受着不同程度的焦虑和压力。将中华优秀传统文化中关于禅宗的思想精华融入大学生思想政治教育，能够使学生们更好地保持自己的平常心，在追求个人利益的同时兼顾他人的利益追求，在纷繁复杂的社会环境中坚持正确价值导向，更好地为建设中国特色社会主义社会而奋斗。

四、自强不息

自强不息是中华优秀传统文化的核心思想理念之一，是中华民族的精神内核，在穿越五千多年的沧桑历程中起到了不可替代的独特作用。这一命题最早出自《易传·象传上·乾》"天行健；君子以自强不息"的阐述，表达了自然万物运行刚健不已，君子应遵循规律效仿自然，奋发进取、不断追求进步的理念，反映了古人对天体运行不息的深入观察和深刻认识，展现了中华民族历经磨难而始终保持勃勃生机的精神力量所在。"苦其心志，劳其筋骨，饿其体肤，空乏其身，行拂乱其所为，所以动心忍性，曾益其所不能"（《孟子·告子章句下》）、"人皆可以为尧舜"（《孟子·告子章句下》）的观点，这可以说是对自强不息精神的经典阐述。由此可见，自强不息的理念从"天人合一"的宇宙观孕育和发展而来，强调对自然之道的自觉与转化，与塑造自我理想人格的不懈追求紧密相关，既包含对"富贵不能淫，贫贱不能移，威武不能屈"（《孟子·滕文公章句下》）、"穷且益坚，不坠青云之志"（《滕王阁序》）正直独立、不屈不挠人格的崇尚与追求，也包含对利用厚生、担当道义，艰难困苦、玉汝于成的社会责任感和创造精神的弘扬。正是由于对"自强不息"精神的薪火相传，中华民族获得了自立自强、砥砺奋进的精神支柱与力量源泉，历经岁月更替与曲折磨难，依然如翠柏挺拔屹立。

在传统文化中，天与地的概念相辅相成。因此，与天道运行体现出的刚健有为相对应，大地之势表现出的是博大宽厚、柔顺包容。故而《易传·象传上·坤》中有："地势，坤；君子以厚德载物"，这从另一个侧面补充了自强不息的内在要求，即君子自强自立的同时，应当以效法大地之德作为认识世界和提升德行的进路，以宽广的胸怀、深厚的修养，容纳万物、博采众长。可见，厚德载物既包含了老子提出的"上德若谷"谦虚包容的智慧，也包含着儒家修德自省的积极担当。《大学》中开宗明义地提出了"欲明明德于天下者"应当做到"格物""知至""意诚""心正""身修"，这表达的即是"厚德"的意涵；而"家齐""国治""天下平"则是"载物"的体现。

中华民族历经磨难曲折发展到现在的国力强盛，成长为拥有大国担当与大国风范的民族，就是因为有发奋图强、积极进取的自强精神作为顽强的支撑。这要求作为中华儿女的我们不管是在学习还是工作上都要有锲而不舍的精神，遇到困难就迎难而上，不轻易放弃。这种精神是这几千年来无数有志之士奉行的优良传统。孔子用"发愤忘食，乐以忘忧，不知老之将至"（《论语·述而篇》）来主张积极进取、锲而不舍的做事态度，孔子在晚年面对许多困难仍坚持周游列国，宣讲建设大同社会的美好理想。同时指出"三军可夺帅也，匹夫不可夺志也"（《论语·子罕篇》），说明有一个能锲而不舍为之奋斗的志向是一件十分重要的事，如果一个人没有志向，也就谈不上积极进取了。曾子曰："士不可以不弘毅，任重而道远。仁以为己任，不亦重乎？死而后已，不亦远乎？"（《论语·泰伯》）曾子主张志存高远的人应该坚毅又勇敢，不畏前路艰辛。孟子主张"富贵不能淫，贫贱不能移，威武不能屈"，《孟子·滕文公章句下》认为做人不管在何种境遇都要有自己的坚持，奉行大丈夫有所为有所不为。荀子曰："锲而舍之，朽木不折；锲而不舍，金石可镂"。（《荀子·劝学》）强调做事坚持不懈的重要性。我国自神话故事时代就有许多关于锲而不舍、坚韧不拔的故事，比如愚公移山、精卫填海、凿壁偷光、闻鸡起舞等无一不体现出中华民族百折不挠、顽强拼搏的内在品质。

当今世界处于百年未有之大变局时代。在这个兼具机遇和挑战的崭新时代，我们尤其需要顽强拼搏、自强不息的奋斗精神。正如《孟子·告子章句下》中所言："天将降大任于斯人也，必先苦其心志，劳其筋骨，饿其体肤，空乏其身，行拂乱其所为，所以动心忍性，曾益其所不能。"生活在科技和经济飞速发展的时代中的大学生，不少人都相对缺乏坚持不懈、奋发图强的品质，遇到困难便退缩，缺少恒心与毅力。但是国家的未来属于青年一代、属于拥有良好品质的一代，奋发图强、锲而不舍就成了必不可少的心理品质。"昔西伯拘羑里，演《周易》；孔子厄陈蔡，作《春秋》；屈原放逐，著《离骚》；左丘失明，厥有《国语》；孙子膑脚，而论兵法；不韦迁蜀，世传《吕览》；韩非囚秦，《说难》《孤愤》；《诗》三百篇，大抵圣贤发愤之所为作也。"（《史记·太史公自序》）司马迁的这段有名的记载为培养大学生奋发自强的品质提供了鲜活的榜样资源，这样的真实写照在历史的长河中不胜枚举。实现中华民族的伟大复兴，要依靠每一个人的顽强拼搏、坚持不懈。

总之，"自强不息"与"厚德载物"是基于"天行健"与"地势坤"的世界观而阐发的人生观、价值观，两者作为一个辩证统一的整体，塑造了民族精神的精髓，共同构成了优秀传统文化理念的重要内容，具有重要的历史意义与现实意义。在当今时代，深刻认识与弘扬"自强不息""厚德载物"的精神，不仅是应对世界发展复杂局势的需要，更是培育中华民族一代代有志青年继续乘风破浪，实现伟大目标的重要精神力量。

五、清静无为

"清"对于个人的修身养性具有重要的价值，从"清"的"公正、廉洁、高洁"之意出发，尚"清"则意味着尚"君子"，它对于个人道德培育具有重要作用；从"清"的哲学内涵来看，"清静"有利于"养性""无为"，有利于我们"修身"；从"清"引申义项出发，尚"清"哲学思想有利于培育个人修养。"清"本义就是指水的清澈，后引申出"高洁、公正、廉洁"的义项，"清"的引申义对于个人道德修养的培育提供了价值。首先，尚"清"哲学思想的价值体现为个人的道德修养的提升，它要求我们要做一个行为正直、品德端正的君子。孔子以"身中清"来评价君子，认为"清"是君子的一个衡量标准，君子要为人身正、清直。君子入世时，面对"清浊"混杂的社会，应像屈原一样，"举世皆浊我独清，众人皆醉我独醒。"（《楚辞·渔父》）时刻保持心志清洁，不同流合污。其次，尚"清"哲学思想还教育我们要谨言慎行。荀子有云："清之而俞浊者，口也。"（《荀子·荣辱》）一个想要自己获得清白的名声，但是名声却越来越浑浊的人，是因为话太多而导致的。言之过多，必然有失，清白的名声需要我们谨言慎行。最后，尚"清"哲学思想也教会我们为官之道。荀子有云："官人守数，君子养原；原清则流清，原浊则流浊。故上好礼义，尚贤使能，无贪利之心，则下亦綦辞计，致忠信，而谨于臣子矣。"（《荀子·君道》）荀子告诉我们，为官者需要尚"清"，即要遵守礼仪、使用贤德的人才、没有贪欲之心，只有以自我为标榜，才能使得人臣信服。

从"清"的哲学内蕴出发，尚"清"哲学思想要求我们"清静无为"。《管子·轻重己》中言："清神生心，心生规，规生矩。"清神方能生心，而后成规矩。"清"是"心"的核心要素，唯有"清神"才能生心，由此可见"内清"的重要性，只有内清，才能"静"，最终体现为"无为"。尚"清"哲学思想对于人们修身养性具有重要作用，如果说"清静"强调的是养性，那么"无为"则重视修身。只有内心"清静"，行为实践才能"无为"。"清静"要求我们要"涤除"，"涤除"意即清除各种尘垢，抛却各种主观欲望，达到一种超越利害的关系的心境，以"清"为内心的观照，保持内心的"虚静"，真正做到清静。而"无为"就是要求我们要顺应自然、顺应规律，并不是什么也不做的含义。从中我们可以看出，道家老庄的"涤除""虚静"等思想对于"清"思想的影响。

由此可见，"涤除"杂念，保持一颗超功利的内心，使得内心时刻做到"清静"，在与人相处、为官等入世行为时，要秉持清正、高尚的原则，要顺应规律、顺应自然，最终达到"修身养性"的作用。

六、刚柔并济

中华民族传统文化中具有独特的理论思维，其中很重要的一点就在于穷本探源的辩证精神。作为一种实事求是的探索精神，穷本探源的辩证思维认为事物是"有对"的，即每一事物都存在客观的对立面，且在一定条件下处于相对模式的二者可以发生转换。这种完整的"有对"辩证精神并不是一蹴而就的，而是在不断汲取前人思想的基础上逐渐发展的。道家始祖老子通过对客观世界的抽象观察，从复杂的自然现象中凝结出了适用于社会人生的理论思维，提出了"万事万物相反相成"的观点。老子认为，"有无相生，难易相成，长短相形，高下相倾，音声相和，前后相随"（《老子·道经》），每一事物都必然存在其相对物；"祸兮福所倚；福兮祸所伏"（《老子·德经》），看待事物不能只看正面，要学会从相反方向去思考，这样才能把握事物在未来的变化和发展。而在另一本道家经典《易传》中，这些哲学思想家则主张刚柔并济，要求从"有对"的辩证思维出发认识人的行动在社会变革中的重要性，为"有对"之学的进一步发展提供了理论贡献。此外，兵家至圣孙武在其著作《孙子兵法》中深刻阐释了许多关于战争的矛盾范畴，并将这些理论原则广泛运用于社会生活的分析和发展之中。其在《孙子兵法·始计篇》中提出了敌与我、胜与负、利与害三对矛盾的性质和变化范畴，指出事物的客观法则与人的主观能动之间具有辩证相关，要善于利用这种辩证相关将不利因素转化为有利因素，穷本探源，使辩证思维获得进一步丰富和发展。

中国传统文化中的理论辩证思维为中华民族的发展提供了不竭动力，是中华文明得以延续发展的重要源泉。新时期，这种穷本探源的辩证思维不仅能够为马克思主义的中国化提供更加深厚的思想渊源，而且能够为大学生理论思维的发展提供更加坚实的理论指导，让外来的理论思想植根于中国传统思想中，能更好地适应实际。将中国传统文化中的辩证理论思维融入大学生思想政治教育中，不仅能够帮助学生更好地理解马克思主义唯物辩证法的内在旨归和根本要求，而且能帮助学生正确认识学习生活中的各种问题和矛盾，为妥善正确处理这些矛盾提供精神动力和思想指导。

七、义利统一

义利之辨是我国古代著名的思想命题，《国语》和《周易》中都有关于义利的阐述，这是中国传统文化对义利关系的初步探索。到春秋战国时期，随着社会生产方式的革新发展，义利之辩在百家争鸣的盛况中逐渐发展起来。开创义利之辨先河的是以孔孟为代表的儒家学说，主要包括"舍利取义"和"先利后义"这两种价值态度。如孔子在《论语·里仁篇》中认为"君子喻于义，小人喻于利"，主张重义轻利。荀子在《荀子·修身》中指出"利少而义多，为之"，认为在利益少但是义气多的情况下，同样要重视义气，不能因为利益少而放弃义气。此外，孟子在《鱼我所欲也》中提出"生，亦我所欲也；义，亦我所欲也。二者不可得兼，舍生而取义者也"，突出了其义利观中对义的重视。汉代董仲舒认为"正其谊不谋其利，明其道不计其功"（《汉书·董仲舒传》），对个人精神层面的追求应该遵循不计其功的准则。明清思想家王夫之也在《尚书引义》中对义利之辩进行了全面阐述，同样主张舍生取义。可见，中国古代思想家在义利之辩上普遍认同"取之有道、节之以礼"的价值选择。

义利之辨在当代即是如何处理物质利益的得失、如何对权利与义务进行对比衡量的问题。培育践行正确的义利观，是大学生思想政治教育的重要目标。在市场经济快速发展的大环境下，要引导学生认识和了解中华民族一贯具有的重利轻义、舍生取义、见利思义等宝贵品质，充分利用优秀传统文化中蕴含的义利观教育资源，培养大学生对待义利关系的正确思维。在义利统一时，可以在顺义的同时兼顾个人之利的实现；当两者相矛盾时，则要更多地站在人民群众的立场上思考问题。需要指出的是，义利之辩中的义不仅是指义务和大义，同时也有追求理性的含义在其中；利不仅是指权利、利益，同时也指人自身的欲望。这就是说，义利之辩在某种程度上也是一种"理欲之辨"，也就是"役物与役于物"的问题。正如荀子在《荀子·修身》中所指出的那样，"君子役物，小人役于物"。当前社会中很多人沉迷于追求物质欲望享受的，在拜金主义、个人主义盛行的环境里逐渐弱化了精神追求和理想信仰，这就需要从优秀传统文化中汲取符合社会主义价值取向的正确义利观，为大学生思想政治教育注入新鲜血液，引导大学生明辨义利，充分实现个人和社会的共同发展。

八、知行合一

"知行合一"倡导知行并重，既注重知对行的指导作用，也强调行是知的完成，主张人们要学用结合、学以致用、贵在践行。知行学说发展到宋朝，进入了新的历史阶段，程颐是首先将知行问题研究系统化的哲学家，他提出的格物致知论实际上就是知先说，"知"为内心所固有，需通过格物以明心中之"理"。知对行有指导作用，行依赖于知，只要能知，行就是自然而成的，引用了《大学》格物、致知、诚意、正心等"八条目"来规定知先行后的顺序不能颠倒，不知就不能行。程颐通过列举"谈虎色变""脍炙之知"等例子来说明亲知和闻知的差别，直接经验属于深知、真知，间接经验属于浅知、常知。深知是必然能行，表现知行的统一，浅知即使行也是勉行，并不长久，不可持续。程颐认为至善的道德本性即天理只在心中，天理具体指的是封建社会的纲常伦理，也是知的对象，人们通过格物的功夫，不断提升道德修养和品德境界，完善提升自我，就能识别心中之理，规范的道德行为就更加自然，逐步成为人的本能。程颐的知行观具有明显的重知特色，个人的修养需服从于天理。同二程一样，朱熹也认为理是一切事物的本源，理在心中，但因为被外在欲望所蒙蔽，不能直接致知。在二程知行学说的基础上，朱熹吸收了部分张载和禅宗的知行观点，更加全面地描述了知行的关系，发现了知行二者的内在联系，除了知先行后外，也提出行重知轻和知行常相须的观点，强调了行为的重要性和知行的相互促进作用。知行先后和行重知轻并不冲突，行是行其所知，不是盲目而行、硬做。虽然朱熹比二程更加关注行与知的联系，突出行的重要性，但是结合以外物穷理的致知方式便把知隔离开，破坏了知行的统一性。一种理论的提出总有其时代需求，程朱理学在巩固阶级统治、维护社会秩序、培养阶级需要的人才方面发挥了重要作用，所以被列入官方哲学，教育人们要从小学应对、进退等礼节开始，再到大学的诚意、正心、修身，在知行相互作用下，最后达到至善、心理合一。但是官方意识形态的介入也使程朱理学变成了考取功名的跳板，发展背离实际，成为刻板的教条、禁锢人心的工具。

王阳明不认可程朱知先行后说，他说，"天下所以不治，只因文盛实衰。人出己见。新奇相高，以眩俗取誉"（《传习录·卷上·徐爱录》）。相比于程朱，王阳明"知行合一"思想注重知行并重，力求德性培养和道德实践相互统一。人具备先天的良知本体，本体构成德性的内在依据，通过事上磨砺的功夫，破除外界环境的影响返还至善本体，在知行互发的过程中不断规范言行，提升道德境界。

九、民惟邦本

中华优秀传统文化富有人文精神，具有显著的民本主义特征，强调人在一切事物中居于最重要的地位，人的一切行为都围绕实现人自身的价值，强调人的作用与人的地位，形成了"人定胜天""制天命而用之"的思想。这些观点反映在政治理念上形成了源远流长的民本思想。早在周朝，统治者就认识到百姓在政权存亡兴废中的关键作用，认为"商罪贯盈，天命诛之"（《尚书·周书·泰誓》），这就将"天"理解为民众意志的代表，将民意等同于天意，所谓"天视自我民视，天听自我民听"（《尚书·周书·泰誓》）。因而高度重视人的作用，并努力调整统治者与下层民众的关系，由此诞生了"以民为本"的思想。"人无于水监，当于民监。"（《尚书·周书·酒诰》）意为执政者应当以百姓民意为镜鉴，时刻反省执政中的得失。这种将宇宙的主宰由天神置换成了民众的思想转换，奠定了传统民本思想的基础。先秦时期，"以民为本"的政治理念，成为诸子百家的共识。其中，以儒家的民本思想为代表。儒家的民本思想继承了周朝的"明德保民"的政治思想，将"仁爱"的道德要求与"重民"的政治需要结合在一起，将以民为本作为君主的道德修养和政治原则，并提出了以"内圣外王""仁者爱人"为基础的一系列"仁政"思想。孟子提出"民贵君轻"的民本思想，实际上是以血缘亲情为基础的道德和伦理观念在政治上的反映。道家推崇的民本思想和治国之道可以概括为"自然无为""无为而治"的观点，其思想要义是主张君主要让百姓自由和自然发展，尽量减少政治上的干预。老庄崇尚自然，"圣人无常心，以百姓之心为心"（《老子·德经》），主张君主应该顺应自然去治理人民，而不应当过多干扰百姓的正常生活秩序。庄子说："与天为徒者，知天子之与己，皆天之所子。"（《庄子·内篇·人间世》）意思是说，和自然交朋友的人，知道天子和自己都是自然所养育的。天子与百姓身份虽然不同，但都是上天之子，同出于自然，以此从根本上否定了天子的特权，否定了天子的至上权威，提出了自然论为基础的人人平等学说。墨家的民本思想以"兼爱"为核心，认为人与人之间要平等地相互爱护，真正的仁君也要以"兼爱"待民，即对天下百姓没有亲疏之别、远近之分，平等地为全天下的百姓谋福利。墨子说："仁者之为天下度也，辟之无以异乎孝子之为亲度也。"（《墨子·节葬下》）而"爱人者必见爱也"（《墨子·兼爱》），实行兼爱就可以使大家互惠互利，最终实现人人平等、共利共荣的社会理想。墨子"兼爱"天下的民本思想，是把天下所有人民置于互爱的整体中，强调平等相爱及对全体人类无差别的普遍"泛爱"，这种"兼爱"天下百姓的思想也是中国传统文化中民本理念的重要内容。可见，先秦各学派思想之间虽然有差异，但在重视民心向背、以民为本方面是一致的。春秋战国以后，在诸子百家思想融合的基础上，逐渐形成了以儒家思想为主体，融合其他各家思想的民本思想，其中强调了"民惟邦本，本固邦宁"（《尚书·夏书·五子之歌》）的思想，突出了人民的根本地位和主体作用，创造性地提出了"民贵君轻"思想，指出了"君行仁政""制民恒产""治国有常，而利民为本"的执政为民的施政思路。总之，"民惟邦本"是中国传统政治思想的基本理念，体现了深厚绵长的仁爱精神和人文精神，也呈现了中华优秀传统文化的人民性底色。

十、民胞物与

张载继承儒家"仁者爱人"的思想，提出"民，吾同胞；物，吾与也"（《西铭》）的思想，他在这里主张的爱人思想是把人与人的关系看成是兄弟同胞，世间的万物都是上天赐给我的。他将这种爱人的思想看成是一个社会和谐安宁的起点，只有人人爱他人就像爱自己一样，对待百姓就像对待自己的亲兄弟一般，那么这个人才能站在一定的道德高度去爱世人、爱万物。在"爱必兼爱"（《正蒙·诚明》）的社会环境下，整个社会才得以进入和谐发展的轨道。"民胞物与"的思想其实是想从另一个角度告诉我们，其实人对我们生活的社会和国家是带有责任的，人对整个社会和宇宙是有责任的。因为在哲学家的眼中，人在自然界中从来都不是一个独立的个体，只有人在与外在世界的和谐关系中，人才可以实现自我，外在世界也只有在人类"民胞物与"的思想下，才能够更好地存在。人因为具有精神性和心灵上的思想等，而与自然界的其他存在不同，人与人的和谐需要通过互相沟通才能实现。即使人人有差异，但是通过几百上千年的共同生活，人类可以通过语言的交流和语言所具有的各种作用来理解、领悟互相之间所要传达的信息。人与人通过互相沟通和表达来达成共识、和谐相处，但是并不是绝对的和谐，其中的差异和矛盾，在世界上的各个国家中都有体现。在中国传统思想中，有解决人与人之间矛盾的办法，就是"和"思想，我国古人对"和"的理念有特别深刻的诠释，"以和为贵""君子和而不同"等观点，强调的"和"不是整齐划一的相同，而是在考虑不同事物间的差异和矛盾之后，仍然强调抓住事物之间内在的和谐和平衡。它不是对矛盾的回避和无视，而是在更高的层面上追求更高的、更稳定的、更为平衡的和谐。"和实生物，同则不继"（《国语·郑语·史伯为桓公论兴衰》），是要用一种辩证统一的观点，面对人与人、人和自然相处时的差异和矛盾，目的不在于消除矛盾，而是追求两者相互配合，以求得矛盾的均衡和统一。这是我们在面对很多问题时，需要考虑的问题。当然，只有你我有"民胞物与"的思想还远远不够，张载提倡的是世人都要抱有这样的思想，只有人与人之间都能和谐相处，才能建立和谐的社会。反过来只有在和谐社会中，个人的才能能得以自由全面的发展。

以"民胞物与"的思想来反思现代人类社会中的一些现象，如飞速发展的现代化带来的物欲横流的欲望和金钱至上的浮躁等，在不知不觉中侵占我们的生活、充斥着我们的大脑，让人不免会变得随波逐流、人情淡薄。目前，我国正处在实现中华民族伟大复兴的关键时期，国家的全方位发展需要建立公平正义、诚信友爱、充满活力、安定有序、人与自然和谐相处的社会。如何建立具有这样价值观念的社会，这是人价值观念的体现。"民胞物与"的思想在这个时代，无疑还是具有进步意义的，它与古代封建政治思想对人的束缚所不同，与西方资本主义倡导的人本主义也不同，"民胞物与"思想是在肯定人的自然存在和社会存在的前提下，肯定人的价值和创造能力的前提下，在国家和整个自然界的范围里，建立的以人民利益为根本的群众史观。党的十八大以来，习近平总书记倡导的"人类命运共同体"思想和"人与自然和谐共生"思想，就是对张载"民胞物与"思想的现代化论述。我们可以想象，在1000多年前的北宋，张载就早早地意识到，自然是人类赖以生存的环境，如果不加珍惜而失去自然，人类也会走向灭亡。这样看来，张载的思想多么具有先进性、前瞻性和可靠性。在处理人与自然这个有机整体的关系时，要顺应自然发展的规律，掌握规律、运用规律，而不是无情地改造自然、破坏自然。保护环境、关注生态，人类想要向前发展，就要将张载"民胞物与"的情怀与使命感运用到实际，尊重自然、热爱生命。

第三节　传统文化中的道德

中华优秀传统文化中的道德思想发展至今，不断丰富完善，广博的道德理念经久不衰，对中华民族的发展起到了重要的作用，也对公民道德素质的塑造提供了精神引领。

一、"慎独律己、笃实宽厚"的修身思想

修身思想是一个自处的过程，指个体与自身不良思想或行为进行斗争的过程，在这个过程中完成对自身的反省与进步。修身最早见于先秦典籍中，西汉《大学》记载，"身修而后家齐，家齐而后国治，国治而后天下平"，指出了提升个人修养的重要性。所谓"慎独律己"，指在独处时仍能严谨对待自己的所思所行，是儒家所倡的一种思想道德修养方式。"慎独"一词，出自《礼记·中庸》一书："莫见乎隐，莫显乎微，故君子慎其独也。"东汉时期，郑玄指出，"慎独者，慎其闲居之所为"（《礼记郑注》），成为后代对"慎独"一词的概念界定。"笃实宽厚"指的是待人忠厚老实，是一种优良品质。待人宽厚不是胆小怕事，而是一种大度的表现，可以容纳别人与自己不一致的观点，对他人表里如一、言行一致，是中华优秀传统美德之一。《管子·形势解》中说："人主者，温良宽厚则民爱之。"中华优秀传统文化对于"笃实宽厚"的记载，对大学生形成健全人格、提升公民道德素质意义深远。"慎独律己、笃实宽厚"的修身思想不仅适用于古代，在现代也仍具有重要意义。2014年5月4日，习近平总书记在北京大学师生座谈会上强调，青年要敢于承担责任，要求青年"学会劳动、学会勤俭，学会感恩、学会助人、学会谦让、学会宽容，学会自省，学会自律。""法是他律，德是自律，需要二者并用"，[①] 只有法律约束是行不通的，必须辅之以道德自律，自己对自己进行内在管控，才能更好地促进个人及社会的发展。2018年7月，在中南海同新一届领导班子成员集体谈话时，习近平总书记提出了广大青年在弘扬和践行社会主义核心价值观中的要求，即"勤学、修德、明辨、笃实、爱国、励志、求真、力行"。良好的自身修养要求人能够在独处时仍能"慎独律己"，规范自己的不良行为，并能够培养自身"笃实宽厚"的人格品质。中华优秀传统文化中关于修身的思想数不胜数，为培养当代大学生自律能力及宽厚的人格品行提供了重要的理论支撑。

---

① 中共中央文献研究室. 十八大以来重要文献选编（上）[M]. 北京：中央文献出版社，2014.

二、"孝慈友恭、乐群贵和"的和谐思想

中国传统和谐思想主张"以和为贵",为和谐人际关系的构建提供了丰厚的思想资源,为当今和谐社会的建设奠定坚实的理论基础。孟子在《孟子·公孙丑章句下》中提到:"天时不如地利,地利不如人和。"《史记·十二本纪·五帝本纪》中对于"使布五教于四方,父义,母慈,兄友,弟恭,子孝,内平外成。"这种父慈子孝、兄友弟恭的和谐相处模式的勾勒,对后辈也产生了深远的影响。"孝慈友恭"主要是体现在家庭关系中的和谐、孝慈,指的是尊敬长辈、慈爱后辈。孟子曰:"孝子之至,莫大乎尊亲。"(《孟子·万章章句上》)"友恭",指的是兄弟间相处的准则,兄应友爱,弟应恭敬。宋代曾敏行《独醒杂志》卷五:"为人之弟,继体承祧,岂使沾名之贼臣,重害友恭之大义。""乐群贵和",意为乐于合群、贵在和谐,它以儒家传统仁爱思想为基础,倡导关心同情别人。团结友爱,主要体现的是个体在与外界人际交往过程中的和谐,对于构建和谐的社会环境具有重要意义。这些传统人际和谐思想都是中华优秀传统文化留给我们的道德理论宝库,对于寻求和谐人际,实现自身价值具有重要作用。从古至今,中华民族始终在倡导孝敬长辈、友善待人的良好品德,"己所不欲,勿施于人"(《论语·颜渊篇》)、"有朋自远方来,不亦乐乎"(《论语·学而篇》)等传统道德观念历经千年传播仍为人们所熟知。在中华文明发展历程中,"孝慈友恭、乐群贵和"的优秀道德传统不断积淀,具有一定的稳定性,无论对古代社会统治制度的维护,还是对当代社会文明的建设、公民道德的提升都具有极高的价值。

三、"重义轻利、见利思义"的义利思想

"见利思义"是儒学思想家们关于处理义利关系的重要理念和原则。孔子认为我们应当坚持"义以为上"(《论语·阳货篇》)、"见利思义"(《论语·宪问篇》),并将之付诸实践。孟子则将"怀义去利"(《孟子·告子章句下》)作为人们的基本道德要求。荀子又提出了"以义制利"(《荀子·正论》)的思想原则。此后,董仲舒、朱熹等儒学思想家们均对义利关系进行了进一步的阐发,并且将"重义轻利"的理念推向了极致,虽然略有片面,但都体现了见利思义的思想主张。而事功学派和明末清初的思想家们虽然对"重利轻义""存天理,灭人欲"的理念不完全认同,但也认同以"义"来约束"利",要求取利有道。儒家义利观将"义"作为价值评判的基本准则,有效防止了个人主义和利己主义的蔓延,对于规范和引导社会成员合理、合法地追求利益具有积极作用,对于提高个人修养、保持人

际和谐、维护社会稳定、培育共同价值理念、保障多数人的利益等方面具有重要意义。在儒家学者们看来，我们在面对利益的时候，必须坚守正确的道义准则，做到"君子爱财，取之有道"（《增广贤文·上集》）。我们必须坚守心中的荣辱观念，对于不符合道义的利益，坚决不予动摇。在我们的日常生活中，必须要将义放在首要位置，在合乎道义的前提下再去追求利益。

四、"仁爱共济、立己达人"的博爱思想

"樊迟问仁，子曰：'爱人。'"（《论语·颜渊篇》）孔子把"仁"界定为爱人，也是其仁学思想的立足点。"仁"是指对他人的爱，也指发自内心，积极与人友善的德行。孔子所说的"爱人"具有三层含义：一是爱的对象必须是"人"。这里的"人"不仅指奴隶主和底层平民，并且还包括数量众多被剥夺人身自由权利的奴隶。孔子认为，奴隶和其他人一样，同为人类，也同样应当受到他人的尊重和爱戴。二是自己和自己身边亲近的人是爱的首要对象。关于爱自己，就是指人们要不断地加强个人的自我修养。这是能够"爱人"的前提。"孝弟也者，其为仁之本与！"（《论语·学而篇》）"孝悌"是"为仁"的根本和基础，其中"孝"是对父母的尊重和服从，"悌"是爱护和敬重兄长，都是仁爱的表现，这种对血缘亲属的爱，来源于人之天性，这是人类社会中人与人之间最本质、最基础的爱，"爱"的对象必须始于最亲近他的人。三是"仁者"的"爱"最终应该成为对全天下人民的"大爱"。孔子指出，"弟子入则孝，出则弟，谨而信，泛爱众，而亲仁"（《论语·学而篇》）。孔子强调对父母和兄长要有正确的态度，言语要诚实可信，博爱大众，亲近仁德之人。在这里，孔子强调血亲的爱是爱的基础，由此而逐步扩展至对众人之爱，最终达到仁德的要求，层次鲜明。孔子的"爱人"实质上是一种对大同社会的追求。尽管他维护的是周礼统治下的旧统治秩序，但我们不能否认的是，在当时的时代背景下，冲破愚昧落后思想枷锁的孔子的仁爱思想具有一定的进步意义。

仁爱思想作为一种积极、健康的道德理念，对于社会稳定运行和人际关系的协调，仍然可以发挥重要的积极作用。"爱人"体现了物我之间、人人之间的情感相通、痛痒相关。"仁者爱人"的思想以爱他人为出发点，使他人有活动的空间，也使他人自然地获得所需。社会中人与人之间的交往能够为彼此创造发展的条件，这肯定了不同的个体存在的事实与价值，纵然社会个体的价值原则不同，社会理想相异，也可以实现共存状态而不彼此排斥。世界文明的创造体现着人类的智慧，

文明成果的多样性和差异性展现了不同的人类群体或民族的个性追求，不同文明成果的共存共享、不同文化的交流互鉴反映了人类文明共同体的内在要求，即"万物并育而不相害，道并行而不相悖"（《中庸》）。今天倡导的人文精神或"以人为本"思想也吸收了"仁者爱人"的合理内涵，人应是仁德的，人应是有终极信念的，他当然要对底层的人有恻隐之心，他需要在人和天地万物的不断交往中不断地反省自身、调节自我。在今天，"仁者爱人"思想也体现出了关爱他人的教化功能。"仁爱"在人与人的相互交往中逐渐形成一种关爱的情感，这种情感适用于自己、他人、社会、自然，从这个意义上说，"仁爱"更符合我们所处的时代和社会发展的需要，体现着德育发展的新趋势。

五、"齐家治国、天下己任"的家国思想

"家国天下"意识是中华文明长期延续的观念基础。在中华民族发展的历史进程中，家庭是社会组织的基本构成单位，是个人与国家建立联系的枢纽。而"家"得以安然存在的原因是"国"，有国才能有家，家国思想说到底其实是一种大局意识，是爱国情操的具体表现，是当个人与国家利益发生冲突的时候，义无反顾地选择国家利益的精神。"苟利国家生死以，岂因祸福避趋之"（《赴戍登程口占示家人二首》）、"先天下之忧而忧，后天下之乐而乐"（《岳阳楼记》）等都是仁人志士以天下为己任的千古绝唱。从古至今，岳飞精忠报国、顾炎武明道救世、林则徐虎门销烟、周恩来总理"为中华之崛起而读书"等都是以"天下为己任"的家国思想的表现。《大学》言及，修身、齐家、治国、平天下是一个由小及大的过程，其中，修身是起点，平天下是终点，是个人发展的最终目标。孔子在《论语·宪问篇》中提出，"士而怀居，不足为士矣"，意思是如果一个士人只想着家乡的建设而不去关心天下，那他不能算一个高洁的士人。也就是说一个人要有国家胸怀，一切以国家的建设为主，而不能狭隘地想着自身的利益得失，可见正确处理家庭与国家之间的关系，对于个体发展与国家总体建设都是有极大利处的。在新的历史背景下，家与国的利益从根本上而言具有一致性。家是国的结构组成，国是保护家的屏障，家与国之间的良性共建有利于整个社会的稳定和发展。传统家国思想是对大学生进行道德教育与感化的有效资源，也是培养当代大学生国家认同感与个体责任担当意识的重要来源。

六、"道法自然、天人合一"生态思想

习近平总书记指出:"道法自然、天人合一是中华文明内在的生存理念。"① 古代中国是一个农业大国,中华优秀传统文化中蕴含着丰富的生态生存思想理念,即人与自然环境和谐统一的思想。最早对生态伦理思想进行阐述的是孔子,提出"敬畏天命",这里的"天命"指的是客观自然规律。

中华文明历来强调尊重自然、顺应天意。道家所推崇的"道法自然"是一切应遵循自然之道。老子提出"人法地,地法天,天法道,道法自然"(《老子·道经》),强调一切顺应自然,将自然规律当作宇宙万物与人之间和谐共生的最高法则。老子认为,人类在自然面前应顺应天道,不可违背自然规律强行发展,才是长远共赢之计。董仲舒的"天人之际,合而为一"(《春秋繁露》)孕育出"天人合一"的理念。这里的"天"指的是自然,"人"指的是人类,意思是天地与人类是一体存在的,人类生产活动要适应自然环境或自然规律,如果不顺应自然规律,破坏了环境,人也会遭到反噬。"道法自然"与"天人合一"均为道家追求人与自然和谐的法则,"天人合一"强调人与天地万物是一体的,以此对人类的无节制破坏生态环境的行为进行约束。中华优秀传统文化中的生态思想是当今生态理念发展的源泉,作为可持续发展理念之先驱,对解决当今社会人与自然的矛盾有一定的启发,有效促进了生态保护机制的建设,实现人与自然和谐共处。

第四节　新时代的传统文化

一、中华优秀传统文化为新时代文化传承创新奠定基础

中华优秀传统文化,蕴含着丰富的思想,为文化传承创新奠定了重要基础。

(一)中华优秀传统文化是中华民族的精神命脉

"求木之长者,必固其根本;欲流之远者,必浚其泉源。"(《谏太宗十思疏》)民族文化是本民族创造的精神财富总和,是在与其他民族文化交流、碰撞和融合的过程中形成和发展起来的,汇聚了千年文明智慧,指引中国社会不断向前发展。在习近平总书记看来,保护是最好的传承,创新是最好的保护。中华民族留下的珍贵文化瑰宝是本民族的独特优势,只有进行传承与创新才能保护好这一文化根脉。

① 习近平出席亚洲文明对话大会开幕式并发表主旨演讲 [N]. 人民日报,2015-05-16(01).

习近平总书记强调,"中华优秀传统文化是中华民族的精神命脉"。① 中华优秀传统文化扎根于国人的思想情感和价值判断之中,让其形成了一个拥有共同文化基因的广阔社会群体。这个群体跨越民族、阶级、时间和地域的差别,具有共同的文化归属感和认同感。中国传统文化中蕴含的民本思想、治国谋略、利国利民的使命责任、至死不渝的爱国情怀、协和中庸的治世思想等都是传统文化的精华所在,具有亘古不变的永恒价值,是凝聚在国人血液中的精神基因。这些思想对于国家的有序治理、社会的安定和谐、个人的修养提升都有重要的价值。

新时代的中国要守护文化根脉,使人民认识到优秀传统文化中的思想理念、智慧哲理、道德规范,将文化精华予以传承,立足时代高度,创造性地增加新内容。只有这样才能深入认识和了解优秀传统文化、加强自觉和自信、反省文化存在的不足、担当民族责任、发展优秀传统文化。

(二)中华优秀传统文化是社会主义核心价值观的重要源泉

身为中国人,我们拥有着独特的精神世界,是由本民族拥有的共同文化基础决定的。中国传统文化蕴含的思维方式、人文精神和道德规范是中华民族无尽的文化宝藏,对当今人民生活产生了潜移默化的影响,有利于提高人们的精神境界,鼓励人们向上向善;有利于促进人与人之间的和谐相处、社会和谐发展;有利于形成良好道德氛围,贯彻以德治国的理念。在国内外局势深刻变革时期,社会问题日益突出,亟须用人文智慧化解问题。习近平总书记总结经验,深刻阐明社会主义核心价值观作为一种"德",扎根于中华传统美德,能够激发出国民内心的认同感,以一种潜移默化的形式使人民接受,成为人们日常生活的准则。

社会主义核心价值观分为国家、社会和个人层面的价值取向。其中,国家层面的价值取向是对传统文化中"平天下"的传承发展;社会层面的价值取向是对"齐家思想"的深入展开;个人层面的价值取向是对修身思想的精炼表述。通过中华优秀传统文化的滋养,积极促进这种价值观已融入社会各方面。传统美德以"德才兼备"作为个人成长准则和品德规范,同时强调整个社会要建立在"德"的基础上,营造良好的社会氛围,建设社会主义和谐社会。作为社会主义核心价值观重要源泉的优秀传统文化,涵养着无穷的文化智慧。社会主义核心价值观的培育弘扬,能够促进优秀传统文化的创新发展。

---

① 习近平:坚持以人民为中心的创作导向创作更多无愧于时代的优秀作品 [N]. 人民日报,2014-10-16(01).

（三）中华优秀传统文化是深厚的文化软实力

软实力与硬实力相较而生，是国家综合国力的主要构成部分。文化软实力主要体现为国民对本民族文化的认同程度和民族因文化而产生的凝聚力。面对当今社会信息技术快速发展的情况，新时代的文化工作强调提升文化软实力的重要性，要求利用好中华优秀文化资源，建设社会主义现代化和实现中国梦。

不同国家和民族有不同的历史文化积淀，中国传统文化产生于中国本土，具有民族特色，在历史长河中不断丰富发展。优秀传统文化是滋养本民族茁壮成长的思想养料，是推动社会主义现代化的强大精神力量，是世界文化宝库中的宝贵财富。新时代，要深入挖掘其中的文化精华，在为本国社会主义建设助力的同时，把文化阐释好，变成世界性的内容。习近平总书记论述了中华优秀传统文化传承创新的重要意义，强调了增强本民族凝聚力和提升对外吸引力和影响力的价值意蕴，论证了对于国家文化软实力的重要地位。一方面，挖掘"尚和合、求大同"的和平发展思想助力国际交往，打破国强必霸的魔咒；另一方面，加深对优秀传统文化了解，消除文化自卑，推动优秀传统文化在世界舞台上一展风采。

中华优秀传统文化应该主动走出国门，每个中国人都应该提高自身修养，助力形成良好的社会道德氛围，成为传播中华文化的亮眼名片；要挖掘民族优秀传统文化，进行适应于当代的创新和弘扬，有效加强海外传播，让世界认识立体的中国，不断增强文化软实力。

（四）中华优秀传统文化是中华民族的"根"与"魂"

民无魂不立，国无魂不强。自党的十八大以来，习近平总书记结合我国新的历史时代下的特殊历史使命，立足于当前的国际国内情形，特别是国际文化交流中新的方式及复杂情况，对中华优秀传统文化在中华民族发展过程中的重要性和历史地位发表了重要论述。习近平总书记在广东考察工作时强调，无论什么情况下，我们都绝不能抛弃民族的优秀文化传统，相反的是，我们要更好的传承和守护，因为这是我们民族的"根"和"魂"，丢了这个"根"和"魂"，就没有根基了。从这一表述中，我们能够清楚地看到习近平总书记将中华优秀传统文化定位为中华民族的"根"与"魂"，这不仅是对中华优秀传统文化的历史定位进行了科学的界定，也对我们科学认识、学习继承中华优秀传统文化有重要的方向指引作用，同时也构成了习近平总书记关于弘扬中华优秀传统文化重要论述的重要方面，具有丰富而深刻的理论内涵。我们只有结合习近平总书记关于中华优秀传统文化历史定位问题的其他主要讲话和指示，才能真正深入理解其深刻而重要的理论内涵。

习近平总书记将中华优秀传统文化界定为中华民族的"根"与"魂"的论断，极其重要，也极具代表性和概括性。他用简单通俗的语言，准确表达了中华优秀传统文化对中华民族具有历史根源性、现实支撑性和未来创造性三个层面的重要意义。

（五）中华优秀传统文化是文化自信的根基和优势

悠久绵长的中华优秀传统文化，为子孙后代留下了取之不尽的文化矿藏，其强大的汇通和包容能力内蕴无穷的生存智慧。中华民族几经沉浮，文化总能在民族性命攸关之际力挽狂澜，实现国家蜕变重生。因此，它是本民族文化自信的基础。只有文化自觉才能建立文化自信，应在深刻判断自身文化情况的基础上建立自信心。中华民族源远流长的千年文明是本民族优势所在，是文化自信的根本。没有文化自信，就不能正确认识本民族文化价值，文化就不能得到更好的发展，中华民族的伟大复兴就难以实现。中华优秀传统文化蕴含的丰富精神内涵，对于国家和社会发展、国民修养提升都具有指导性的作用。所以，对于中华优秀传统文化应该抱有敬畏之心，认真学习中华优秀传统文化经典并进行创新实践。

文化自信建立在对自身文化的科学判断基础之上，否认历史文化将无法走向未来。从先秦诸子百家争鸣开启文明发展先河到清代陆王心学的发展，传统文化的每一次繁荣发展，都孕育出无穷的文化价值，为国人创造了丰富的思想成果。中华优秀传统文化永远是中国历史上永不褪色的部分，必须将中华优秀传统文化进行传承，再根据时代条件创新其内涵和形式。坚决反对"以洋为美、唯洋是从"的错误倾向，歪曲和解构优秀传统文化，以及盲目追崇西方文化，不适合自身的盲从会导致水土不服，无法实现真正的发展。必须坚持文化自信，推动中华优秀传统文化传承发展，使文化软实力不断增强，推动实现中国梦。

二、新时代中华优秀传统文化的创造性转化和创新性发展

（一）中华优秀传统文化创造性转化

理解中华优秀传统文化创造性转化，首先，要明确创造性本身的涵义，"创造"是指首创、创始以前没有过的东西。"创造性"是指首创过程中所具有的基本属性和本质规定性；其次，是关于"转化"的概念界定，"转化"是指一事物向另一事物的转变，即矛盾双方的改变，使事物性质发生根本变化，转化具有两种基本情形，一种是双方朝着事物性质相反的方面转化，另一种是双方朝着对立面转

化；最后，"创造性转化"是指创造新事物并遵循事物的特性和发展趋势，中华优秀传统文化创造性转化是遵循文化自身发展规律，在内容和形式上不断与时俱进地进行改造，让中华优秀传统文化原有价值体系适应当代社会发展的需要。中华优秀传统文化创造性转化是立足于优秀传统文化自身，着眼于中华民族，立足于当代社会发展需要，以满足人民现实需要的时代要求为标准，以服务于中国特色社会主义现代化建设为目的。从国内国际新的形式出发创造性地对中华优秀传统文化作出新的调整和内容上的补充，重新赋予中华优秀传统文化新的时代内涵和现代表达形式，从而使中华优秀传统文化在新时代具有更大的创造力和更强的生命力。创造性转化的前提是准确把握其现实关照。当前中国特色社会主义进入了新时代，新的历史方位，必然产生新的时代问题；新的时代问题，必然引发新的时代任务。基于中国特色社会主义进入新时代的历史方位及由此衍生出来的时代问题和时代任务，是传统文化创造性转化的实践坐标。聚焦中国，中华民族在实现"强起来"的历史飞跃中不能缺失经过创造性转化的中华优秀传统文化为之提供强大精神支撑，否则等于割断了自己的精神血脉。在实现社会主义现代化的历史进程中，关键是实现人的现代化，而对中华优秀传统文化进行创造性转化从而实现文化的现代化是人的现代化的重要前提和题中应有之义。当今世界正面临百年未有之大变局，世界各国之间的联系、交往和依赖空前加深，人类面临共同的挑战和机遇，不同文明的交流互鉴已经成为时代要求，构建人类命运共同体正在成为世界上越来越多的国家和有识之士的共识。构建人类命运共同体有一个逻辑的前提和实践的基础，就是要形成"人类命运共识体"，而形成这个"共识体"的前提又是各种文明要相互尊重、充分对话。如果没有创造性转化，"对话"就必将成为一句空话。为了"对话"必须"转化"，这从另一个侧面说明了创造性转化的时代要求。

创造性转化以激活传统文化生命力为目标旨归。习近平总书记指出，要"让收藏在博物馆里的文物、陈列在广阔大地上的遗产、书写在古籍里的文字都活起来"。[①] 可见，创造性转化的直接目的是激活传统文化的生命力，也就是激活传统文化当中有价值的因子，使传统的文化资源在当代中国、当今世界获得重生。所谓"活起来"，就是使中华优秀传统文化自觉存在于当代人的精神意识之中、行为实践之中，熔铸于当代人的精神家园之中，融入人民"日用而不觉"的价值观；就是使传统思想必须渗透进现实生活的各个方面，成为社会生活大厦的有机组成部分，并与当代文化相适应、与现代社会相协调。也就是说，中华优秀传统文化

---

① 习近平. 习近平在联合国教科文组织总部的演讲 [N]. 人民日报，2014-03-28（03）.

不仅应该作为社会主义核心价值观进一步提炼和概括的基本思想资源，从而提升国家文化软实力、推动社会主义文化强国建设，而且要顺应我国发展的现实战略规划，与"五位一体"总体布局和"四个全面"战略布局相适应，与建设社会主义现代化的现实纲领协调一致，与迈向富强、民主、文明、和谐、美丽的社会主义现代化强国的目标在理想信念、价值理念和道德观念上高度统一，为更好构建中国精神、中国价值、中国力量作出贡献。相适应、相协调的最低要求是能适应而不相斥和可协同而不掣肘，最高境界是圆融无碍、相得益彰。

（二）中华优秀传统文化创新性发展

对于中华优秀传统文化创新性发展的理解，要理解创新性发展本身的涵义。首先，关于创新性的涵义。"创新"指打破旧事物，以新思维创造新事物。"创新性"意指，遵循旧事物与创造新事物的基本特性。其次，关于发展的涵义。"发展"指新事物的产生，旧事物的灭亡。再次，关于创新性发展的涵义。"创新性发展"指在旧事物基础上的一种新突破。创新事物发展前进的动力，发展是事物创新的根本目标。就其本质内涵来说，中华优秀传统文化创新性发展指中华优秀传统文化在遵循文化发展规律的基础上，根据时代发展实现自我超越，以创新为目标，以弘扬优秀传统文化为旨归。中华优秀传统文化创新性发展必须以创新为动力，在文化创新中使中华优秀传统文化产生质的飞跃，呈现新的文化形态。中华优秀传统文化创新性发展是激活优秀传统文化的生命力和感染力，并使其更好地融入文化强国建设中，使中华优秀传统文化充分发挥"以文化人"的真正价值，为国家建设提供精神动力之源。

创新性发展的现实关照需要从时间和空间两个维度来加以理解。就时间维度而言，中华优秀传统文化的创新性发展需要立足于当下，着眼于未来，侧重于从整体上关照"新时代"的"新进步"和"新进展"，并以之为根据反思中华优秀传统文化体系的内容结构和精神架构，诊断其存在的缺漏之处和薄弱环节，从而着力于延续和推进中华文化这一整体系统的未来发展。具体来说，中华优秀传统文化的创新性发展需要在激活中华优秀传统文化资源的前提下，基于对"新时代"内涵的深刻理解和把握，在对中国向何处去、中国文化向何处去等问题的追问中，不断反思和检讨中华文化的优势和短板，思考中华文脉延续的方向、中华人文精神传承的方式。就空间维度而言，中华优秀传统文化的创新性发展需要立足于中国，放眼于世界，侧重于将中国的发展道路纳入人类文明发展的坐标之中，将中华文化放置于世界多样文化的谱系之中，在对世界向何处去、人类未来命运如何抉择等问题的深入思考之中深刻体悟中华文化与世界多元文明之间的关系，准确定位中华文化在世界文化系统中的地位和价值。总之，新时代的文化反思表现为一种文化主体意识的重新回归和醒觉。这种"主体意识"的觉醒不是民族主义的虚妄主体，而是对世界的文明秩序深刻体知，对自身的发展道路高度自信，对未来的发展方向胸有成竹的基础上的文化反思。在已经实现了"站起来""富起来"的新时代，重新审视中华优秀传统文化的价值和地位，深度反思中华优秀传统文化应当以一种什么样的姿态或角色进入于社会整体的精神建设这样一个问题，成为我们时代的重要问题。

创新性发展以增强中华优秀传统文化影响力和感召力为目标旨归。创新性发展的目标和旨归不仅包括激活中华优秀传统文化的当代活力并服务于现实社会的发展需要，还需要面向世界、面向未来、面向现代化，提炼出融入现代社会形态的新内容，总结出更有利于中华文化走出去的新方略，优化中华文化的内在结构，从而增强中华文化影响力和感召力。所谓影响力和感召力主要体现在对内和对外两个方面。对内而言，影响力和感召力在国家层面体现为运用优秀传统文化资源应对时代挑战、化解时代问题能力的提升；在社会层面表现为发挥优秀传统文化魅力引领社会风尚能力的提升；在个人层面表现为吸收优秀传统文化要素丰富精神世界、提高精神境界能力的提升。对外而言，影响力和感召力表现为将中华优秀传统文化中具有超时空、跨国度的全人类共同价值挖掘出来，并将这种既继承优秀传统文化又弘扬时代精神、立足本国又面向世界的当代中国文化创新成果传播出去，从而展现中华文化的包容胸怀，增强中国文化软实力。从更高层面看，中华优秀文化作为一种可以与西方文明相媲美的重要文化形态，需要在创新性发展的过程中，深入挖掘自身丰富的道德精神、伦理思想和价值观资源，不仅为中国特色社会主义道路提供民族性的精神支撑，而且可以为世界文明发展探索一种新的、更有效的秩序提供价值尺度和思想资源。

（三）创造性转化和创新性发展的关系

创造性转化与创新性发展的本质内涵是在坚持马克思主义立场、观点、方法的基础上，分析中华优秀传统文化"双创"的两种方式，既要看到二者的联系，又要看到二者的区别，做到相辅相成、辩证统一。一方面要创造性转化，另一方面要进行创新性发展。前者是从中华优秀传统文化到当代文化的革命性变革，在变革中产生质的飞跃；后者是对其中有价值的、合理的东西进行修正、补充、丰富，乃至增添前所未有的内容。创新性发展必须以创造性转化为前提和基础，强调的是发展，这个发展是有内容的发展，是有强大生命力的发展，这个内容应该是丰富的道德规范、思想理念、人文精神。而创造性转化是以创新性发展为归宿，强调转化，是对其中有价值的内涵和陈旧的表现形式加以改造，使其符合新的时代要求。创造性转化是创新性发展的前提条件，创新性发展是创造性转化的价值指向、必然结果和逻辑递归。二者之间既有联系，又有区别，相辅相成、相互促进、辩证统一，共同构成中华优秀传统文化现代化发展的路径和方法。这一内涵不仅具有科学性，而且具有一定的理论价值和现实意义。创造性转化和创新性发展为当代文化强国建设提供了科学的理论指导，在新时代，提升了中华优秀传统文化的科学内涵，是习近平总书记关于弘扬中华优秀传统文化重要论述的重要思想内容。这一"双创"问题备受关注，具有重要理论价值和实践意义。

一是就时间关系而言，如果说创造性转化是重点面对过去的工作，那么创新性发展则更多则是面向未来的活动。具体而言，创造性转化重在"继往"，即在整理、筛选中华优秀传统文化母体的基础上对其进行现代解读和当代转化。其目的在于将作为传统社会的思想文化基础转化为中国特色社会主义的思想文化的渊源性资源。其关键在于运用历史唯物主义和辩证唯物主义的观点和方法对传统文化资源进行辩证、客观的批判，从而将传统文化当中囿于封建时代的东西剔除出去，把超越其时代的精神解放出来。创新性发展重在"开来"，即在创造性转化的基础上，对富有当代价值的内涵和形式在实践中进行淬炼和发展。虽然旧的文化转化过来以后已经做到了"两个适应"（与当代文化相适应、与现代社会相适应），但是还需要继续往前走。因为历史在前进，所以理论不能停步。创新性发展强调的不仅仅是在中华优秀传统文化资源的基础上进行理论创新，从而发前人之未发，更重要的在于在文化传播、文化实践的过程中，使这种新的文化形态能够丰富当代文化体系、推动传统文化创新、完成传统文化发展。创造性的"转化"只是一个中介、工具、环节和过程，而创新性的"发展"才是目的。因此，创新性发展需要立足当下，着眼未来，侧重于从整体上关照"新时代"的"新进步"和"新进展"，并以之为根据反思传统文化体系的内容结构和精神架构，诊断其存在的缺漏之处和薄弱环节，突破历史的局限和时空的限制，从而着力于延续和推进中华文化这一整体系统的未来发展。

二是就空间关系而言，如果说创造性转化主要是在"中国之中国"的传统范畴基础上前行，那么创新性发展则必须更多地在"世界之中国"的范畴前提下展开。中华优秀传统文化的创造性转化需要通过文化典籍和民间传统的阐释，深入中国文化母体之中理解和把握中国何以为之中国、中国人何以为之中国人的问题，从而以之为基础在与现实的互动中追问当代中国和当代中国人何以成立的问题。中华优秀传统文化的创新性发展需要立足于中国，放眼于世界，侧重于将中国的发展道路纳入人类文明发展的坐标之中，将中国文化放置于世界多样文化的谱系之中，在对世界向何处去、人类未来命运如何抉择等问题的深入思考之中深刻体悟中华文化与世界多元文明之间的关系，准确定位中华文化在世界文化系统中的地位和价值。换个角度看，创造性转化侧重于增强中华优秀传统文化的凝聚力，而创新性发展则更多地侧重于增强中华优秀传统文化的影响力。前者把"传下来"作为重点，后者则把"走出去"当成重心。

三是从侧重点而言，创造性转化的基本要求是在理论层面"转过来"，即创造性转化更多的是面向传统文化自身（母体）、历史典籍、经典文本做文章，目的是分疏和解析传统文化当中具有当代价值的文化资源，通过语义分析和语境转换使之转化为适应当代实践需求的内涵，通过形式改造使之转化为当代人习惯的文化形式。因此，这一过程更多地侧重于通过考证、考据、训诂和阐释的学术功夫来实现。创新性发展的基本要求是在实践层面"往前走"。经过创造性转化的中华优秀传统文化仍然是一种停留于思想理念层面的资源型存在。这些思想资源需要走进生活与当代中国伟大的社会实践进行互动、需要走入人心与当代中国人的心灵进行沟通、需要走向世界与多样文明进行交流互鉴，从而在这一系列的互动、交流、碰撞的过程中进一步升华理论、丰盈思想、回应时代命题，进而建设和丰富当代中国新文化。具体来说，中华优秀传统文化的创新性发展需要在激活和转化传统文化资源的前提下，基于对"新时代"内涵的深刻理解和把握，在对中国向何处去、中国文化向何处去等问题的追问中，不断反思和检讨中华文化的优势和短板，思考中华文脉延续的方向、中华人文精神传承的方式。在这一过程中更多地侧重于通过理论建构、思想创造的理论工作来建设中国特色的学科体系、学术体系和话语体系。用中国传统学术话语就是侧重于宋学和义理功夫。

四是从主体角度而言，创造性转化的主体和创新性发展的主体既有区别又有联系。笼统言之，创造性转化和创新性发展的主体都是当代中国的人民群众，这是马克思主义群众观在文化领域的必然表现。具体而言，创造性转化的承担主体主要聚焦为具备相关专业知识和能力的人文知识分子群体。对他们而言，中华社会的转型乃至中华文化的当代转化是一个自觉的认识，而中华优秀传统文化创造性转化的过程也是一个高度自觉的过程。即使在社会实践中人民群众不自觉地表现出或者做出了推动传统文化转化的行为，也需要知识分子，尤其是传统文化工作者进行理论总结和思想抽绎，才能真正实现传统文化的当代转化。创新性发展的承担主体则是更为抽象的、包括知识分子在内的人民群众。在当代中国，这种承担主体尤指中国马克思主义者，区别于文化保守主义等非马克思主义的承担主体。中华优秀传统文化创新性发展的过程是一个不随人的主观意志转移的客观过程，需要在创造性转化的基础上，顺应历史发展的潮流，基于社会实践的发展程度而逐步实现。人民群众对于文化创新的高度自觉能够推动中华优秀传统文化的创新性发展，但是个别人再高深的思想创造和学术成果也不可能真正实现中华优秀传统文化的创新性发展，根本的评判标准还在于实践。

（四）创造性转化和创新性发展的路径

首先，要在马克思主义理论指导下全面、科学地认识和继承中华优秀传统文化。继往才能开来，要创新，先得继承；要继承，先得学习。这就需要我们的文化工作者静下心、俯下身，加强搜集和整理各种文化遗产，加强文化经典的整理和弘扬，加强中华优秀传统文化资源的系统化、数据化，加强全体社会成员的学习和体悟，通过回顾历史、悉心学习并汲取历史经验，并有意识地在实践中运用和体悟。这是成功实现"双创"的起步。一是要深入挖掘中华优秀传统文化的丰富蕴藏和深刻内涵，并努力加强传统文化精华与马克思主义的融合创新。不同的思想文化体系既有不同的个性，也有相通的共性。二是要用无产阶级的宽广眼光观察世界，深入学习借鉴国外尤其是西方国家先进的人文思想和理念，这也是所谓"不忘本来、吸收外来"[①]的题中之义。三是参照我国社会发展和国情需要，把优秀传统文化精髓与当代中国人民的社会主义实践融会贯通、密切衔接，在社会主义建设实践中灵活运用，这是对中华优秀传统文化进行创新性阐释弘扬和创造性继承发展的关键所在。

其次，联系人们生产生活的实际，对传统文化做好"弃"的工作。"弃"的内容主要有三类：一是以愚民和压制人性为目的的思想观念和道德价值观，如"君权神授"观念、《商君书》中"愚民、弱民、疲民、辱民、贫民"等错误理念；二是那些在当时或某些特定历史条件下具有进步意义，但随后逐渐演变为代表腐朽没落势力、失去进步意义的文化观念，如"男尊女卑"、特权思想等；三是有一些随着科技和时代进步已经不适应人们生活的文化方式，无法适应当今的社会环境和历史条件，应该舍去。

再次，联系人们生产生活的实际，对中华优秀传统义化做好"扬"与"弃"相结合的工作。事实上，很多古代的思想理念，其含义往往是复杂的、丰富的，

---

① 习近平. 在哲学社会科学工作座谈会上的讲话 [N]. 人民日报，2016-05-17（02）.

往往很难一言以蔽之，可以完全"扬"或完全"弃"的情况几乎不存在。对于这些在不同时代、不同环境条件下具有明显相对性，积极意义与消极意义缠夹、融合在一起的思想观念、道德价值，必须科学分析、辩证取舍。例如"忠"和"孝"，作为儒家重要道德理念，在封建社会里往往意味着臣子对君主、子女对父母的绝对、无条件地服从，或者说常常体现为"愚忠""愚孝"，这种要求在今天显然是不适宜的；但是其中也同样包含着对国家、民族利益的忠诚、服从和尽力而为的美德情操，包含着子女"寸草心"对"三春晖"的拳拳感念之忧，纵然岁月流逝，这种高尚的道德感情永不褪色。今天的"双创"就是要把这个传统训诫中"愚"舍掉，把"忠"从对古代帝王和封建王朝的忠诚与坚贞、创造性转化、创新性发展为对国家、人民和社会主义事业的忠诚与坚贞；同样，要把子女的孝顺、孝敬与父母的慈爱关怀统一起来、给孝顺和慈爱的道德感情注入理性和科学的精神。类似的范畴还有儒家的义、利、诚信、和谐、安贫乐道等；道家的道法自然、抱朴归真、天道无为等；佛家的无缘之慈、同体之悲、不垢不净、不增不减等。在中国传统文化中，这一类思想和理念数量极其巨大，需要进行极其艰巨的梳理、转化和传承工作。

最后，联系人们生产生活的实际，做好"扬"的工作。"扬"的内容也分为两类：一类是那些穿越历史具有永恒意义的、健康积极的哲学思想、价值理念和人文精神，如大同理想、自强不息、厚德载物、民胞物与、尊师重道、不欲勿施等，是中华优秀传统文化中的精髓，应该毫不犹豫地继承和发扬光大。如习近平总书记从中华优秀传统文化中的"大同"思想得到治国理政和参与全球治理的思想滋养，结合国情世情进行思考，首倡构建"人类命运共同体"，得到世界上越来越多的认同和赞誉，就是创造性转化、创新性发展中华优秀传统文化的杰出范例，值得每一位文化工作者、哲学社会科学工作者效仿学习。另一类是结合时代条件，在去芜存菁的基础上创新弘扬，如上文谈到的传统"忠""孝"等概念中的思想精华。做好"扬"的工作，最重要的是，"要使中华民族最基本的文化基因与当代文化相适应、与现代社会相协调"。[①] 就是说，要把中华优秀传统文化中的哲学思想、价值理念、人文精神等与主导意识形态有机结合，与中国特色社会主义建设的主题相融合，与人民群众的历史主体地位相适应。在此基础上，转换成符合广大人民群众利益的，为广大社会成员听得见、听得懂、听得进的道理、意见和故事，融入老百姓耳闻目睹的文化生活中，融入时代实践中，融入公共文化服务和文艺作品、文化产品中。总结成一句话，融入人民的心中，因为人民才是中华

---

① 习近平. 习近平：建设社会主义文化强国着力提高国家文化软实力 [N]. 2014-01-01(01).

优秀传统文化"双创"的真正主体，是践行中华优秀传统文化理念、建设中国特色社会主义现代化强国的主力军。

总之，坚持适应时代要求，秉持"扬弃"原则，持之以恒进行"双创"，就一定能在实践创造中进行文化创造，在历史进步中实现文化进步！

第三章　思想政治教育与传统文化融合的价值

本章主要介绍思想政治教育与传统文化融合的价值，主要从三个方面展开论述，分别是思想政治教育与传统文化融合的必要性、思想政治教育与传统文化的一致性和思想政治教育与传统文化融合的科学性。

第一节　思想政治教育与传统文化融合的必要性

思想政治教育所具有的鲜明文化属性和重要文化价值使其成为为国家和社会培养具有高素养合格人才，构筑民族与国家思想灵魂支点的精神课堂。思想政治教育的过程与内容也无处不体现和渗透着历史文化的影响。习近平总书记多次强调，高校教育要坚持社会主义办学方向，高校思想政治教育要着力培养社会主义建设者和接班人，服务于中华民族伟大复兴。

一、提升文化涵养是高校思想政治教育的内在需要

中华优秀传统文化中自古就蕴含着以文德教化天下的涵义，在漫长的历史变迁中，成了积淀在中华民族血脉中的精神基因和滋养民族智慧的思想源泉。当今时代，以中华优秀传统文化涵养高校思想政治教育，进一步贯通其铸魂育人的文化根脉、丰富其育人化人的文化根基是实现新时代创新发展的内在需要。

（一）推进高校思想政治教育创新发展的文化根脉

思想政治教育的文化属性从深层规定了只有将文化作为依托，从文化中借鉴吸收多元营养，才能使其更加生动鲜活、更富有吸引力和感染力。中华优秀传统文化穿越千年、历久弥新，蕴含丰富的文化精华，是绵延于中华民族过去、现在和未来的思想文化基因。这就决定了它是思想政治教育创新发展的重要文化血脉和育人资源，处于不可或缺的重要地位。新时代的高校思想政治教育亟须推陈出新、提质增效。寻找有意义的切入点、创造性地丰富思想政治教育的内容、提升

育人水平，是着眼中华民族伟大复兴战略全局和世界百年未有之大变局，应对多元文化相互碰撞给青年学生健康成长带来的不利影响的必然选择。在此背景下，中华优秀传统文化丰厚的内涵与思想影响力就显得格外突出，将其与思想政治教育相融合，对拓展思想政治教育发展的空间与路径，进一步提高思想政治教育的针对性、实效性具有重要价值。

首先，中华优秀传统文化为高校思想政治教育带来更加充实、丰富的育人资源。儒家学说在中国两千多年的封建发展历程中居于主导地位，其哲学思想和人文精神中蕴含着敬业、诚信、友善等文化自信理念。儒家倡导"积极入世"的思想观念，教育人们要严格要求自己，朝着目标不断奋斗，对文化自信中敬业品质的形成具有启发作用。"君子和而不同，小人同而不和"（《论语·子路篇》）是对儒家学说中"和"的思想的深度概括，为社会成员间的交往和民族国家间的交流提出价值标准，发展为当前的"求同存异"思想。"人而无信，不知其可也"（《论语·为政篇》）体现了儒家思想中诚信的处世准则，诚实守信是为人处世的基本准则，可以促进大学生加强自身道德修养，实事求是、言行统一，培养大学生诚信的思想品质。儒家思想的最高追求是"仁"，"仁者爱人"即友善包含对所有社会成员的关心爱护。"己所不欲，勿施于人"（《论语·颜渊篇》）倡导不仅要爱自己、爱亲人，更要爱他人，将爱由个人推及他人的伦理思想是现代友善品质的萃取源地。道家思想是中华民族传统文化的重要基因，贯穿于中华文化的发展过程，蕴含着自由、和谐、民主等文化自信发展理念。道家思想关注自然，这里的"自然"不同于现代意义上的大自然，指的是宇宙间的万事万物的运行法则，对培育大学生文化自信，建设文化强国具有指导意义。一方面，启发我们要尊重大自然、顺应大自然、保护大自然，习近平总书记关于文化自信重要论述中"天人合一的宇宙观"和"人与自然和谐"的观念便是其传承，是当今社会构建自由、和谐的价值追求的重要来源。另一方面，启发我们要遵循万事万物的产生发展规律，切不可凌节而施，对现代国家治理中"以民为本""无为而治"的"民主"思想产生启发作用。道家思想为中华民族树立文化自信、解决人类发展难题提供了重要的理论指导；法家思想为文化自信中法治、公正、平等建设提供了理论借鉴。法家思想在我国古代居于重要地位，得到了统治者的支持和重用，为国家的治理与发展作出杰出贡献，对我国当代文化建设发展具有指导意义。法家主要倡导法制观念，主张统治者治埋国家要依法治国，并建立了配套的制度规范和约束体系，以维护社会秩序和国家长治久安。法治精神就是法家思想顺应当今社会发展需求的产物。国家大力倡导法治精神，将法治精神融入人们的思想和行为中，有利于树立文化自信观念。在法律的执行过程中，法家代表人物商鞅强调"刑无等级""不赦不宥"（《商君书·赏刑》），体现了公正、平等的法律适用原则，对当前依法治国具有指导意义。中华优秀传统文化本身就是一种倾向于经世致用、利用厚生的伦理型文化，蕴含着丰富的价值理念、哲学思想、道德论述和实践方法等内容。历经千年历史的中国，积累了卷帙浩繁的典籍、层出不穷的爱国英雄、数不清的远古传说与经典故事、美轮美奂的艺术作品与建筑奇观等，这些都是丰富思想政治教育内容的取之不尽、用之不竭的丰富宝藏。在思想政治教育中善于从多种途径、以多种方式灵活运用这些优秀传统文化资源，能够极大地发挥其培根铸魂、化人育人的效能，提升思想政治教育的获得感，提升信服力。中华优秀传统文化是几千年来中国文人志士所积累的智慧结晶。所以在对大学生展开思想政治教育时，应该将不同形式的哲学思想、观点充分融入进去，有利于教育资源的丰富、大学生思想政治水平的提升。同时不论是在社会生活中、现代文化、还是个人建设环节中都可以充分应用传统文化，发挥最大价值和作用。因此对于各个高校而言，为了能达到更好的教育效果，就更要充分融合传统文化教育及思想政治教育。

事实证明，大学生思想政治教育意义重大。丰富多样的中国传统文化在五千多年的发展历史中逐渐形成积淀，其中不乏一些集体主义、爱国主义等优秀文化精神，同时也存在一些封建迷信的陋习。学习中华优秀传统文化能够帮助更多的大学生意识到并感受到这些文化，养成明辨是非的能力，而不是对"古圣"等思想主义全力追崇或全力打压。如果在思想政治教育体系中能够有效且充分融合中华优秀传统文化的丰富内涵和精神，对于中华优秀传统文化道德体系的发展壮大及思想政治教育的价值的提升都将产生极大的推进作用。对于大学生而言，不断在思想政治教育工作中渗透中华优秀传统文化知识，一方面，有利于个人价值观的正确形成，对一些优秀思想理念产生更深刻的影响，真正做到仁爱、守信、正义等；另一方面，还有利于立德树人价值理念的培养。对于高校而言，应该在思想政治教育工作中通过合理且有效的措施来融入中华优秀传统文化，使其发挥最大价值和作用，扩充思想政治教育的内容。

其次，中华优秀传统文化能够提升高校思想政治教育的思想引领力。随着互联网与信息技术的不断发展，各种良莠不齐的思想与思潮冲击着青年学生的价值理念、思维方式和生活态度。大学时代的青年正处在成长的关键时期，价值观和世界观正在逐步形成，对很多思想观念的鉴别能力不强，易于受到片面、偏激甚至是错误思想的影响。因此，在多元文化的碰撞中，高校思想政治教育不能忽视对当代青年进行正确价值观的引导。社会主义核心价值观既是对当代社会主义先进文化的集中凝练和精准表达，同时也蕴含着对中华优秀传统文化中价值追求——如"格物致知""诚意正心""修身齐家治国平天下"——的继承与弘扬，是凝聚当代中华民族向心力的重要精神支柱。因此，引领青年大学生将社会主义核心价值观内化于心外化于行，是高校思想政治教育的时代使命也是重要目标。然而，要想真正使正确的价值观入脑入心，仅仅开展表层宣传、说教和灌输是不够的，还需要不断提高青年学生人文社科知识内容的储备，丰富精神层面的思想价值理念，帮助他们从历史的维度、理想信念的高度对人生进行冷静思考，不断提升道德品质和人格修养，这样才能取得实效。

理想信念存在于高校学生的深层意识中。中华优秀传统文化指引高校学生主动把理想信念融入中华民族的共同理想中，为社会主义建设事业奉献青春、建功立业。爱国主义是中华优秀传统文化精神的核心，是对祖国、人民的忠贞热爱之情。大学生在全面认识国情的基础上，应增强自身对理想信念与爱国主义的认同感。大学生学习社会发展史，应做到理论与实践相结合，在社会实践中增强自身的公民意识、奉献意识。培育与践行社会主义核心价值观需要与爱国主义联系起来，一方面需要传承中华优秀传统文化，使爱国主义内化于心；另一方面要不断反思、深化，在实际生活中将内化于心的社会主义核心价值观融入实际行动中。社会实践对高校学生也是一种不同的教育方式，可以增强大学生自身责任感，大学生通过社会实践教育可以有效培育和践行社会主义核心价值观。社会主义核心价值观要求高校学生将中华优秀传统文化融进内心深处且践行在行动上。新时代学生践行中华优秀传统文化应从点点滴滴的小事做起，例如大学生积极参加"三下乡"活动，保护当地生态环境，看望敬老院里的孤寡老人、因父母打工不能得到细心照顾的留守儿童等。通过这些社会实践行为，将社会主义核心价值观在不知不觉当中内化于心外化于行，感受中华优秀传统文化中社会主义核心价值观的内涵。新一代青年大学生正处于心理与生理发展阶段，这一群体具有创造性，也是最具有前途和希望的群体。高校大学生的社会主义核心价值观取向是否正确关系到大学生的未来发展。大学生应从自身做起，将核心主义价值观外化于行，提升大学生综合素养，努力建设社会主义事业的可靠接班人，不驰于空想、不骛于虚声，为实现中华民族伟大复兴的中国梦贡献力量。

最后，中华优秀传统文化为高校思想政治教育提供了具有历史积淀的教育理念与方法。在中国古代的思想文化中，千百年来人们对君子人格的追求与塑造积累了丰富的教育理念和教育方法。例如伟大教育家孔子曾在实际教育过程中形成了"因材施教"的教育思想，他指出"性相近也，习相远也"（《论语·阳货篇》），"为力不同科，古之道也"（《论语·八佾篇》）。孟子提出："君子之所以教者五：有如时雨化之者，有成德者，有达财者，有答问者，有私淑艾者。此五者，君子之所以教也。"（《孟子·尽心章句上》）中国古代历来重视循循善诱、循序渐进的教学方法。《论语·子罕篇》中颜渊赞叹，"夫子循循然善诱人"。王通的《文中子·立命》中谈到孔子教学，从《诗》《礼》开始，然后进入《春秋》《乐》《书》《易》，体现了孔子循序渐进的教学方法。从古代"水滴石穿""积跬步以至千里"等表述中也可以看出古人对于这一教学方法的运用与肯定。这些尊重学生个体差异、各因其才、尊重学习规律的教育理念对于当代思想政治教育依然具有借鉴价值。当代大学生的思想认识呈现出新特点和新变化，这些变化向思想政治教育提出了新的要求。因此，当代思想政治教育需要不断从中华优秀传统文化中借鉴和吸收教育理念和方法论营养，获得启迪、创新运用，设计出具有针对性和实效性的思想政治教育新课堂、新活动、新实践，进而全面提升高校思想政治教育的育人效果。

（二）推进高校思想政治教育创新发展的内在动力

纵观历史，我们总能看到文化作为先导推进时代与社会进步的实例，在当今时代，文化的力量对于国家和世界的意义愈加明显。任何文化主体都不能忽视文化在创新发展中引领方向、明确尺度、构建模式等方面的重要作用。因此，以历史发展为背景的高校思想政治教育更要重新审视和解读自身的文化特质，运用好文化对自身发展的天然驱动力。

从宏观的角度看，思想政治教育的核心内容包含着思想性和政治性的统一，民族性和时代性的统一，历史性和超越性的统一。因此，处在时代变革中的高校思想政治教育创新发展在很大程度上有赖于对优秀传统文化的深度回归与探寻，以牢固自身文化根基、拓宽文化视野，建立并提升对民族历史、国家发展、社会现实的理论阐释力和确证力。同时，立足于中华优秀传统文化，不仅为高校思想政治教育提供了新的实践路径，避免了盲目跟随西方教育模式和教育话语所带来的游离与迷茫；还为其提供了扎实的根基，让其更加自信从容的姿态进行文化比较鉴别，以获取丰富有益的文化资源，对自身进行吐故纳新的改造，实现发展目标。从具体的高校思想政治教育实践出发，高校思想政治教育通过传递人类积累和创造的各种文化财富实现立德树人根本任务，实现人的全面而自由的发展。可见，以文化作"化人"的工作，使高校思想政治教育的创新与发展离不开对文化的把握，文化之中蕴含着提升思想政治教育价值与实效的内在动力。在高校思想政治教育发展过程中，曾经借鉴并融入了很多西方德育的积极经验，如心理学、公民教育等，对于推动思想政治教育的发展起到了积极的作用。但这些借鉴带来更多的是教育方法和形式方面的启示。而对于高校思想政治教育来说，传递有助于青年成长和国家民族发展的思想理念、精神价值、社会主导意识形态等才是其核心内容，才是真正要传递给青年一代的主旨。中华优秀传统文化中蕴藏的民族精神和历史积淀是自我认同的根基，体现和展示着中国特色，高校思想政治教育应当从中汲取丰厚的滋养，丰富自身文化含量、文化色彩、文化意趣。倘若本可生动活泼的思想政治教育读物有时成为政策、文件、语录的简单汇编与转述，本可情趣盎然、文采飞扬的思想政治教育有时成为枯燥、空洞的政治说教与道德说教，那么缺少亲和力的高校思想政治教育，必然无法使思想活跃的青年产生获得感。因而在多样化的思想、价值、理念碰撞交锋的时代背景与社会环境下，思想政治教育的育人模式与育人内容必然要紧密结合中华优秀传统文化，以落实新时代高校立德树人的根本任务、满足培养担当民族复兴大任时代新人的内在要求。因此，新时代的高校思想政治教育发展创新，必须重视将中华优秀传统文化融入思想政治教育创新发展的全过程，从中华优秀传统文化中汲取营养、获得启迪，使其有机内化，与当前思想政治教育的内容融为一体。换言之，中华优秀传统文化与思想政治教育相融合，是思想政治教育自身发展创新的内在要求与必然选择。

（三）中华优秀传统文化是应对文化挑战的现实需要

爱祖国的璀璨文化及大好河山都是爱国主义的体现。中国拥有着几千年的历史，之所以它能够生存发展至今，其中一大关键就在于民族凝聚力，这也激发了不同时代人们敢于拼搏、勇于斗争的强大力量，其始终作为一大精神支柱隐藏在内心深处。民族凝聚力离不开强烈的民族自豪感，一旦两者脱离关系，那么社会重心也将会产生严重偏移，全国上下人人自危。对于我们中国人而言，中华民族伟大复兴中国梦必须要由也终将由充满斗志的中国人所实现。改革开放之后，科技进步、经济增长，社会主义所提倡的价值正是在这种多元化的思潮中逐渐被冲击。近几年来，在青年这一群体当中，对西方洋节日的重视程度甚至超越了中国传统节日，更愿意去过西方情人节、圣诞节等。崇洋媚外这一思想在当下大学生群体中逐渐蔓延，造成很多大学生觉得只有外国的才是最好的，忽略了中国的伟大成就，还有部分学生极力否定中华优秀传统文化。拜金主义和个人主义也在一步步吞噬着基于中华传统文化的爱国主义、集体主义等。在这一背景条件下，如果在大学生思想政治教育中有效融合中华优秀传统文化，能够及时且有效制止以上现象，各个高校对中华优秀传统文化教育应当高度重视，同时还要针对不同大学生群体开展相关主题教育，有利于大学生爱国主义精神的培养。

面对当今世界发展大势，人们普遍认同新时代的中国要想在世界文化激荡的21世纪站稳脚跟就必须立足中华优秀传统文化，从历史中汲取克服文化安全威胁和适应复杂文化发展环境挑战的智慧与力量。而高校思想政治教育已经成为国家在全球化发展中坚持自身文化方向、应对文化多元化潜在风险、防止外来文化侵略等多重文化挑战的重要阵地。因此，中华优秀传统文化融入高校思想政治教育是新时代背景下传递社会主义意识形态、坚定青年文化自信、维护国家文化安全的客观需要与必然选择。一方面，在思想和文化的范围里，现代决不可与古代脱节。任何一个现代的新思想，如果与过去的文化完全没有关系，便如无源之水、无本之木，绝不能源远流长、根深蒂固。中华优秀传统文化是保持民族精神特色，明确未来文化发展方向的历史基点。由此，在新时代，要想坚定人民信仰、凝聚价值共识、增强文化自信、建设繁荣兴盛的中国特色社会主义文化，只能在这个基础上渐次展开。而高校思想政治教育要想抵御多种文化挑战、培育青年一代树立社会主义核心价值观、提升思想文化自觉自信，也就必须坚守中华文化立场，把握社会主义文化方向，坚持用优秀的中国传统文化来滋养和引领青年一代的思想与精神。另一方面，能否妥善应对文化面临的威胁、维护国家文化安全，直接影响到经济、政治、社会乃至国家的总体安全与持续发展。这就意味着我们不仅要使自身文化牢牢地根植于国家、民族的历史土壤，还要善于运用中华优秀传统文化中蕴含的思想和智慧提高文化自觉与价值认同，化解潜在风险，抵御西方文化侵略。中华优秀传统文化博大精深，蕴含了深邃的哲学思辨、浓厚的人文关怀、崇高的道德追求、珍贵的价值理念，深入挖掘、阐释其中的精华并融入高校思想政治教育，有助于充分展现中华文化的独特魅力，提升当代文化的生命力、吸引力、感染力，有力地回击不良文化对青年一代的渗透与侵蚀，使青年学生以正确的文化观接力创造中华文化的新辉煌。

文化素养是一个国家的公民在文化方面所具有的较为稳定的、内在的基本修养。大学生思想政治教育中融入中华优秀传统文化，有利于提升大学生文化素养、优化人力资源质量、建设文化强国、应对外来文化的多元挑战。我国大学生的文化素养在总体上是值得肯定的，但局部也存在一些隐患：漠视对传统文化的批判性继承；认为革命文化不再适用中国特色社会主义建设的新时代；对求同存异、兼收并蓄的社会主义先进文化缺乏应有认同。这些隐患从不同程度上体现出部分大学生的文化自大或文化自卑心理，是对本民族文化不自信的表现。面对历史虚无主义、歪曲革命历史事实、消解社会主义先进文化等多元文化的挑战，必须提升大学生的文化素养，以应对多元文化挑战，促进大学生全面发展。首先，有利于提升大学生的优秀传统文化素养，应对否认文化传统的挑战。外来不良文化经常以隐蔽的方式否定我国历史发展进程中的一些历史文化、民族传统，其本质上是一种反动思潮。如果大学生对本民族传统文化缺乏必要了解，加上辩证能力不足，就极易受到消极文化的干扰诱导，对本民族传统文化产生怀疑。文化自信融入大学生思想政治教育，有助于大学生全面了解我国传统文化，同时激发学习兴趣、提升传统文化素养，以应对历史虚无主义挑战。其次，有利于大学生革命文化素养的提升，应对歪曲革命事实的挑战。外来不良文化借助多种形式丑化黄继光、刘胡兰、董存瑞等革命英雄，抹杀、贬损中国革命的进步意义，称颂资本主义道路优越性。在思想政治教育中融入革命人物和革命事件的讲读，有助于大学生了解艰苦卓绝的革命历史、提升革命文化素养、坚定理想，艰苦奋斗，以应对歪曲革命人物和事件的挑战。最后，有利于提升大学生的社会主义先进文化素养，应对消解社会主义先进文化的挑战。培养大学生对社会主义先进文化的认同和信心，有助于提升大学生的文化鉴别和创新能力，形成一道坚固的思想屏障。

综上所述，中华优秀传统文化融入高校思想政治教育是其重要的文化滋养，具有明显的必要性。脱离了中华优秀传统文化，思想政治教育就会成为无源之水、无本之木，无论加入多少科技手段、运用多少教学模式、从多少方面予以强调，都会因缺乏深刻而丰富的思想内涵，缺少纵观古今的历史归属感，缺少广泛而强大的社会认同感，而失去其引领青年、凝聚民族精神的作用。

二、推动文化传承是高校思想政治教育的自觉选择

中国有句俗语"观今宜鉴古，无古不成今"（《增广贤文·上集》）。回顾千年历史传承，中华优秀传统文化是民族的文化根脉；眺望未来时代浪潮，中华优秀传统文化是新时代中华民族自我认同、自我阐释、自我确证的文化标识；面向发展着的未来，中华优秀传统文化是古老民族书写新的历史篇章的坚实支撑。因此，传承与发展中华优秀传统文化对国家乃至整个民族都有重要的意义。新时代的高校思想政治教育在育人实践中传承中华优秀传统文化，既是高校思想政治教育文化自觉的体现，也是突破自身发展瓶颈的必然选择。

（一）固本守正，传承文脉的理性自觉

中华优秀传统文化数千年的延续与创新锻造了中华民族的精神血脉。然而，到了近代，中国传统文化由于未能及时革故鼎新跟上时代前进的步伐，成为制约

国家民族发展的缰锁。直到中国人民掌握了马克思主义科学的世界观和方法论，民族思想与文化的发展由百余年的被动状态转变为主动反思创造，人们才通过重新审视穿越历史积淀而成的民族精神沃土与思想智慧宝藏，重拾中华民族深厚的文化气魄，找回了一度迷失的文化自我。这个对传统文化探寻、回归与传承的过程，深刻影响着现代意义上的高校思想政治教育的形成与发展，为其在原有的文化特性基础上增加了文化传承的理性与自觉。从本质上看，思想政治教育年轻的名称中蕴含着思想性的悠远历史，是自阶级社会以来就广泛存在的一种文化传递活动，与传统文化有着同质共生的紧密联系，共享相同的历史文化根基。因此，当踏上新征程的国家以高度的民族文化自觉、坚定的文化自信坚守贯通时空的中华文脉时，高校思想政治教育必然积极担负起传递优秀传统文化精华的历史使命，培育青年一代的中华优秀传统文化继承者和弘扬者。文化传承对任何一个主权国家来讲都是至关重要的。对于拥有高素质、高文化底蕴的高校大学生而言，他们有必要且有能力承担起中华优秀文化传承这一伟大任务。对于高校而言，为了充分发挥中华优秀传统文化的教育作用，应该将其作为思想政治教育的一大重点，让更多优秀的大学生能够积极担负起这一责任，使中华优秀传统文化发挥至极致。现阶段，在看待人生这一严峻课题上，部分大学生的处世态度就是游戏人生，认为人生虚无。但是我们需要深知，国家的灵魂就是传统文化，因此也产生了伟大的民族精神，如果大学生这一优秀群体能够积极投入中华优秀传统文化的探索和学习环节当中，不论是对于个体能力还是社会发展都将会产生极大的推进作用。我们应该居安思危，保家卫国思想在如今这一和平年代似乎很遥远，但是应该在大学生内心深处树立爱国精神，大力传承和弘扬中华优秀传统文化。在战争年代，很多英雄为了救国救民不惜牺牲自己的生命，这一爱国行为正体现了浓厚的爱国情怀。

高校思想政治教育的创新发展应以高度的理性自觉牢固把握自身积淀的历史性思想文化根基，明晰民族国家发展的历史起点与思想脉络，以保证中华优秀传统文化始终在时代文化的碰撞中站稳脚跟。由此，才能够在传播社会主导意识形态和社会主义核心价值观的过程中，使青年大学生可以沿着历史足迹拾级而上，穿透时代表象和多样化文化思想的迷雾准确地理解当前所处历史方位的现实和未来，实现高校思想政治教育的根本目标。当然，我们也应当看到，尽管从本质属性和实践需要角度出发，高校思想政治教育都应具有传承中华优秀传统文化的理性自觉，但事实上，这种自觉的水平还需要提高，也需要不断在教育教学探索中逐步将自觉真正落实为实践。具体来看，中华优秀传统文化的核心思想和经典文本还未实现深入的梳理与提炼，尚未实现与高校思想政治教育理论的话语的学术衔接；运用高校思想政治教育的主渠道和主阵地传承中华优秀传统文化的内容、形式、方法、路径还未成熟；青年学生参与中华优秀传统文化教育活动的获得感不强，与现实生活连接松散，导致其对中华优秀传统文化的理性认知和反思有待提高。

（二）开拓创新，促进文化转化的发展自觉

高校思想政治教育是文化的重要属地，对文化的传承与追寻应然、必然、实然地构成了其存在的重要意义，也是推动高校思想政治教育发展的重要支撑。然而，如何才能科学、合理、有效地将中华优秀传统文化融入高校思想政治教育的理论与实践之中？关键就在于要对中华优秀传统文化进行转化与创新，这就要求我们要从继承与创新的辩证统一关系出发，既不忘本来、善于继承，又在创造性转化和创新性发展地基础上开辟未来。从中华优秀传统文化流动于历史进程的视角看，对其进行与时俱进的转化与创新需要坚持一定的原则，通过进行辨别挖掘、意义阐发、话语转换等一系列创新实践，才能较好地融入当代文化，实现民族思想文化精华的延续。这其中必不可少地要依托当前的文化主体、载体、传播形式等，以完成跨越其原生历史时空的转化与发展。而在当前构建"大思政"格局和高校思想政治教育工作体系的框架下，高校思想政治教育本身所具有的文化特质和指向青年思想的教育活动特征，都促使它成为推动中华优秀传统文化的创造性转化与创新性发展的重要支撑。从高校思想政治教育角度看，其本身所具有的文化本质决定了高校思想政治教育是历史性的存在，必然要加强对科学理论的彻底把握。在此基础上运用各种有益的教育资源积极与时俱进，保持自身生命力，必然要在实践基础上围绕受教育主体和教育根本任务的内在需要，不断创新理念，化解自身存在的各种矛盾，进而面向未来实现自我超越。概言之，促进中华优秀传统文化转化创新是由高校思想政治教育追求发展的自觉性决定的，是实现其自身突破、超越的必然要求；同时，作为思想文化的高地和培育青年人才的阵地，将中华优秀传统文化融入高校思想政治教育，也是促进中华优秀传统文化与当代文化融通与传播的重要途径，具有突出的历史意义和时代价值。

实践证明，在新时代高校思想政治教育中融入、传承、发展中华优秀传统文化，对其进行合乎逻辑、合乎实际的创新阐释与运用，既推动了中华优秀传统文化的创新转化，为其赋予了时代内涵和现实意义，形成了铸就中华文化新辉煌的重要维度；同时也夯实了高校思想政治教育的历史基点，增添了丰富的文化内涵，

促进其依照特有的民族文化逻辑不断发展，为青年大学生提供正确认识时代、认识国家、认识世界的强有力的理论指导和思想智慧。

三、增强文化自信是高校思想政治教育的使命追求

中华优秀传统文化是中国灿烂文明的智慧，也是中华民族悠久历史的传承。在高校当中弘扬中华优秀传统文化对培育和践行社会主义核心价值观尤为重要，是不可缺少的部分。但是新时代，高校育人体系面临着更大的挑战与危机——课程体系不健全，校园文化氛围缺失，社会实践缺位等问题。当今校园传统文化面临着挑战，需要一定的对策来继承和发展中华优秀传统文化，21世纪中我们更要增强文化自信，从中华优秀传统文化当中搜集需要的正能量，使中华优秀传统文化发生创造性转变。新时代，大学生的道德思想与价值观取向直接影响着他们未来的行为方向和社会发展的高度。大学教育的职责包括树立、弘扬先进的思想理念和社会精神。发挥社会主义核心价值观对高校培养人才及创建精神文明校园起到了引领作用。高校中的校园标语、校训、校园风气等都是学校价值观的再现，而高校大学生价值取向跟随社会风向改变，大学生们的价值观较难统一。大学生在身心发育期常常遇到心理方面的问题，思想道德素质需要加强。当代大学生价值观大多为正向，然而大学生正值青春期容易受网络社群上不健康信息的影响，部分高校意识形态教育不到位，导致部分高校大学生对马克思主义思想的理解还停留在表面。部分大学生从不关心新闻大事，只关注与自身利益挂钩的相关事宜；部分高校学生受网络空间中错误价值观的严重影响，只注重眼前利益，忽视了长久的精神追求，欠缺社会责任感。社会责任感的欠缺，导致部分高校学生缺乏思想道德品质。大学生个人前途与国家发展和民族繁荣复兴具有紧密联系，但是目前现实生活中部分大学生仍然无法厘清国家利益、集体利益和个人利益这三者的关系。

新时代的高校思想政治教育肩负着为党育人、为国育才的历史使命，夯实当代青年的文化自信就蕴含于使命追求之中。中华优秀传统文化，是支撑5000多年中华民族与文化生生不息、绵延至今的文化血脉，积淀着独特的精神基因，更是新时代坚定文化自信最深厚的力量。对于文化自信进行的重大战略定位，必然要将延续优秀传统文化基因和促进优秀传统文化发展作为重要基础和必要前提。

中华优秀传统文化作为绵延千百年而未曾中断传承的古老文脉，已经成为国家和民族的文化基因与灵魂，积淀着最深沉的精神追求，承载着整个民族自我认

同的核心价值取向，表达着这个民族对历史发展的认知、对现实世界的感受、对未来方向的把握，构成了中华民族伟大复兴的内在动力，更是中华民族文化自信的底气与源泉。沿着中国特色社会主义文化道路发展，努力建设社会主义文化强国宏伟目标是对千年历史文化的赓续和发展。着眼当今时代和平发展、互惠共赢的历史潮流，释放优秀民族历史文化精华的价值与魅力，不断巩固文化自信，推动当下文化的发展繁荣，进而转换输出为新时代中华文化的软实力，就要求我们必须结合自身特色和时代需要，对中华优秀传统文化的内涵、意义、价值进行深入的挖掘梳理、深刻的反思创新、博采众长、融古汇今，进而在文化育人中实现穿越时代的发展和升华。由此可见，高校思想政治教育在这一过程中具有突出作用。换言之，转换中华优秀传统文化与高校思想政治教育的内在辩证统一的视角，从更为宏大的中华文化视野出发，中华优秀传统文化融入高校思想政治教育，能够通过提升新时代青年大学生的文化自觉与自信，进而以点带面激发全民族的文化创新力、创造力，推动社会主义先进文化实现发展。这也构成了铸就中华文化新辉煌的重要方面。这从国家和民族文化发展的高度重新定义了中华优秀传统文化融入高校思想政治教育的历史意义与时代价值，也指明了所有高校思想政治教育工作者和青年学生所肩负的重大历史使命与文化追求。

四、传统文化融入大学生思想政治教育是育人需要

（一）树牢大学生"四个意识"

作为社会主义现代化建设的宝贵人才资源，当代大学生是实现中华民族伟大复兴目标的未来希望，树牢大学生"四个意识"——政治意识、大局意识、核心意识、看齐意识的重要作用不言而喻。同时，任何国家的现代化不仅需要先进的科学技术，还需要植根于本民族的传统文化。随着互联网的不断发展，文化与信息的交流碰撞也逐渐深入，多元文化与价值观不断冲击着大学生的思想。大学生正处于形成正确价值观、坚定理想信念、领会人生意义的关键时期，由于思想、心理等各方面还不够成熟，极易受到不良文化的影响，产生迷茫状态，削弱其"四个意识"的定力。在面临新情况、新问题的前提下，中华优秀传统文化不仅能让大学生传承民族的"根"与"魂"，还能在多元思想的冲击下树牢大学生"四个意识"，增强大学生的凝聚力和向心力。

（二）坚定大学生"四个自信"

大学生要成为建设中国特色社会主义事业的人才力量，就要有高度的民族文化自豪感，不断坚定"四个自信"，树立共产主义的崇高理想信念，而中华文化独特的发展脉络为其提供了文化支撑。作为实现社会主义现代化的中坚力量，大学生要牢固坚定道路自信。中国特色社会主义理论体系植根在中华优秀传统文化的沃土上，是全党和全国人民共同奋斗的思想理论基础。思想政治教育中融入传统文化，就是要增强大学生群体对当代中国理论与政策的理解和认同，构筑大学生共同的思想基础，使大学生坚定理论自信。中国共产党的领导是中国特色社会主义制度的最大优势，经过时代转化的中华优秀传统文化符合社会发展要求、符合国家和人民的利益需求，用文化涵养大学生的爱国情怀，可以坚定学生的制度自信。思想政治教育中融入传统文化，可以帮助大学生正确把握中华优秀传统文化的实质内涵，提升自身的文化素养，同时了解其与思想政治教育的契合点、与社会主义核心价值观的一脉相承，有利于增强大学生的文化自信。

（三）培养大学生爱国主义

中华优秀传统文化蕴含着丰富的爱国主义资源，其中不乏表达爱国忧患意识的伟大诗篇及为国为民不计生死的英雄形象，体现着爱国传统的思想精髓。优秀传统文化向来重视爱国主义，提倡将个人利益与国家利益统一起来。在2020年暴发的全球性新冠肺炎疫情中，涌现出无数的逆行者和守护者，不管是一线医疗人员还是从事最平凡工作的快递员和外卖员、自发运送抗疫物资的货车司机，或是听从政府号召长达两月闭门不出的群众，无一不是在自己的能力范围内为社会更好的发展作出努力，生动地诠释了什么是"国而忘家，公而忘私"（《汉书·贾谊传》），这些活生生的例子深刻体现了我们的爱国主义，充分激发着人们内心强烈的爱国情感和民族自豪感。爱国主义是中华民族代代相传的传统美德，在中华民族的发展演变中发挥着重要作用。每一个时代的中华儿女都能够承担自己的时代责任，为国家荣誉而战，为实现中华民族的伟大复兴而战。在对具备一定知识素养的大学生进行思想政治教育时，融入中华优秀传统文化中的爱国诗篇，能够给大学生创设想象情境，引起他们的情感共鸣，加深其民族归属感；在提倡榜样教育的新时期，利用中华优秀传统文化中的鲜活英雄事例更能激发大学生的爱国热情。

（四）涵养大学生高尚品质

具有高尚的道德品质是人获得全面发展的基本要求。开展大学生思想政治教育工作是为了培养具有较高文化素养和道德素质的综合型人才，塑造能体现国家整体素质的社会主义接班人。高校作为思想政治教育工作的主阵地，以其独特的精神导向力量引领大学生的道德培养方向，是社会高尚道德品质的坚实捍卫者。将中华优秀传统文化融入大学生思想政治教育，找到当代社会主义道德建设要求和传统文化道德伦理准则的共通之处，能够更好地帮助大学生养成良好的道德行为习惯，帮助其营造和谐的人际关系，这是大学生将道德认识与道德情感外化为自觉行为的体现与凝结。中华优秀传统文化中包含着许多对新时代仍有现实意义的道德观念，例如天人合一、自然和谐的生态道德；仁爱忠恕、诚信友善的社会道德；百善孝先、勤劳节约的家庭道德；修身内省、刻苦勤奋的个人道德；等等，都是中华民族代代相传的优良道德品质，深刻影响着每一个中华儿女的价值取向和日常行为。思想政治教育应当发挥文化所具有的潜移默化特点，引导大学生进一步提高自身的道德品质。

（五）健全大学生健康人格

在世界全球化的大背景下，世界各国的文化交流越来越多。互联网等新媒体的快速发展，也加速了各种文化思想的传播。在快节奏生活的当下，更多的青年人通过网络来了解信息。也正因此，利己主义、享乐主义等各种消极负面思想通过互联网快速传播，对于青年人的价值观造成了重大的冲击。而高校长久以来注重学业成绩的量化指标，忽视了多元思潮对高校学生的影响、放松了对学生思想道德的培养，导致诸多思想道德问题在高校学生中蔓延。在这样的背景下，个人对于道德价值的需求同样十分强烈。中华优秀传统文化蕴含深刻的道德理念和价值准则。爱国情怀、勇于担当、敢于革新等思想，依旧是中华优秀传统文化影响至今的宝贵精神财富，潜移默化地影响着中国人的生活与行为方式。在社会的个人道德评判和价值取向标准上发挥着重要作用。新时代，传承与发展中华优秀传统文化，有助于提升个人文化修养，提高对人或事物的判断能力，自觉抵御消极负面的文化思想，树立正确的世界观、人生观与价值观。

大学生需要积极健康的人格和乐观豁达的心理状态来面对在学校期间繁重的学习任务，正确处理自己在学习生活中的压力和挫折，以积极健康的状态面对毕业后在社会上更加激烈的竞争发展，这是大学生在复杂的社会环境中立足、成长的前提与保障。大学生处在人格培养的关键时期，容易产生逆反心理和各种错误的价值判断，无法保持良好的人际沟通交流，甚至会出现持续抑郁、冲动犯罪等状况，这就亟须开阔思想政治教育的格局与视野，培养大学生积极健康的人格和豁达开朗的心理。中华优秀传统文化中具有深刻的内涵，一贯倡导积极乐观的人生态度，包含着许多培养君子人格的内容，与大学生思想政治教育的培养目标相契合。例如"和而不同，执两用中"的中道处世、"不以物喜，不以己悲"的平常之心、"发愤忘食，锲而不舍"的刻苦勤奋、"兼善天下，利济苍生"的天下情怀、"取之有道，节之以礼"的道德要求，这些人格培养理念不仅能够引导大学生学会调整自身心态、正视自我发展实际，用平常心面对身边人和事，懂得去除物欲之所蔽；而且能够引导大学生明白在面对困难挫折时要坚持不懈，时刻坚守自己的理想信念，这是进行大学生人格教育的重要内容。中华优秀传统文化中的思想文化理论能够弥补现代化教育中的不足，使当代大学生在优秀传统文化的氛围中受到潜移默化的影响，强化自身的人文气质、提升自身的人格素养，形成具有深厚内涵的健全人格。

第二节　思想政治教育与传统文化的一致性

一、高校思想政治教育具有文化属性和文化价值

中华优秀传统文化具有蓬勃旺盛的生命力和博大精深的思想精华，这是它之所以能够载道育人的根本所在。思想政治教育是人类社会中普遍存在的教育实践活动，在人类社会的发展和进步过程中起到了影响社会成员，使之具有某种特定思想观念、价值取向、政治观点、道德规范的重要作用。可见，思想政治教育活动本身与文化的赓续密切相关。高校思想政治教育中融入中华优秀传统文化，不仅具备实现的可能性，还具有传承、延续民族思想精华的历史意义与启智、润心培育青年一代的时代价值。

文化作为一类社会现象，是随着文明进步而发展起来的。中华优秀传统文化同样也是中国屹立世界的象征、是中华民族的突出优势、是我们最深厚的文化软实力，它蕴含着丰富的思想政治教育资源，使其融入大学生思想政治教育成为可能。优秀的文化可以陶冶人们的情操，人们的素质会因为文化的熏陶而变得更高，从而达到提升自身素质的效果。思想政治教育可以利用中华优秀传统文化对人们的思想教育起到潜移默化的作用，使受教育者接受社会的思想观念。因此，思想

政治教育通过对文化的融合、传承、整合来实现对人的教育。

（一）高校思想政治教育的文化属性

教育具有与文化同质伴生的特点：文化对人思想、精神、心理的影响和塑造就是一种教育，而教育实践又是对文化的传递和再造。作为一种指向人的内在世界的教育活动，思想政治教育是向已经具有相当主观意识的青年学生阐释、传播社会主导意识形态，进而实现引导教化的教育活动，其关键点就在于对其进行思想观念、价值取向、政治认同、道德品质等方面的启示、引导、反思和塑造，而这明显更加有赖于优秀文化思想和文化精神为载体的内在传递。

第一，高校思想政治教育目标蕴含着文化追求。思想政治教育的目标在于通过核心价值理念的传递，使青年一代树立正确的世界观人、人生观、价值观，构建有意义的价值世界和精神世界，促进其思想道德素质的提高，实现全面发展，概言之即为立德树人。从这一目标本身出发，可以看出高校思想政治教育的目标中蕴含着丰富的文化内涵和高度的文化追求。以文化人、以文育人历来是塑造人、培养人的重要途径。当前，中国正处于"两个一百年"奋斗目标的交汇期，文化的繁荣昌盛是建设社会主义现代化国家的精神支撑。在这个新的历史征程中，高校思想政治教育在国家发展建设中具有了更加重要的战略地位。一方面高校思想政治教育应当加强对中华文化历史角度的传承弘扬、理论角度的创新发展、实践角度的汲取运用。另一方面高校思想政治教育应当着力将千年传承赓续的中华文化血脉注入当代青年的理想与追求之中，用中华文化培育中华儿女，促使时代新人推进文化的不断前进。

育人目标层面，思想政治教育是通过物质、精神等载体向受教育者灌输正确的、主流的、适应社会发展的意识形态，从而提升人们的思想道德水平，引导人们树立坚定的、符合社会主义道路发展的理想信念，从而做出正确的行为，达到统治阶级的要求。中华优秀传统文化是典型的伦理道德文化，孔子倡导以"仁"为核心，先义后利，道德原则第一性，倡导人们都应遵循社会规范和礼仪，注重人与人之间的和谐交往和人格平等，也凸显出传统文化中对人们伦理道德层面的高度要求。因此，二者在育人目标上具有高度一致性。思想政治教育具有鲜明的政治性，而中华优秀传统文化中重视个人、社会和国家的统一，《礼记·大学》中"修身、齐家、治国、平天下"的观点恰恰体现出中华优秀传统文化的政治色彩。综上所述，中华优秀传统文化和思想政治教育都旨在为国家培养政治素养高、道德修养强、综合素质优的社会主义人才。

第二，高校思想政治教育的内容蕴含着文化标识。思想政治教育要培养大学生正确的世界观、人生观、价值观，这些内容的形成与发展是在中华民族文化精神的延续和历史演进过程中不断丰富而成的，根植于民族和国家的历史实践和现实发展需要。因而，只有保持高度的文化自觉，明晰文化身份，用适应时代发展的潮流和趋势的内容引领青年学生的思想，才能产生积极的教育作用。中国特色社会主义文化是其教育内容的文化支撑，更是其创新发展的文化源泉。同时，在当代高校思想政治教育过程中，围绕中国特色社会主义文化开展教育活动既是满足青年一代文化诉求的必然，也是文化发展创新对于高校教育的内在要求。另外，思想政治教育也更多地包含了国际视野的横向比较，通过对其他国家文化的学习借鉴，丰富、充实了自身的教育内容。当然，学习借鉴不等于照搬照抄地移植他国的文化内容，而是要结合本民族的文化实际，进行借鉴和转化。中华优秀传统文化与思想政治教育在教育内容层面的契合体现在两方面。一方面是政治角度的切合，也就是传统文化中的"大同思想"与思想政治教育目标中共产主义理想实现的切合。《礼记·礼运》中"大道之行也，天下为公"为我们描绘了一个人人平等、幸福极乐的大同盛世，这种大同思想与思想政治教育中的马克思主义的共产主义理想极为切合，并且这种"大同"思想还为当下人类命运共同体理念的建设和发展奠定了逻辑起点和理论基础，升华了理想与现实的统一。另一方面是辩证法角度的切合。比如世界观教育中都坚持唯物主义的观点，政治观教育中以爱国主义为核心，这与传统文化中"天下兴亡，匹夫有责"（《林公案》）的传承发扬是密不可分的，人生观教育重视理想信念的树立和艰苦奋斗精神的培养，对应了传统文化中的"明于庶物，察于人伦"（《孟子·离娄章句下》）和"自强不息"（《易传·象传上·乾》），法治观教育中都围绕当下国情，道德观教育中包括家庭美德、职业道德、社会公德、共产主义道德，而"仁爱"一直是儒家文化的核心观点，我们今天经常提及的尊老爱幼、邻里互助都是儒家文化发展而来。因此，思想政治教育与中华优秀传统文化的主体内容是相切合的。

第三，高校思想政治教育的方法源于历史文化积淀。在"人文化成"中展开的教育活动，必然形成与特定文化相适应的教育方法。政治教育有很多的方法，有理论教育法、实践锻炼法、咨询疏导法、比较鉴别法、自我教育法等。这些方法相辅相成，其中，理论教育法是运用最为普遍的方法。而中华优秀传统文化的育人作用不是依靠外在的强制力，它是以渗透化的"内化"为主，而非灌输，它在潜移默化中影响着人们的社会实践活动。中华优秀传统文化在长期的道德教育的实践当中，形成了其独特的教育方法，其中最具代表性的就是言传身教、循序渐进、克己内省、知行合一等。这些教育方法经过了实践的检验，给高校思想政治教育方法提供了有效的借鉴之处。就如克己内省的自我修养方法。克己内省是以一定的道德标准来进行自我反省、自我约束自我的言行。儒家学派就特别提倡这一道德修养方法，如"吾日三省吾身"（《论语·学而篇》）"见贤思齐焉，见不贤而内自省也"（《论语·里仁篇》）都体现了自省。高校思想政治教育运用这种克己内省的德育方法，可以充分发挥大学生的主体性，引导他们自我反省与自我约束，从而提升学生健全人格的塑造与高尚道德的培养。回顾历史，在中国古代文化中占据重要地位的儒家文化就在其传承的过程中积累了许多关于教育方法的论述，例如有教无类、因材施教、以德为先、循序渐进、长善救失、顺势而为、禁于未发、相观而善等，在现今的高校思想政治教育实践中依然具有深刻的启示借鉴意义。在革命战争年代，为了使广大人民群众牢牢掌握马克思主义理论武器、坚定共产主义理想，中国共产党运用宣传、鼓动、理论灌输、调查研究等正面教育方法开展早期的思想政治教育，并提出了著名的"生命线"论断，为中华人民共和国成立后开展高校思想政治教育积累了方法与经验。伴随经济全球化而来的文化交流互鉴使多样的文化涌入国内，西方国家在道德教育、公民教育过程中所运用的教育方法也进入了国内思想政治教育研究的视野，这些具有鲜明西方文化烙印的教育方法为高校思想政治教育提供了诸多有益的参考。当前，历史文化在丰富发展过程中不断积淀、融汇到高校思想政治教育的方法在教育实践中发挥着不同的作用，从不同角度提升了思想政治教育的实效性，这也从教育方法的角度再次证明了高校思想政治教育以文化人的文化属性。

第四，高校思想政治教育中的教育主体和受教育主体同属于文化主体。高校思想政治教育具有的阶级属性和意识形态属性决定了它尤其需要教育者和受教育者之间的双向互动。而文化譬如一大流，个人则只如此大流中一滴水。因此，处于文化浸润的教育主体和受教育主体在围绕哲学、政治、道德、法律等内容进行思想政治活动时，一方面从主体角度反映了思想政治教育的深层文化基础，另一方面也动态、立体地呈现了思想政治教育蕴含的文化延展中的"人化"与"化人"，揭示了思想政治教育浓厚的人文精神意蕴。"人文"一词最早起源于《易传·象传上·贲》中的"文明以止，人文也。"中国传统文化中的"人文"被理解为诗书礼乐、圣人所制定的礼制法度，也泛指人类社会经过长时间形成的生存环境、文化典籍、伦理道德。传统文化中格外注重"人本位"思想，将人的伦理精神视为和动物的根本区别，认为人可以通过自身的主观性和创造性认识和改造规律。人文精神是中华优秀传统文化中的重要组成部分，它指引着人们的未来发展方向、激励着人们的道德养成、强化着人们的责任担当。由此能够看出，人文精神对思想政治教育工作具有深厚的价值意蕴。一方面，以人为本的理念对当今思想政治教育产生了深刻影响，体现在主导性和主体性相统一的观点中，启示我们开展思政课要立足于人文关怀的视角，坚持以学生为本的理念，选好思政的"食材"和"配方"，增强思想政治教育的亲和力。另一方面，"和合"思想的理念恰当诠释了新时代背景下人与自然之间的关系，体现在人类命运共同体层面。2021 年 4 月日本排放核废水的事件得到全球关注，这一做法恰恰与中华优秀传统文化中的"天人合一"思想相违背。海洋是全球各国人民的共同财产，传统文化中的"和合"理念启示我们要维护每一个人的切身利益，与自然和谐相处。

思想政治教育是对教育对象采用一定的文化载体和方式而进行的教育活动，从而帮助教育对象接受和养成符合社会需要的思想道德和行为规范。进入新时代，思想政治教育视域下的"以文化人"内涵，在于传承、发展中华优秀传统文化，在马克思主义的指导之下，结合社会发展要求，增强教育对象的文化认同感。中华优秀传统文化为高校思想政治教育"以文化人"提供理论源泉。文化的"化人"功能具有潜移默化的优势，能加强高校思想政治教育工作的感染力，从而提升教学质量。中华优秀传统文化是对大学生进行思想道德教育的"好教材"，是社会主义核心价值观的重要思想资源，要努力用中华民族创造的一切精神财富来"以文化人""以文育人"。在"以文化人"思想的引领下，教育者要注重大学生人格养成，塑造大学生人文情怀，旨在培养集思想、道德、知识为一体的全面发展的人才，使"以文化人"与"以德育人"进一步得到充分结合，将高校立德树人的目标实现延伸到中华优秀传统文化的育人现象之中，做到"知"与"行"相统一。

（二）高校思想政治教育的文化价值

文化的传承创新离不开教育，这既是文化存续的内在要求，也是文化发展的本质规定。中国传统文化可以延续的一个重要的原因就在于早在公元前 2000 余年的夏代出现了称为"序"的学校，中国的教育体系也随之不断发展。由此可见，教育是实现人类优秀文化系统的代际传承的核心阵地。

第一，文化传承创新价值。文化传承与创新是文化发展的内在规律。一方面，文化传承是文化积淀的过程；另一方面，文化还具有开放、交融、革新的内驱力，是文化发展延续的灵魂和文化内在生命力的展现。文化延续中这两个相辅相成的方面，在高校思想政治教育中得到了集中体现。区别于指向物质或工具的知识性教育，高校思想政治教育将继承中华民族在精神领域创造的优秀文明成果，以崇高的理想信念激励青年、以深刻的思想理论塑造青年，使他们成为堪当大任的一代新人作为实践旨归，因此，思想政治教育具有突出的文化传承意义。同时，高校思想政治教育为未来的发展储备人才，就必然要在对民族思想文化延续、传播、阐发、弘扬的基础上，积极地促进与外来文化、异质文化、新兴文化的交流、碰撞、鉴别、反思，进而根据时代、国家和人民的发展的现实需要赋予文化新的内涵，提升文化的再生能力，驱动文化创新的实现，进而更好地实现思想政治教育的根本目标。

第二，文化选择、整合价值。在思想教育过程中，不断发挥着文化所具有的塑造人、培养人的功能。高校思想政治教育是促使教育对象成为具有一定道德规范、思想观念等符合社会发展要求的人。高校教育者需要经过筛选和整合适应教育对象发展需要的精神文化内容及社会主流意识形态观念，并科学有效地传播给教育对象，引导教育对象主动学习和实践获得正确的理想信念和价值观念，内化为自身的政治认同和文化自觉意识，形成符合社会发展要求的道德规范和行为习惯，从而促进高校教育对象全面发展。此外，教育者需结合思想政治教育理论及教学活动，通过筛选、加工、创新原有的文化内容与形式，赋予其新的时代精神内涵。通过这一系列过程提高人的总体素质，达到人的全面和谐与充分自由的发展，这就是其所具有的文化功能。在文化延续过程中选择何种价值观进行传递，直接决定了社会与人存在和发展的方向。高校思想政治教育旨在使青年一代能够在有限的时间里掌握思想文化精髓，踏着前辈的足迹开创新的历史，就必须对多样的文化进行选择与整合，将科学先进、符合未来发展方向、具有恒久生命力的思想文化精华、理论理念等融入思想政治教育内容之中，促进思想政治教育目标的实现。因此，高校思想政治教育的实践即是对中国传统文化的筛选与构建。高校思想政治教育对于文化的选择、整合，不仅包含对本民族文化精神纵贯历史的采撷，也包括对其他民族优秀文化的横向比较、借鉴吸收。对文化的选择整合不仅要关注文化内容的凝练塑造，还必须注重对文化中内涵的哲学精神、文化思维、文化类型、文化传递模式等各个方面的澄清、辨析和调整。在高校思想政治教育过程中，曾经随着不同时期文化的演进而在科学理性、工具理性和人文精神中产生偏向，受到过主客二元对立思维的干扰，在理论场域、政治场域和生活场域陷入困境等。伴随文化自觉、文化认知、文化理性的不断提升与超越，高校思想政治教育在不断探索中一次次校正文化思路，不断开拓新的路径、扩展文化视野，从而更好地实现了其自身的文化选择和整合价值。

二、传统文化与马克思主义具有一致的开放性

传统文化和马克思主义理论所具有的开放性特质为两者的融合提供了必要条件。

作为高校思想政治教育的指导思想，马克思主义是否具有开放包容的理论品质，对于中华优秀传统文化能否深入融入思想政治教育具有重要影响。从内容上来看，马克思主义从产生伊始就在充分吸收借鉴人类历史上积淀的自然科学和人文科学成果。从时间上来看，马克思主义自诞生之日起就从不宣扬自己是绝对真理，相反，它总是强调要将这一理论视为方法而不是教条。因而，尽管马克思主义已经诞生一百多年，世界已经发生翻天覆地的变化，但马克思主义的理论依然历久弥新，不断给予世界深刻的启迪。马克思主义产生了巨大的吸引力和感召力，为世界各国追求独立和解放的人们提供了科学的世界观方法论，在世界范围内掀起了社会主义运动的浪潮。它所提供的科学的世界观和方法论，使它能够始终充满蓬勃生机，像蒲公英一样在包括中国在内的世界各地传播真理，以强大的理论力量，为谋求解放和独立的各国人民赋予革命的武器。

中华优秀传统文化的开放性使得博大精深的中华文化不断延续传承，塑造了人类思想的一座座高峰。中华优秀传统文化的生生不息与其自身具有的包容性、开放性的特征密切相关。中华优秀传统文化的包容性主要表现在以儒家为代表的开放多元的文化理念，"君子和而不同"（《论语·子路篇》）、"天时不如地利，地利不如人和"（《孟子·公孙丑章句下》）等思想，都集中体现了儒家主张开放多元的文化理念。基于包容的文化思想理念，使儒学思想集大成，不断发展壮大绵延至今，仍对当今社会产生深刻影响。正是因为它所具有开放包容的特征，促使中华文化发展中涌现出百家争鸣的蓬勃景象，以及儒家、道家、法家等各类文化并行发展的繁荣局面，并包容了中原文化、荆楚文化、巴蜀文化等不同的地域文化。中国传统文化在发展中秉承开放包容的态度，自觉吸收佛教、阿拉伯和西方等外来文化，坚持以我为主、为我所用的原则，取长补短、兼收并蓄。同时在保持自身优势和主导地位的基础上，主动吸纳外来文化的优秀成果与自身文化融会贯通，不断丰富和发展自身文化内涵及体系，赋予中华文化蓬勃的生命力，成为培育与涵养本民族精神的优秀文化。中华优秀传统文化在社会变化和发展中，通过主动吸收时代优秀元素，丰富提升自身内容，不断实现自我更新、自我完善，以适应时代和社会发展的需要。从古代文明的探究阶段，到当代文化的实践过程，中华优秀传统文化随着历史更替逐步革新和发展，是其更新、进步、焕发新生的

过程，是中华优秀传统文化在历史更迭中通过主动吸收消化，实现自身文化革新的过程。中华优秀传统文化发展是一个不断变革与转化的过程，其所具有的强烈自我革新精神，正是创新发展我国高校思想政治教育工作的强大动力。首先，这种开放性表现为文化自身内在思想理念的高度活跃，这是因为它打破了作为成熟的文化系统而趋于封闭静止的束缚，始终保持顺应变化、吐故纳新的开放性思维，成为一种兼容并包的动态文化。以儒家文化的发展为例，中国古代的儒家文化作为一种理论化的意识形态，并不是抽象、静止不动、一成不变的，而是具体的、流动的、不断与时俱进的动态发展过程。正是因为这一特点，儒家自身才能形成优秀的文化，才能从一家之说到文化主体，再到文化正宗，一步一步地成为中华文化的主导与核心。在中华文化中，儒家优秀文化蕴含的价值理念及社会哲学贯穿于中华民族的思想意识和心理品质，能维系中华民族数千年绵延不断，凝聚起强大的民族向心力。因此，即便时间推移、时代变化，但对其传承不能停止，要把儒家文化的优秀部分一代一代永远传承下去。儒家文化体现了伟大的中华民族精神，反映着积极健康的精神追求，它具有增强民族认同感和凝聚力的作用，能激励中华儿女不断奋勇前进，开创更加美好的未来。其次，这种开放性也表现为对外来文化的高度容纳。几千年来，中华文化先后与不同文化进行碰撞与交流，往往在主动影响、交流借鉴、吸收融合的过程中以其海纳百川的胸襟改造外来文化，并变成中华优秀传统文化的一部分，实现了自身的充实创新与持续发展。正是由于这种开放性，传统文化在面对近代以来外来文化的猛烈冲击时，依然能够从低潮中崛起，赓续思想精华，重获旺盛的生命力。特别值得注意的是，新时代，中华优秀传统文化经过理论与时代的改造、洗礼，在马克思主义中国化的探索与实践中获得了新的内涵，再次焕发了蓬勃的生机和活力，不仅继续为中华民族和中国提供思想和精神的血脉滋养，还重新在世界舞台上以高度的自信和魅力，发出中国声音，提供中国方案。

三、传统文化与马克思主义间的紧密关系

具体而言，站在社会形态更迭的高度来审视，马克思主义作为科学的理论体系和有力的思想武器，是党和国家各项事业的指导思想。中华优秀传统文化形成和发展的基础是封建的以宗法制度和血缘纽带为框架的阶级社会，因而，其内在的价值理念、等级秩序和人伦关系等决定了其无法超越自身、实现引领社会变革。这也深刻解答了为什么在马克思主义传入中国之前，近代以来心系民族危亡的仁

人志士无法运用充满治国理政智慧精华的优秀传统文化挽狂澜于既倒，扶大厦之将倾，只有掌握并运用科学的理论武器，才能唤起民众的价值觉醒，才能找到实现民族独立、人民解放，创建社会主义国家的正确道路。换言之，只有将具有革命性的理论作为指导思想和行动的武器，才能实现中华民族的伟大复兴，引领古老的中国开创新的历史篇章，实现不断飞跃。由此可见，以马克思主义作为党和国家的指导思想，是理论逻辑、历史逻辑和实践逻辑的统一。马克思主义文化观与时代发展同步，体现着时代性与进步性。文化形态随着历史条件改变，社会文化往往表现出与社会形态相适应的状态，当然在一定条件下也会超越一定的社会形态。二者是相互促进和不断变化的过程。如资本主义私有制与之产生的是利己主义文化形态，社会主义公有制下产生的是人民大众的文化。由此可知，文化与社会发展相互促进、同步发展，折射了一定形态的变化，反映了人们的需求，这是文化的时代性。马克思主义文化是一种不断自我更新的文化，只有大胆吸收一切优秀文化养分创新发展，才能具有生命力，这充分体现了马克思主义文化的进步性。文化的发展是一个从低级到高级的发展过程，由不完善到逐步完善的过程，其中，中国先进文化是最富有代表性的部分。中国共产党既是中国先进文化的代表，又是促进文化发展的有力推动者，其不但促进了先进文化的发展，而且引领了先进文化的方向。因此，时代性与进步性是马克思主义文化观的基本特性。在对文化问题的研究过程中，马克思始终坚持正确的价值导向和科学性原则，认为文化产生的现实根源不能脱离人的生产实践。马克思文化思想更多体现了无产阶级革命的文化思想，是马克思在指导无产阶级革命运动中产生、发展和逐渐走向成熟的。因此，马克思主义文化思想建立在人民群众基础之上，体现了其科学性与民族性的统一。文化是民族最集中的反映，是文化发展的集体象征，文化的民族性在马克思主义中国化过程中逐渐得以体现。马克思主义传入中国后与中国实际相结合，形成了中国化的马克思主义。高校思想政治教育的理论与实践创新，依然离不开马克思主义立场、观点、方法的指导。只有坚持马克思主义的指导地位，才能以科学的态度看待民族历史文化，树立正确的优秀传统文化评价标准，找到传承、发展中华优秀传统文化的正确方法路径。从中国革命建设改革的历史视角出发，中华优秀传统文化为马克思主义中国化提供了丰厚的文化沃土。将马克思主义同中国具体实际相结合，是党带领全国人民实现站起来、富起来、强起来的伟大社会变革，是形成毛泽东思想和中国特色社会主义理论体系两大理论成果的重要前提和主要经验。作为中华民族的文化遗产，中华优秀传统文化对中国人的思想观念、民族性格、语言表达、生活方式等均产生了深刻的影响。马克思主义在中国大地上落地生根，要根植于民族历史文化的沃土。而马克思的科学性也正体现在其真理性与开放性的统一。马克思主义的科学理论是一种方法而不是条条框框，是一种处在不断发展中的理论。而马克思主义中国化的理论成果与实践经验，一方面为高校思想政治教育发展提供科学的理论指导，另一方面也是培育当代青年学生形成坚定理想信念、正确政治认同、历史认同、文化认同的重要内容。这意味着，高校思想政治教育既要坚持马克思主义的指导地位，也要充分发挥优秀民族历史文化的支撑作用，提高思想政治教育的实效性。

第三节　思想政治教育与传统文化融合的科学性

一、马克思主义思想的指导

首先，马克思主义经典作家关于文化的科学论述为中华优秀传统文化融入高校思想政治教育提供了坚实的理论基础。马克思、恩格斯在阐述历史唯物主义思想等思想观点时也表明了其文化思想。他们认为文化是在经济基础上产生，并由经济基础决定的上层建筑的观点。但同时，马克思、恩格斯也指出，历史唯物主义不是经济决定论，经济的因素并非是社会历史发展中唯一起作用的因素。恰恰相反，马克思、恩格斯十分重视上层建筑对经济基础、对社会历史发展的影响，并多次加以强调。恩格斯在他致瓦·博尔吉乌斯的信中明确谈道："政治、法、哲学、宗教、文学、艺术等等的发展是以经济发展为基础的。但是，它们又都互相作用并对经济基础发生作用。这并不是说，只有经济状况才是原因，才是积极的，其余一切都不过是消极的结果。"[①] 对于历史文化传统的作用和影响，马克思恩格斯也阐述了科学的观点，他们认为，历史上创造的各种传统与传统文化，是人们创造新的历史时不可逾越的前提条件和现实材料。这就说明了人们往往是在以往的思想成果的基础上结合新的实践经验，对其加以改造和发展，从而使历史文化等上层建筑向前发展。马克思、恩格斯指出，创造文化的主体是现实的个人，他们在《德意志意识形态》中指出，"全部人类历史的第一个前提无疑是有生命的个人的存在。"[②] 而以现实的人的生产实践为前提，人能够在生产实践中实现自己

---

① 　韦建桦，等.马克思恩格斯选集：第四卷 [M].北京：人民出版社，2012.
② 　韦建桦，等.马克思恩格斯选集：第四卷 [M].北京：人民出版社，2012.

的内在目的，即"更新他们所创造的财富世界，同样也更新他们自身。"①换言之，文化是人类改造世界和改造人自身实践活动的统一。综上所述，马克思、恩格斯所确立的科学的文化思想，是伫立于历史唯物主义基础上的。如果说由于受到当时无产阶级革命现实需要和历史条件的限制，马克思和恩格斯没能将历史唯物主义和唯物史观更加深入地延伸到无产阶级如何科学对待本民族传统文化的问题上的话，那么，他们也为后来者留下了正确看待和评价传统文化的观点和方法。在马克思、恩格斯关于传统文化的科学论断基础上，列宁结合俄国当时经济文化落后的实际，进一步作出了关于如何对待传统文化的理论阐发。他深刻认识到了继承对于文化发展的重要性，明确地表达了反对历史虚无主义的态度。在此基础上，他表明了要对人类历史上的一切文化成果进行去粗取精的辨别与选择，进而用以推进社会主义文化建设的思想。

其次，马克思主义中国化的传统文化论述为传统文化融入思想政治教育提供了直接指导。高校思想政治教育具有明显的政治倾向性，它是在中国共产党的带领下进行的。中国能有今天的发展，正是因为在共产党的带领下，找到了马克思主义这个正确的旗帜方向。我们党自成立以来，就坚定不移地将马克思主义作为自己的指导思想，并且经过不断探索，结合中国具体国情，形成了适合中国国情的马克思主义中国化的理论成果。马克思主义诞生于19世纪的欧洲，它不能直接适用于中国，只有将它与中华优秀传统文化结合起来才能与我们的国情相符，可以说中华优秀传统文化为马克思主义中国化提供了丰厚的文化土壤。马克思主义是由科学的世界观与方法论统一组成，而中华优秀传统文化有着深厚的历史积淀，它蕴含着丰富的唯物论和辩证法思想，二者之间有着一定的契合之处。马克思主义是我们立党立国的根本指导思想，也是我国大学最鲜亮的底色。高校思想政治教育必须坚定不移地以与时俱进的马克思主义理论作为行动指导，这是保障教育始终朝着正确的社会主义方向发展的必要条件。首先，要明确一点，那就是坚持马克思主义原则，不是将马克思主义生搬硬套，必须立足于实践，实现马克思主义理论深深扎根于中华优秀传统文化的土壤当中。其次，马克思主义理论作为高校思想政治教育的重要内容，在课堂教育当中，不能只是将马克思主义理论生硬地套用在课堂当中，马克思主义理论是较为枯燥难懂的，只有将其与中华优秀传统文化结合起来，用民族形式来理解与表达，才有利于学生接受与认可，引导学生形成正确的价值导向。在高校思想政治教育的课堂当中，将中华优秀传统文化有效地融合起来，应该坚持以马克思主义为指导，坚持实事求是，用科学的

---

① 韦建桦，等.马克思恩格斯选集：第1卷[M].北京：人民出版社，2012.

理论来武装学生的头脑，抵制各种不良思潮、腐朽思想的影响。中国共产党自诞生伊始就自觉肩负起了传承、弘扬中华优秀传统文化的历史使命，在不断的革命建设改革进程中，党始终坚持以马克思主义为指导，逐步形成了符合中国具体实际和时代发展需要的正确传统文化观。党的十八大以来，习近平总书记将马克思主义运用于中国特色社会主义理论与实践的方方面面，提出了"双创"原则，推动了文化思想的发展创新。可见，中国共产党自成立以来，一直秉承马克思主义文化观，紧密结合国家发展过程中的现实问题，不断推进传统文化观的深化和升华，形成了丰富的论述，为思想政治教育中融入中华优秀传统文化提供了理论上的直接指导与实践上的指南。

最后，马克思主义中国化为传统文化融入思想政治教育提供了重要保障。实践证明，马克思主义理论是立党立国的根本指导思想，坚持马克思主义，不断实现马克思主义中国化是中国一切事业顺利发展的重要保障。中国共产党立足中国国情、把握时代特点，不断地将马克思主义与中国实际相结合，形成了习近平新时代中国特色社会主义思想。对中华优秀传统文化的教育和研究必须在其理论指导下进行，并将其有效融入大学生的思想政治教育的方方面面之中，才能保证中华优秀传统文化的研究沿着社会主义文化的方向不断发展。改革开放以来，特别是进入21世纪以来，国与国之间的交往日益频繁，呈现的文化冲突也日益尖锐。各种各样的思想文化涌入我国后，必须警惕一些别有用心的国家刻意对中华优秀传统文化的诋毁、扭曲和抹黑，这些思想文化不仅与中国文化事业的发展背道而驰，而且易使大学生产生文化自卑的心理。因此，在思想政治教育中融入中华优秀传统文化，必须认真对待这一问题，批判地对中华文化和一切外来文化进行继承和创新。同时，要加大对大学生的马克思主义理论教育，使大学生学会、弄懂并灵活运用马克思主义理论武器，做到是非分明，看到问题背后的实质，把握当前主流思潮，自觉抵制一切落后、陈旧、不健康思潮和各种不良思想文化的侵入和腐蚀。

中华优秀传统文化融入高校思想政治教育，在马克思主义指导下，秉承社会主义发展方向，利于丰富教育内容，拓宽二者融入路径，利于中华优秀传统文化的传承与发展，可以尽量避免少走弯路，从而全面贯彻新时代党的教育方针。高校在对当代大学生进行中华优秀传统文化教育时，要坚持正确的文化融入导向，把握正确的方向。坚定马克思主义科学理论的指导，是我国社会主义文化事业发展的本质要求。在高校的思想政治教育中，教育者在教学过程中要向大学生传授符合先进文化发展方向的优秀传统文化，引导其树立社会主义共同理想，将中华优秀传统文化以潜移默化的方式层层递进传递给大学生，渗透到他们生活学习各方面，培养大学生自主学习传统文化的能力，并能自觉地与实现中华民族伟大复兴联系起来，懂得运用中华优秀传统文化促进国家与社会向前发展，提升当代大学生的民族自豪感和使命感，使其无论何时、何种情况都能坚定中国特色社会主义发展的大势，不会背离共产主义的方向。

意识形态领域的工作历来是党的工作的重要内容，能否做好意识形态的工作直接关系到党的前途、国家命运和中华民族的发展。我国高校的思想政治教育工作是在不断的实践中探索创新，始终将青年学生和广大党员干部作为教育工作的重点培育对象，坚持育人先育心的理论，做好凝心聚力的教育工作。当下，国际形势纷繁复杂，国内思想分化严重，必须明确政治导向，坚持以马克思主义理论为指导。

二、注重扬弃与创新的统一

首先，当代大学生是中国传统文化的传承者，面对这个丰厚的民族文化遗产，要坚持辩证的思维态度，吸取其精华的部分，剔除其糟粕的部分。现在，随着国家对传统文化传承的重视，高校更是将其纳入日常的教学当中，但是要明确一点，高校不是要将其毫不改变地保持原本形态与内容传授给学生，而是要批判性地继承与发展。中国传统文化既有着值得永世传承的精华部分，如传统文化当中的"仁""义""礼""智""信""勤""俭""廉""勇""恭"等伦理精神；也有着具有时代局限性的糟粕部分，如中国古代所提倡的"裹脚"文化等。要剔除传统文化中糟粕的部分，也不要全盘否定传统的文化与价值观念，而是应该积极地利用其中有价值的东西。所以，当代大学生在充分了解传统文化的基础上，要以理性的态度与务实的精神去传承与发展它。对个人而言，孔子云："见贤思齐焉，见不贤而内自省也。"（《论语·里仁篇》）就是看到贤能之人要向他看齐，学习别人身上的优点，看到别人缺点时，要反思自己是否也有，有的话应及时改正。这两件事看似不同，但表达的内涵却有异曲同工之妙，都强调要批判性地继承。儒家学派的创始人是孔子，诞生于先秦时期，后经儒家学者继承和发展形成现今庞大的儒家文化体系，在中国传统文化的舞台上独树一帜，在中华民族的历史进程中独领风骚数千年。儒家文化作为中国传统文化的重要组成，其所含内容广泛、内涵深刻，其中不乏优秀精髓值得我们当代人学习借鉴，但也存在一些对现代社会发展不利的陋习和思想。对此，我们应用辩证的眼光看待传统文化，理解它在当时社会的存在意义，融合先进思想文化，辩证地继承传统文化。中华民族的传统文化是中国人民智慧的结晶，传承本民族优秀传统文化对国家、民族的发展具有重要的文化战略意义。我国已经进入社会主义发展的新阶段，高等学校的思想政治教育工作应当与新的发展阶段相适应，但要想解决当前高校存在的育人体制不完善、网络不良文化渗透力强、社会实践参与度低等诸多问题，高校必须扎根于中华优秀传统文化土壤以从中汲取养分，对优秀传统文化应坚持创造性转化和创新性发展相融合的原则，充分利用优秀传统文化，发挥其思想政治教育的作用，积极探索新时期大学生思想政治教育工作的新方法、新模式。

其次，我们的传统文化之所以能够传承至今，生生不息，正是因为它能够顺应时代的发展，推陈出新、保持活力。中国传统文化历经了数千年的时间积淀，形成了时代性的特点，它是随着社会物质文化水平、社会生产力水平的发展而不断发展的。中华优秀传统文化只有与时代发展不断结合起来，发展创新，才能与思想政治工作同向而行。所以，在高校的思想政治教育工作中，要将传统文化充分利用起来，就必须要做到不断创新，立足于时代要求，不断整合当代社会发展所带来的新内容，增强其实效性，使优秀传统文化与思想政治教育保持生机与活力。还要将其置于整个社会大背景之下，保持世界性的眼光，在保持自身民族文化独立性的同时，借鉴国内外其他优秀文化成果与价值理念，汲取其他民族文化的精粹来为中华优秀传统文化注入新的内容，让其进行创新性发展。高校教育者开展中华优秀传统文化教育时，还应在结合国情的基础上，充分结合校情、学情，创新教学内容与方法。高校教育者要在继承的基础上，科学对待中华优秀传统文化，不能一味地盲从，要不断拓展与改革内容和方法，不断赋予它时代气息，使其与高校教育教学的发展与时俱进。高校教育者要深入挖掘中华优秀传统文化资源，不断增强时代感，使高校思想政治教育始终保持生机与活力。教学过程中，教育者可以利用互联网创新中华优秀传统文化教学方式，通过慕课视频、运用现代 VR 等信息技术更加直观地阐述中华优秀传统文化的历史渊源、发展理路。开展中华优秀传统文化教育，应合理创新和阐述其内容与表达形式，不断创新教育内容和模式。同时，要以时代气息给予优秀传统文化新的内容，培养学生创新意识和精神，紧跟时代的发展步伐，把更多的新思想、新理念融入中华优秀传统文化元素当中，也要把继承传统与实践创新相结合，将它有效地贯穿于现代文化发展之中。这样既能保持中华优秀传统文化的本质特性，又能体现社会主义文化建设的时代张力，使之得到历久弥新的发展，更好地服务于思想政治教育工作。

当前，我国经济发展迅速，与之相较，文化发展明显滞后。理解传统文化中包含的普遍性与特殊性是实现传统文化的创造性转化和创新性发展的必要条件。普遍性即传统文化具有的共性，这种共性是指人们能把握传统文化的发展趋向并探寻到传统文化发展的一般规律，从而增强民族文化自信，保持文化自觉。但是，不同时代的人民群众对文化的要求不尽相同，传统文化的发展需要迎合当时人们的需求，这体现了它的特殊性。因此，二者的相互融合仅靠从优秀传统文化中汲取养分是不够的，需要继承与创新齐头并进，推动传统文化与当下时代精神相融合，与社会主义核心价值观相契合，与思想政治教育理论知识相融合。

总之，中国传统文化是中华民族一定历史时期的产物，由于受产生时社会思想文化背景的限制，其中的内容和表现形式不可避免地带有时代烙印，具有历史局限性。高校教育者应理性对待中国传统文化，在选择、吸收、融合与思想政治教育相契合的精华内容时，对其中过时的、不适应时代和大学生发展的、阻碍其进步的糟粕内容也要进行舍弃，消除对大学生思想造成的不良影响，这有利于大学生积极弘扬传统文化的精华成分，自觉摒弃其中不适应时代发展潮流的成分。传承中国优秀文化中的有益文化因子。我们要对传统文化进行科学的分析，对有益的东西、好的东西予以继承和发扬。高校教育者要理性分析中华优秀传统文化，对其中充满正能量、与时俱进的内容进行传承发扬。高校教育者应通过思想政治教育的方法，把传统文化中符合时代发展趋势的、对大学生发展起积极作用的内容进行开发利用，深入挖掘它的时代价值，选择其中优秀精华，如自强不息的进取精神、矢志不渝的爱国主义精神等价值观念应用于大学生的思想政治教育中，吸取其中优秀的道德品质。高校思想政治教育者在与中华优秀传统文化要以马克思主义为指导，在传承优秀传统文化精髓的基础上，使之与思想政治教育相融合，在选择内容时要始终保持理性分析，汲取其中优秀的文化教学资源，拓展教学内容。高校教育工作者要结合时代发展要求，对优秀传统文化进行合理创新，使其精华部分与社会主义文化发展相适应，真正做到为新时期加强高校思想政治教育工作服务。

三、遵循历史发展的规律

近代以来，无论是以太平天国运动为代表的波澜壮阔的农民起义战争，还是以洋务运动为代表的统治阶级从器物层面着手的自我改良，抑或是以戊戌变法为代表的变法维新，乃至以辛亥革命为代表力主全面学习西方的政治与经济制度，彻底推翻清王朝封建统治的民主革命，都未能解决历史背景下的中国问题。随着俄国十月革命的一声炮响，社会主义第一次由科学理论变成了生动现实，马克思主义才终于得以登上了中国的历史舞台。经过一次次生死考验，中国共产党前赴后继、不忘初心，最终带领全国人民实现了震惊世界的历史飞跃。

历史的发展和内在规律表明，如果文化理念与核心价值与中国具体国情不相符、与中国传统文化没有内在契合，必然导致革命失败。从这个角度来看，可以说，中国传统文化与马克思主义的历史碰撞，既是近代中国进行文化反思、文化选择、文化创造的主观努力的结果，也是社会形态变化与文化演进客观规律的必然。同时，中华优秀传统文化经过革命斗争的磨炼，蕴含了各族人民对民族独立、国家富强美好生活的向往。中华人民共和国成立后，社会主义文化作为首次在古老的中国占统治地位的文化，与中华优秀传统文化迈向了全面、深入交流融合的新阶段。在国家建设和改革的实践中、在不同历史时期的各种现实挑战中，也映射出中华优秀传统文化的历史影像。

20世纪初，新文化运动与五四运动的爆发推动了人们的思想解放，马克思主义的传播重塑了民众的价值观念与民族精神。在这一过程中，我国思想政治教育开始萌芽。1921年中国共产党成立，这既是在群众中开展马克思主义思想政治教育的成果，同时也是在党的领导下开展思想政治教育的开端。在党的领导下，中华优秀传统文化与马克思主义在碰撞中交汇，中华优秀传统文化与思想政治教育也在传承发展中相互影响，不断加深彼此之间的关联。在革命斗争阶段，党通过开展广泛有效的思想政治教育，启发了民众觉悟与爱国主义热情，培养了大批革命后备力量；通过宣传党的纲领方针，奠定了广泛、坚实的群众基础，建立了革命统一战线。在土地革命、红军长征、抗日革命和解放战争等不同历史时期开展深入的思想政治教育，对统一革命思想、严肃政治纪律、凝练革命精神发挥了巨大作用，极大地提高了党和人民军队的战斗力、凝聚力，保证了革命队伍的纯洁性和先进性。随着革命实践的深入，党对于思想政治工作重要地位的认识不断强化，提出了思想政治工作"生命线"的论断，最终形成了系统阐述并上升为理论。思想政治教育也在这一过程中从萌芽走向成熟。中华人民共和国成立以来，高校思想政治教育成为巩固马克思主义指导思想地位、传播主流意识形态、确保社会主义事业后继有人的重要保证。改革开放以后，随着我国社会主义事业进入新的历史时期，思想政治教育也走上科学发展的道路。从这时起，我国高校大学生的思想政治教育工作才得以稳步发展。思想政治教育作为马克思主义理论二级学科和专业，积累了大量的符合中国发展需要、具有民族特色的研究成果，培养了一代代具有爱国之情、报国之志的合格人才。在这样一个漫长的历史过程中，党始终将中华优秀传统文化运用于思想政治教育之中，运用中华民族在历史上创造的精神财富"以文化人、以文育人"。

伴随着中国近代以来的风起云涌，中华优秀传统文化与马克思主义穿越时空阻隔、突破最初的隔阂，必然地走到了一起，在反复交流、交融中共同推动中华民族的历史文化的创新发展，因而在历史编织下具有了现实而紧密的联系。随着中国共产党领导革命走向胜利、中华人民共和国从成立到崛起，思想政治教育的本质内涵、知识体系、任务使命更加清晰。在不断地研究与实践中，思想政治教育与中华优秀传统文化同质互生的深层联系与紧密关系，为融入的主题奠定了牢固的历史基石。进入新时代，中国智慧和中国方案走向世界。传统文化是中国宝贵的文化资源，其所拥有的独特的文化魅力不仅在国内掀起了一股国学热潮，在国外也引发了"儒学热"，这使传统文化地位与日俱增、声望日隆，人们愈来愈关注对传统文化的继承与发展。新时期高校思想政治教育被赋予"立德树人"的使命，这恰好与儒家文化"以德服人""以人为本"的理念不谋而合，二者的相互融合有助于大学生学习传统文化之精华、传承传统文化之精髓、感悟传统文化之魅力。高校要想利用好优秀传统文化的价值，就必须尊重历史发展规律、遵循历史主义原则，用发展的眼光、辩证的观点，客观看待优秀传统文化，高校要引导大学生阅读优秀传统文化的典籍，增强对中华优秀传统文化的认同感，形成正确的历史价值观。

四、以人为本观念的引领

人本思想的提出可以追溯至儒家学派，儒家以人为本思想重在以人为中心，关注人本身的生命价值，重视人在社会中的价值和意义。在孔子看来，人是天地万物中最尊贵的，每个人都有与生俱来的内在价值，即人的道德意识。基于孔子所言，孟子认为百姓的地位置于君主、社稷之前。孔孟所言高度肯定了人的价值，注重人性，强调人的人格尊严。儒家的人本思想与西方的人本主义本质上是有共通之处的，就拿西方文艺复兴时期来说，人本主义当时已经发展到了一个新阶段，这反映出社会文明进步是以人的发展来衡量的，人本思想发展至今已成为当今社会的主流价值观。儒家人本思想作为儒家文化的精华，能为高校思政课建设过程中忽略大学生主体地位的问题提供解决的思路与智慧。大学生是独立的，是有思想的个体，高校应借鉴儒家以人为本的育人理念并将其融入大学生思政课堂中，充分发挥大学生的主体作用，实现大学生从被动接受向主动参与的转变，并能将所学外化为行动，在实践中获得感悟，从而有效地实现儒家优秀传统文化的教育价值。

要坚持以人为本，就必须明确教育工作者与学生都是高校思想政治教育的主体。思想政治教育的教育者是人，教育对象是人，其出发点与落脚点，归根到底也是人，离开人的思想政治教育，实际上是不存在的。高校思想政治教育工作必须要正确认识学生与教育工作者的主体地位，在教学过程中，不仅要充分发挥教师的主导作用，更要调动学生自身学习知识的积极性。中华优秀传统文化一贯就注重人的主体价值的发挥，尤其是儒家思想，更是重视个人的道德修养的培养。而马克思主义则是强调人的全面发展，二者在这两方面有着异曲同工之处，将二者作为高校思想政治教育的重要内容，也就要求了教育者必须要将学生放在主体位置。当然，这里强调充分发挥学生的自主性，并不等于放任自流，学生的学习还是要在思想政治教育者的引导下进行，将教育与自我教育充分结合起来。随着高校教育的不断发展，教育已经不是简单地从外部强加到学生身上的东西，教育必须是从学习者的本身出发，这样才能充分激发学习者的学习兴趣，提升学习效率。现代教育学所提倡的"以人为本""以学生为本"要求高校思想政治教育要将大学生真正视为学习的主体，改变传统教学模式，充分发挥学生的主动性。在课堂教学的过程中，教师要全面了解学生的真实学情，要做到"教是为了不教"。教师如果只关注将知识教给学生，不考虑学生本身的需求，这只能实现表面上的教学。所以，在教学过程当中，要将学生置于中心地位，就要充分理解尊重学生，做到以学引领教、以教来适应学，充分发挥学生的内在学习兴趣及内在的学习需求，提升思想政治教育课程教学实效性。

五、注重理论与实践的统一

文化要对人的身心发展产生作用，需要经历一个漫长的、潜移默化的过程。传统文化历经几千年的传承和发展，内容广泛、内涵丰富，大学生要在短时间内完全了解传统文化几乎是不现实、不科学的。因而，在高校大学生思想政治教育工作中融入传统文化，必须要循序渐进和统筹兼顾，不能操之过急。首先，高校思政课作为大学生思想政治教育的主渠道，必须一改往常枯燥乏味的理论灌输，但也不能借传统文化盲目说教，教师要在授课过程使学生充分了解传统文化的内涵，让学生对优秀传统文化产生浓厚的兴趣，以此形成主动学习、吸收优秀传统文化的意识，并将其精髓内化于心，为己所用。其次，要重视隐性教育，如果说思政课是对大学生直接、显性的教育方式，那么建设校园文化环境就是一种间接、隐性的教育。学校应重视校园文化建设，营造具有传统文化的校园氛围，要利用好多媒体、海报、电子设备等文化载体加强对优秀传统文化的宣传力度，真正发挥校园文化成风化人、润物无声的重要作用，也可以在办公室、教室、图书馆等场所布置传统文化内容，打造文化墙、文化走廊等特色场景，创建多角度、立体化的传统文化氛围，让学生可以在潜移默化中得到传统文化的涵养。正如杜甫在《春夜喜雨》中所言："随风潜入夜，润物细无声。"这句古诗生动阐明了隐性教育的作用不容忽视。

中华优秀传统文化向来就强调知行合一，高校要实现二者的有效融合，就必须坚持理论与实践相统一。高校不但要在课堂中播撒中华优秀传统文化的种子，还要将中华优秀传统文化充分融入课堂实践与社会实践当中，让学生在实践的过程中，消化中华优秀传统文化这一历久弥新的精神食粮。高校大学生思想政治教育工作要贯彻实践观点，首先，是因为中华传统文化中就蕴含着实践精神。中华优秀传统文化就是中华儿女在历史的长河中、在实践的过程中一步一步创造出来的，具有较强的实践性。传统文化中居于核心地位的儒家思想一贯强调实践精神，一直以来，孔子就十分重视躬行践履。孔子认为"行"是德的表现，并将其作为评价一个人品德好坏的标准，强调"行"重于"言"，言行需一致。更有"纸上得来终觉浅，绝知此事要躬行"（《冬夜读书示子聿》）的至理名言流传至今。在思想政治教育工作中融入中华优秀传统文化，必须要秉持实践精神，将"知行合一"的思想理念贯彻到教育的全过程。其次，高校思想政治教育具有实践性的特点，它一直以马克思主义、毛泽东思想和中国特色社会主义理论体系作为自己的指导思想与教育内容。一直以来，马克思主义理论的精髓就是实事求是，马克思主义理论中也蕴含着丰富的关于实践的观点。中国共产党立足于中国国情，在实践中创造出了马克思主义中国化的理论，这些重要理论观点对高校思想政治教育有着直接的指导作用，也要求高校思想政治教育要贯彻实践的观点，在教学过程中要坚持好理论联系实际。高校思想政治教育工作者要贯彻好理论与实践相统一的原则，就要做好两方面的工作。其一，就是要充分利用课堂教学，做好对中华优秀传统文化知识与思想政治教育理论知识的传授，发挥好中华优秀传统文化的育人功能，引导学生掌握丰富的理论知识，提升学生的人文素养；其二，要充分利用课堂实践、校园社团实践及社会实践，将教与行统一起来，引导学生做到理论与实践的统一，通过学生的主动参与，调动学生的学习积极性，力争在实践当中实现中华优秀传统文化的传承，实现思想政治教育的目的。

第四章 思想政治教育与传统文化融合的现状

本章主要介绍思想政治教育与传统文化融合的现状，主要从四个方面展开论述，前三节依次介绍了思想政治教育与传统文化融合的特点、成效和不足，最后一节介绍了思想政治教育与传统文化融合的机遇与挑战。

第一节 思想政治教育与传统文化融合的特点

一、时代性

（一）中华优秀传统文化培育大学生社会主义核心价值观

社会主义核心价值观仅以寥寥数语就从不同层面对我国的价值取向与道德目标做出了高度概括与深度凝练。字数虽不多，但却蕴含着深刻意蕴，是对具有普遍意义的社会价值的归纳概括，也是对人类文明成就的高度浓缩。社会主义核心价值观的涵养与培育，并非单单是某个人、某个机构或某个团体的任务，而是每个人的共同责任。新时代背景下，经过几千年的洗礼和发展，中华优秀传统文化更加具有稳定性和传承性，它的传承性体现在每个中国人身上。推动中华优秀传统文化与思想政治教育协同发展、相互促进，对涵养大学生的社会主义核心价值观意义非凡。

作为中华民族时代文化的产物，社会主义核心价值观属于文化意识范畴，其发生和发展无疑是植根于中华优秀传统文化之中的。习近平总书记对我国传统文化的发展倍加重视，多番强调扎根于优秀传统文化是涵养、培育社会主义核心价值观的首选路径，强调"引导广大师生做社会主义核心价值观的坚定信仰者、积极传播者、模范践行者"。[①]实现思想政治教育与中华优秀传统文化的协同发展，

[①] 习近平：把思想政治工作贯穿教育教学全过程 开创我国高等教育事业发展新局面 [N]. 人民日报，2016-12-09（01）.

是新时期培育社会主义核心价值观的重要途径。积极汲取中华优秀传统文化的丰富养料，深入挖掘中华优秀传统文化的强大思想政治教育功能，是开展社会主义核心价值观教育的应有之举，也是青年学生增强文化素养，进行自我完善的内在要求。

（二）中华优秀传统文化有助于大学生提升公民道德素质

在中西方思想文化交流碰撞的背景下，弘扬中华优秀传统文化有助于强化大学生对我国优秀传统文化的认知，使其坚定社会主义核心价值观，不在思想潮流中迷失自我，提升公民道德素质。

中华优秀传统文化是涵养社会主义核心价值观的重要源泉，中华优秀传统文化中蕴含丰富的道德理念，其中关于人格培养、诚信、孝悌、礼仪、爱国等的理论，为大学生个体公民道德素质的建设指引了方向，而关于和谐社会的创建、平等自由、公正法治等的相关理论又为大学生公民道德素质的建设提供了培育社会大环境的理论依据。可见，中华优秀传统文化是我国文化建设的精神源泉，为培育大学生公民道德奠定了坚实的文化根基。对中华优秀传统文化的深入挖掘，可以有效拓展大学生公民道德素质教育的资源，为大学生公民道德素质的建设提供更加广泛而完善的教育内容，并能够结合时代特点进行调整，使其更加贴合现实需要，有助于促进大学生公民道德素质的提升。

（三）中华优秀传统文化有助于激励青年学生实现中国梦

只有一个有梦想的民族，才可能有光辉的未来。中华民族的梦是由每个中国人的梦汇聚而成的伟大复兴梦，没有中国共产党全心全意为百姓立命的初心、没有全国人民为之奋斗的决心、没有优秀传统文化的传承和弘扬，中国梦就不可能实现。文化是历史发展的生命线，是国家进步、民族团结的生命线。作为中华民族的根基和命脉，优秀传统文化无疑是实现中国梦的精神支柱。

历史告诉我们，要在文化古国——中国建设新的民族文化，是离不开历史、离不开传统的。若完全抛开历史、丢弃传统，我们将会失去民族根基、道德支柱甚至失去精神命脉，这于国家发展、民族复兴而言无疑是有重大影响。自古以来，中华民族就有着古老的文化传统，中华民族独有的人文素养、文化品质都得益于这个传统。但随着时代变迁、社会发展，这些原本作为民族血脉、根基的东西，却逐渐被人们否定、批判、遗忘。

新时期以来，传统文化再次开始出现在人们的视野中，在社会范围内广泛传播。具有漫长历史和辉煌文化的中国，如今已重新发现了中华优秀传统文化的强大功能，当下，我们致力于建设社会主义现代化强国，实现民族的伟大复兴，离不开历史基础、离不开中华优秀传统文化。所谓复兴就是在不忘本来的基础之上，开辟新的未来。立足新时代，实现民族复兴，必须要以中华优秀传统文化涵养中国梦，让崇正义、尚合和、讲仁爱、求大同、明礼义等优良传统成为实现民族复兴的根基和支柱。作为历史的显著基因，优秀的民族文化总是在民族的血液中涌现，随时代激流而奔涌、喷泻。

二、传承性

"立德树人"不仅是中国古代源远流长的教育理念，也是新时代开展教育的内在要求。数千年来，传统文化历经时代更迭、王朝交替，但"立德"这一核心却始终如一。思想政治教育作为开展一切工作的生命线，也是培养大学生正确政治观、道德观及思想观的主课堂，中华优秀传统文化经过几千年的发展凝练，其中的爱国主义、自强不息、厚德载物、忠厚务实等精神无疑是开展思想政治教育的精神养料。

（一）民族精神为大学生爱国主义教育提供养料

作为民族的根基与命脉，民族精神是爱国主义教育的基础，是中华民族绵延至今、自立于民族之林的精神支撑。作为爱国主义教育的理论基础，传统文化中崇高的民族精神无疑为大学生爱国主义教育的开展奠定了基础。

历史发展证明，一个国家、一个民族要想在世界舞台占据重要地位、发挥重要作用，不仅需要雄厚的物质力量，同样离不开强大的精神支撑。培育和发扬民族精神，二者是同一事物的两个方面，是相互促进、协同发展的，不仅要在培育的基础上进行弘扬，也要在弘扬的过程中继续培育。这是一个双向发展、共同进步的过程，我们培育和弘扬的民族精神也在不断发展、与时俱进，尤其是在新时代环境下，历史发展的关键时期，中国特色社会主义的决胜阶段，更是如此。培育和促进民族精神，对进行大学生爱国主义教育有着非凡意义，让青年学生树立爱国意识、产生爱国情感、培养爱国意志，最终转化为爱国行动，这并非朝夕之事，我们要使民族精神教育与爱国主义教育相辅相成、协同发展。

价值观是人们评判是非曲直的重要标准，青年时期是确立价值观的重要时期，因此抓好大学生的价值观教育非常重要。任何一种价值理念都有其固有的文化本源，社会主义核心价值观就是这样一种价值理念，它固有的本源就是中华优秀传统文化。如儒家提倡的人格修养思想认为，首先要提升个人的修养品德，这是最基础的，这样才能执掌好自己的家庭，进而才能管理好自己的国家，并且对每个方面都提出具体的要求。社会主义核心价值观也将其思想分为国家、社会和公民个体三个方面，这与前面的儒家思想相契合。中华优秀传统文化包罗万象，里面蕴藏着众多的人生哲理、品德修养、民族精神等内容，承载在众多文学作品当中，是我们培养大学生社会主义核心价值观的重要材料来源。加强爱国主义情感教育，要培育有"情"有"理"的爱国情感，这也是社会主义核心价值观对公民的要求之一。将中华优秀传统文化融入爱国主义情感教育，通过多样的传统文化传播形式，使社会主义核心价值观入心入脑。例如在传统民族节日通过举办新颖的、大众的、参与性高的民俗文化活动（端午节的历史话剧、春节的贴春联、逛庙会等），让社会主义核心价值观走进群众的日常生活中，同时这种繁荣、安定的文化氛围和民族节日中饱含的亲情和家国情怀，可以引发人们的爱国情感。

历经数千年的洗礼，中华民族形成了以爱国主义为基础的民族精神，这是中华儿女的强烈归属感所在，更是中华文明的强大生命力所在。民族精神使中华优秀传统文化成为民族团结的情感纽带和爱国主义教育的精神纽带，有效实现了浓厚的爱国情感、坚毅的报国志向及崇高的报国举动这三者间的有机统一。伟大的民族精神激励着千千万万中华儿女为维护民族利益而不懈奋斗，为实现民族复兴而埋头苦干。不言而喻，进行社会主义精神文明建设，进行大学生爱国主义教育必须从民族精神中汲取丰富养料。

（二）伦理道德为大学生进行社会主义建设提供动力

传统伦理道德意蕴深厚、影响深远，经过数千年的洗礼与积淀，具有强大生命力和影响力，是进行现代化建设的内在动力。中华民族日渐走向富强的今天，现代化建设需从中华优秀传统文化的深厚土壤中吸收养分，使得社会建设和文化建设同向同行、紧密结合，更好地进行社会主义现代化建设。因而，传统伦理道德的引入是激发大学生投身社会主义现代化建设的内在动力。

道德的缘起与文明的进程是相辅相成的，有数千年文明史的中国，同样有着数千年的道德传统。在人们的心中，道德伦理始终处于优先和特殊的地位，古代贤哲不仅以道德实践作为人生实践的重要内容，而且将其视为政治上的最高追求和最终目标。作为人们"修身"的标准和指南，传统伦理道德是日常交往中正确处理人际关系的行为准则，是提升人们道德修养、强化人们道德意识的精神法宝，也是实现现代化与社会和谐的重要手段。孔子指出："道之以政，齐之以刑，民免而无耻。道之以德，齐之以礼，有耻且格。"（《论语·为政篇》）可见单用律法规章来管理人民，是难以让民众产生羞耻感，并诚心归顺的，但用道德伦理、礼仪教化却可以做到。进入新时代的中国，物质文明建设已取得了非凡成就，正在实现现代化和民族复兴的伟大征途中前进。优良伦理道德是中华优秀传统文化的一个重要组成部分，是自我人生规范和社会生活秩序的自觉理性规定，传统伦理道德所蕴含的强烈自我使命感和社会责任感，将激励大学生积极参加社会主义现代化建设，引导他们为实现民族复兴而拼搏、奋斗。

在社会主义现代化建设征程中，中华深入挖掘、充分利用中华优秀传统文化中所包含的伦理和道德资源，将爱国明理、尊老爱幼、勤俭务实、谦虚谨慎、廉洁奉公、严于律己、尊师敬业、诚实守信、团结友善等优秀伦理道德融入大学生的生活、学习和工作中，让优秀伦理道德成为他们铭记于心的道德规范、成为他们生活实践的行为指南、成为激励大学生投身现代化建设的内在动力。

三、创新性

经过几千年的发展，传统文化有了深厚的内涵和强大的思想政治教育功能。学习和研究中华优秀传统文化，吸收它的精华，努力实现其强大的思想政治教育功能，不只是传统文化不可推卸的责任和使命，也是开展思想政治教育活动的丰富素材与创新源泉。

（一）中华优秀传统文化为思想政治教育创新发展提供素材

中华优秀传统文化能够传承至今而生生不息，离不开其博采众长的会通精神、厚德载物的人文精神、为国争光的爱国精神、自强不息的奋斗精神、天下为己任的责任精神等，这些高尚精神始终深深影响着国人的情感、思想和行为，是我们赖以生存的精神支撑，更是思想政治教育不可或缺的精神命脉。

全球化、信息化的今天，多种文化思潮相互激荡、不断迭起，国人价值混乱、精神迷茫、情感无处寄托。思想政治教育的环境更复杂、难度更大、任务更艰巨，此种现状之下，如何固本清源，重建国人伦理道德、价值观念、思想情感，重塑国人的文化自信和民族自信？更多的人开始反求诸己，追根溯源，选择重新用中华优秀传统文化洗涤自我，浸润于传统文化之中，找寻我们自身独特的、符合时代特征的精神支柱。

文化能够形成民族之间共同的文化心理，聚集民族之间的团结力量，还能造就伟大的民族精神。一个国家、一个民族，只有对自身文化理想、文化价值充满信心，对自身文化生命力、创造力充满信心，才能有坚持坚守的定力、奋起奋发的勇气、创新创造的活力。中华优秀传统文化是中华民族在世世代代的生活环境中创造出来的，基于共同的血缘关系和文化心态，中国人民对中华优秀传统文化都有着天然的熟悉感。特别是文化中独特的思想、智慧、气韵和神采，是我们坚定文化自信的底气。爱国情感也是对民族文化归属感、认同感和荣誉感的统一，对民族文化的认同是培育爱国情感的重要条件，反过来爱国情感也会进一步坚定大学生的文化自信。受西方一些思想和价值观的影响，部分学生喜欢西方的文化，如相比传统节日，学生更喜欢西方的节日，特别是注重西方节日的仪式感。要加强爱国主义情感教育，因为爱国情怀越深，越有助于提高文化自觉性，自觉维护我们的优秀传统文物，自觉学习我们的优秀传统文化作品，在面对多种文化交流的时候自信地展示我们的民族文化。要在爱国主义情感教育中进行中华优秀传统文化的学习，感受中华优秀传统文化中的爱国情怀，大学生会因为有这样优秀的历史和文化而感到自豪，从而进一步坚定文化自信。

中华优秀传统文化作为思想政治教育的理论基础，无疑给思想政治教育的创新发展提供了众多丰富素材。"吾日三省吾身"（《论语·学而篇》）的内省方法启示我们要时刻进行自我反省，不断推动自我发展。"有教无类"的教育方法警示我们要对所有学生一视同仁，绝不做差异化对待，世界上不存在完全相同的两片叶子，更不会有完全一样的两个人，因此，针对不同的学生要制定不同的教育方针，努力做到"因材施教"。传统文化中的"知行合一"更是指导我们如何准确判断一个人的品行，知道或说出来是一回事，但能不能做到却是另一回事，要成为一个品德高尚的人，"知"是基础、是前提，但"行"才是更重要的。因而，为人处世中，我们不仅要"听其言"，更要"观其行"。

作为文化形成发展的生命机制，教育是伴随着文化传统出现的，可以说，没有文化传统就不会有教育。故而，教育必须以传统为源泉，最大限度地发挥文化对教育的促进作用，思想政治教育亦是如此。具有久远历史的中华优秀传统文化，蕴含无数值得我们借鉴和吸收的精华，是思想政治教育巨大的精神财富，也是其强大的素材来源。

（二）中华优秀传统文化为思想政治教育创新发展指明方向

之所以思想政治教育能够日益走向成熟和独立，和其与时俱进的创新性密切相关，中华优秀传统文化无疑是思想政治教育最为显著的创新源泉。中华优秀传统文化所蕴藏的道德教化观念，历经数千年的历史沉淀已发展成为一种独特而又强大的思想政治教育力，这种强大教育力的存在，不仅使中华儿女养成了高尚的道德品质，而且塑造了中华民族独特的性格特征，同时对我国思想政治教育的深入发展有着极强的现实意义。

针对思想政治教育产生的新问题、新情况，我们可以从中华优秀传统文化中寻求解决方法，并对优秀传统文化进行相应的改造，使其更好地适应于思想政治教育问题的应对与解决。如中华优秀传统文化所提倡的厚德载物、知行合一、修身克己、经世致用、自强不息等品质。充分挖掘中华优秀传统文化强大的思想政治教育功能，对其进行创新性转化与创造性发展，是实现思想政治教育创新发展的有效路径。确立社会主义核心价值观和坚定文化自信，这也是成为时代新人的重要特征。同时，还要具备深厚的爱国主义情感。换言之，时代新人要肩负起他们的历史使命，首先就需要提高他们承担这种使命的自觉性，这种自觉性来自于他们的责任感和使命感，也就是爱国主义情感，这也是爱国主义情感教育的时代要求。中华优秀传统文化中蕴含的智慧和理念可以提高大学生的品德修养和思辨精神。当今时代，各种思想和文化层出不穷，并借助网络形成复杂的"大舆论场"，影响人们的思想观念和价值取向。特别是大学生，处于"大舆论场"的中心，意志不坚定的大学生就容易受到蛊惑，导致轻视本民族文化、崇尚外来文化。因此只有坚定大学生的文化自信，才能经受住外来文化的诱惑。这就要求我们必须对中华优秀传统文化展开学习，学习民族英雄的爱国情感，学习英雄人物身上的优良品格，学习中华优秀传统文化中的道德修养思想，最终提高自身的思想品德。一个人的精神风貌、精神气质也会影响他们的未来，时代新人应该具备乐观自信、迎难而上、自强不息的精神品质，而这些品质都可以在中华优秀传统文化中的民族精神中汲取，如在挫折面前勇往直前的奋斗精神、在民族大义面前视死如归的奉献精神、和朋友之间团结协作的互助精神等，为构建时代新人的精神风貌提供了不竭的源泉。

进入新时代，思想政治教育亟须创新与发展。在创新发展进程中，思想政治教育要深入挖掘、充分利用传统文化中的优质教育资源，有区别地对待传统伦理道德与价值规范，坚持革故鼎新、古为今用，用中华优秀传统文化丰富的精神财富来化人、育人。扎根传统文化的深厚土壤，以优秀文化为载体，实现思想政治教育的创新发展，将思想政治教育创新发展和传承优秀传统文化相结合，为开展思想政治教育活动挖掘新资源、开拓新视野，充分发挥思想政治教育化人、育人的强大功能。

第二节 思想政治教育与传统文化融合的成效

一、中华优秀传统文化逐步融入大学的课堂教学

目前，我国高校大学生的思想政治教育的主要形式是课堂教学，在新时代的大学生的思想道德素质培养过程中具有相当重要的地位。随着国家相关政策要求和时代发展的需要，中华优秀传统文化正在逐渐融入高校课堂教学中去。主要表现在：首先，在课堂上更多地传授有关于中华优秀传统文化方面的知识，中华优秀传统文化历经五千多年的光辉岁月，其中有很多有益的思想，我们应该从小就开始学习，而且还有很多的小故事、小寓言及英雄人物事迹，这些鲜明的特点，使得中华优秀传统文化自身具有容易被大众所认可、被大众所接受的特点，而且学习起来还特别的简单，趣味性十足，同样也可以让大学生更好的接受学习，也可以让大学生更好地体验中华优秀传统文化；其次，在课堂上教育模式的改变是非常重要的一个方面，老师在课堂授业解惑之时，要更多地结合中华优秀传统文化的小故事、小寓言，生动活泼地给学生讲解中华优秀传统文化方面的知识，真真正正地把中华优秀传统文化融入课堂；最后，教育者本身的重视会使得自身平时在课堂上会讲解更多有关中华优秀传统文化的知识。目前随着中国综合国力的提升，人民生活水平的提高，越来越多的人开始追求精神上的富足，越来越多的家长开始对孩子进行更早的教育了，从小就开始教孩子学习中国古典文化知识，比如从小学就要学习的《弟子规》，以及大学课堂上的《大学》《孟子》《论语》，无不体现着中华优秀传统文化的内涵，只要一直坚持学习中华优秀传统文化，把中华优秀传统文化融入课堂，这样也能起到寓教于乐的效果，就能让学生对中华优秀传统文化产生浓厚的兴趣。

二、高校教师教学理念和方式逐渐转变

在我国，教师作为教学活动的主体，在大学生思想政治教育中发挥着至关重要的作用，所以教师教育理念的变化和对中华优秀传统文化的重视程度必须要逐渐增强。教育教学观念的变化主要体现在以下几个方面：首先，老师改掉了照本宣科的做法，目前中国的很多学校的老师在上课的时候都是照着课本去读，这样的教学方式，使学生没有丝毫的兴趣，也不喜欢课上发言，甚至不能专心听讲，导致学习成绩下滑，甚至逃课，从而导致学生迷恋上其他不良的兴趣爱好。因此，

现在的高校需要解决的是创新课堂教学，让学生上课更加愿意听讲，增加课堂内容的生动趣味性；其次，教学方式的转变要把内在效果与外在效果并重，再有就是教育者本身在转变教育模式的同时认识到中华优秀传统文化的重要性。

三、大学生对中华优秀传统文化的了解逐步深入

在相关文件和政策措施的推动下，为更扎实地推进中华优秀传统文化贯穿国民教育始终，各地政府及高校纷纷响应党和国家的号召，开展不同形式的宣传活动。高校利用传统媒介宣传中华优秀传统文化。部分高校通过充分运用校级报刊、校园广播等多种传统宣传媒介，通过设立专刊与专栏等形式，定期推送与中华优秀传统文化相关方面的内容，吸引广大师生关注与学习。根据选取的相关内容展开线下探讨，在学术交流中传播中华优秀传统文化，通过这种方式宣传，让大学生在无形中感受其无上的文化魅力，既发挥其教育导向作用，也满足了大学生多元化文化的需求。高校根据自身学校特色及资源优势拓展宣传方式。一些高校在弘扬与传承中华优秀传统文化的过程中，结合自身的地域优势，积极挖掘当地的优秀文化传统，打造本校的特色和品牌，并与当地的经济社会发展的需要相结合，将所获取的资源优势转变成教育教学的优质资源，使广大学生更加清晰地认识到当地的民风民俗及文化传统，提高了当代大学生学习中华优秀传统文化的兴趣。还有一些高校设立了孔子文化研究学院、儒学思想研究院等与之相关的传统文化研究机构，将具有鲜明特色的中华优秀传统文化融入高校教育教学体系中，形成了别具一格的校园文化。运用拓展的宣传活动，强化大学生对中华优秀传统文化的学习兴趣，增强其传承与弘扬其责任与使命。

在大环境的影响下，新时代的大学生正在慢慢且积极地接受而且有意识地学习中华优秀传统文化。这对于他们接受更深层次的思想政治教育非常重要。最近几年我国不少娱乐性节目的制片人也开始注意到了我国人民的素质有大幅度提高，所以他们在一些娱乐节目中也融合了中华优秀传统文化，节目也风靡一时。比如：如诗词大会、汉字大会、见字如面等。一方面，在观看节目时，这也是一种学习中华优秀传统文化的好机会；另一方面，人们将逐步加深自己对这种优秀的中国传统文化的学习意识。查阅资料得知，随着一大批宣传中华优秀传统文化节目的出现，百度上搜索"中华优秀传统文化""古诗"等词语的次数大幅增加。这样的结果虽然不能尽归为我国在校大学生，但是大学生群体占很大比例确是不争的事实。这也从侧面印证了我国高校的大学生对于中华优秀传统文化的了解

关注在逐步加深。

四、高校中华优秀传统文化教育活动日益丰富

目前，中华优秀传统文化教育活动在高校中正逐步开展起来。高校积极宣传中华优秀传统文化知识，将中华民族发展史上的历史英雄人物等作为教育素材，培养学生爱国主义情怀和自强不息的进取精神。中华优秀传统文化教育已成为高校育人内容的重要组成，各种文化教育实践活动层出不穷，大学生群体的传统文化主体意识有了显著的提高，传统文化素质也随之提升。中华优秀传统文化正在逐渐融入思想政治教育各个方面，在学生教材构建中、课程的设置等方面，都增加了与之相关的道德建设方面的内容。在设置课程上，高校开设了相关通识教育课程，使学生通过各种形式了解优秀传统文化，接受其无穷魅力的熏陶。同时，部分高校也开设传统文化培训班，提升教师传统文化素养。在高校中的大部分学生也能够主动、自觉地通过观看视频、诵读经典，积极汲取与自身发展相适应的文化知识，并使之内化于心，付诸在自己的日常行为中。许多高校开展中华优秀传统文化校园活动，提升学生文化涵养。一些高校结合传统节日，开展春节民俗文化介绍、清明网上祭扫等线上主题活动，在广大师生中传承和弘扬中华优秀传统文化，学生均以积极的热情投入其中，实现了"传统"与"现代"的有效衔接。还有一些高校通过组织学生参加传统文化夏令营、文化中国行等社会实践活动，引导学生正确认识、了解传统文化。

第三节　思想政治教育与传统文化融合的不足

一、教学方面

（一）课堂教学中中华优秀传统文化融入力度有待增强

当前，很多高校积极响应党中央关于大力弘扬中华优秀传统文化、加强中华优秀传统文化教育的号召，不断尝试在课堂教学中引入中华优秀传统文化因素，通过校园文化活动等方式展现中华优秀传统文化的魅力，在校园环境中体现了中华优秀传统文化的生机活力，努力培养德"艺"兼备的新时代大学生。虽已取得一定的成效，但是具体活动的推动力度还有待加强。许多高校都有开设与中华优

秀传统文化有关的选修课程，但课程学时及考核力度都十分有限，学生所受到的优秀传统文化熏陶相对来说比较有限，选修课程的强制性和覆盖性也不够高，难以真正有力推动大学生自主学习中华优秀传统文化的内涵。事实上，课堂教学不仅应当是大学生思想政治教育的主阵地，还应当是传承中华优秀传统文化的主渠道。现在仍然存在将思想政治教育及传承与弘扬中华优秀传统文化单纯的当作思想政治理论课的教学任务的情况，亟须在思政及专业课堂教学中加大中华优秀传统文化的融入力度。

目前，为弘扬中华优秀传统文化，培育具备"文人"品质的大学生，我国大部分高校专门开设了优秀传统文化课程，并应教育部要求开设了思想政治理论课的五门主干课程。这五门课是所有大学生都必须学习的课程，强制率和覆盖率达到了百分之百，这就为增强中华优秀传统文化在教学课堂中的融入力度提供了良好的平台。但思想政治理论课教材中涉及的优秀传统文化的内容不多，中华优秀传统文化的相关知识内容在其中所占比例仍然偏少，停留在简单罗列内容的层面上，且多是理论观念性内容，缺少将其与文学、戏曲、书法、礼仪等内容相结合的道德性和文化性。与此同时，教材中还有许多知识点是大学生在之前就已经学习过的，这些内容缺乏新意又与大学生心理发展的阶段特点不符，这就导致"融入"工作难以达到预期的效果。在其他的一些专业课程中，比如理工科的专业课程就会更注重培育大学生的专业知识与技能，这就在一定程度上消解了中华优秀传统文化在其他课程中的教育功能。学习优秀传统文化是一个低收益值、长半衰期事件，需要长期坚持、不断循循善诱及榜样的言传身教。要利用中华优秀传统文化来使思想政治教育达到"此时无声胜有声"的效果。

（二）高校的优秀传统文化教育体系不完善

第一，我国部分高校的人文教育基础相对薄弱。我国的应试教育主要以高考为主，所有的教育都是围绕高考展开的。大学则是与市场相对接，市场上需要什么专业的人才，什么样的专业就出现在大学的课程里，学校的教学任务因此发生了改变。大学生的素质教育，道德责任、专业素养等一些内在的人文修养常常被大学生忽视。此外，中华优秀传统文化的学科体系尚未健全，在课堂上给学生讲解关于中华优秀传统文化的知识只能在语文课上、历史课上、政治课上有小部分的提及，并不能形成专业的教学体系，单独研究成果不充分、教育体系不完善，因此对学生的影响并不大。第二，高校从事中华优秀传统文化教学的教师匮乏。随着经济的发展，国人生活水平的不断提高，对精神的追求也越来越丰富，中华优秀传统文化越来越受到国人的关注，社会上也出现了一大批文化名师。高校也设置了一些教授传统文化的教师，但整体数量和传统文化素养有待提高。如果教师自身对中华优秀传统文化的认识就不高、理解也不够透彻，所以他所教授的课堂知识的效果就可想而知了，老师教不好，学生自然就学不好，容易形成恶性循环。在学校文科教师当中，优秀教师的课时排得很满，愿意放弃自己擅长的课程的人是很少的，他们也不想再重新学习一门新的课程，从而导致学生的学习兴趣不高，限制了学生的创造力和积极性。第三，我国高校的优秀传统文化的课程设置不合理。目前，大学生学习中华优秀传统文化只能从大学语文或者思想政治课才能了解到一点有关于中华优秀传统文化的知识，因此大学生能够在课堂上学习到的知识是十分有限的。有一些高校确实设立了一些关于中华优秀传统文化的选修课程，但是由于选修课程不是必修课程，所以覆盖的人数有限，不能起到良好的效果。其次，我国各个地方由于各种原因，不同的高校选用的教材也不一样，教材的选用也是十分重要的，这个直接关系到教育效果的好坏。

（三）中华优秀传统文化与思想政治教育内容不能有效衔接

我国的传统文化教育更偏向于理论教育，适当的实践活动不仅能够聚合传统文化的育人功能，更能激发传统文化创造活力。大学生的实践活动大致分为研究类学习、社会实践和社区服务三类，实践活动的最终目的大多为完成学科作业，也间接导致中华优秀传统文化在融入实践活动过程中得不到重视，一些各具地缘优势的传统文化资源逐渐被泛娱乐化的团建活动所取代。从社会层面上看，十四亿人口的传统文化素养参差不齐，难以形成良好的优秀传统文化舆论环境，缺乏教育主体的主人翁精神。现如今，家庭层面逐渐淡化了对于艰苦奋斗、勤俭节约的美德教育，部分家长的过度溺爱及对物质欲望的无限满足让当代大学生对中华优秀传统文化失去了敬畏之感。高校层面普遍存在开展实践活动形式化严重，过分执着于活动照片、视频等素材高标准的现象，使中华优秀传统文化的育人效果大打折扣、本末倒置。

二、教师方面

（一）专业教师队伍的优秀传统文化素养有待提高

承担着教育责任的高校思想政治教育课教师是大学生成长成才路上的重要引导者，其专业技能水平和思想道德素养应当具有较高的水准。无论是帮助大学生获取专业知识，还是着力提升大学生的人文素养，教师都要发挥关键的指引作用，其综合素质将直接影响课堂的教学成果。将中华优秀传统文化融入大学生思想政治教育是对教师个人综合素质的极大考验，对教师的跨学科交叉融合的综合能力提出了更高的要求。然而，当前的教师队伍中，部分教师并不具备融合中华优秀传统文化与思想政治教育两个学科领域知识的高水平学术研究能力，无法真正满足传统文化融入思想政治教育的相关要求，这就需要不断加强教师的优秀传统文化素养，形成更加专业的教师队伍。

一个博学多才且充满正能量的教师，更能赢得学生的喜爱与钦佩。渊博的学识有助于教师在课堂教学中灵活运用传统文化素材，挖掘课堂理论知识中蕴含的思想性内容，做到教书与育人的有机统一，在无形之中发挥优秀传统文化的影响，增强教师的个人魅力与课堂的吸引力。当前，高校思政课教师作为大学生思想政治教育的重要主体，大多是马克思主义理论研究相关专业出身，他们的思想政治教育专业素养很高，但一般来说缺乏对中华优秀传统文化专业化、系统化的学习，未能全面把握中华优秀传统文化的深刻内涵，难以深入理解中华优秀传统文化的内在精髓。每位教师在授课中都各有特色，都会结合自身的爱好与特长来进行授课，如果教师自身对传统文化都一知半解，只有肤浅的认识，又怎么能够言传身教，吸引大学生自觉地用中华优秀传统文化涵养自身？此外，除了高校思政课教师，其他学科的专业教师及辅导员也要致力于促进中华优秀传统文化有效融入大学生思想政治教育，不断加强自身的优秀传统文化素养，使自己逐步成长为高素质的综合型专业教师。

（二）教师对中华优秀传统文化的创造性运用相对生疏

思政课教师视野要广，应善用历史的眼光讲好中国故事，应积极主动地从中华优秀传统文化中挖掘丰富的育人资源。我国思政课教师和专业课教师对中华优秀传统文化的创造性运用相对生疏。其一，重理论，轻实践。多数教师都会按照教材的章节顺序围绕关键知识点展开教学，对于相对抽象难懂的知识点大都配合经典习题解析巩固，违背了理论联系实际的初衷，甚至浪费了社会生活中生动的传统文化素材，没有落实理论性和实践性相统一的原则。其二，重灌输，轻启发。专业课教师在往复循环的教学过程中形成了一定的主观性，习惯于将自身的教学经验代替创造性并灌输给学生，帮助他们分辨学术领域的是非对错，进而割裂了教育主体和客体间的联系，而老套的传统文化内容使学生的发散思维得不到启发和回馈，使其在融入课堂过程中形成困境，忽略了灌输性与启发性相统一的原则。

其三，重分数，轻人文。习近平总书记在全国思想政治课教师座谈会中指出要坚持"八个统一"，其中价值性和知识性的统一与当下重分数、轻人文的现状相对。无论是学校、社会还是家庭，基本上都以分数作为衡量大学生优秀与否的唯一标准，而忽视了良好品格对于学生成长成才的重要性。因此，中华优秀传统文化中的人文价值更需要在思政课和专业课上予以发扬和创造。

三、学校方面

（一）校园文化环境的优秀传统文化氛围有待加强

校园文化环境与课堂教育教学是相辅相成的关系，二者的有机结合能有效促进中华优秀传统文化的融入。近年来，高校纷纷响应教育部相关部署要求，在校内组织学生开展关于中华优秀传统文化的校园文化活动，渐渐形成一种积极向上，充满人文气息的和谐校园文化环境。良好的校园文化环境不仅体现了学校思想政治教育的教育宣传水平，突出了作为高素质人才的大学生在校园生活中的行为举止对建设和谐校园环境的重要性，还体现了学校传承与弘扬中华优秀传统文化的程度，突出了增添校园环境的传统人文色彩的重要性。校园文化是每一所高校经历几十年甚至几百年的历史沉淀下来的具有各自特色的精神文化风貌，很多高校尤其是在历史文化名城中建立起来的高校都有传承与弘扬中华优秀传统文化的痕迹，例如校训、校徽等的设计中蕴含着中华优秀传统文化的精神特色，校园中的建筑设计与命名及校园中的景观设计都散发着优秀传统文化的气息。中华优秀传统文化融入校园文化环境这一方面取得了可喜的成就，但是校园文化环境的优秀传统文化氛围仍然不够浓厚。

可以看到，在大学校园中虽然经常开展各种各样的活动，但大多是集中在社交层面或专业技能层面，这样的活动受众面比较广。有的学校开展传统文化教育活动，比如讲座、比赛等带有一定正式性的活动，多数是一种针对理论性内容的讲解。这些活动既没有将中华优秀传统文化的内容与大学生的现实生活相联系，作出符合大学生心理特点的阐述，刺激大学生学习传统文化的积极主动性；也没有将中华优秀传统文化的内容用多元的形式讲出来，尤其是没有利用传统神话、寓言故事等内容进行互动性的方式来进行宣传，这就缺少了生动趣味性，难以激发大学生了解中华优秀传统文化的欲望。大学生社团也多有举办有关中华优秀传统文化的活动，能相对有效地吸引同为学生的群体，但存在着经费短缺或者活动经验缺乏等问题，未能深入地宣传中华优秀传统文化的精髓，存在流于形式的问题。校园文化环境中的中华优秀传统文化痕迹也缺乏高校自身特色的品牌效应，还需要进一步加强中华优秀传统文化与校园文化环境的融合。

（二）高校重视不够且相关校园实践活动组织不充分

第一，我国部分高校对中华优秀传统文化融入大学生思想政治教育的重视度和关注度不够。部分高校并没有给新时代大学生创造一个较好的外部学习氛围，是因为他们没有深入了解我国优秀传统文化的现代价值和时代意义，而且也缺乏专业的教师指导大学生学习中华优秀传统文化知识。在教育机制方面，我国高校学生的主动性得不到发挥，学生学习没有积极性是因为部分高校注重理论知识的学习，而轻视了中华优秀传统文化的学习。在高校的教育内容方面，只有一小部分的高校安排了有关于中华优秀传统文化的课程，而我们大多数高校设置的有关于中华优秀传统文化的学习还只是在大学语文的课堂上，这样学习接触到的中华优秀传统文化真的是少之又少，而计算机、大学英语等都是我国大学生的必修课程。中国传统节日在当今大学生的眼里似乎只是放假这么简单，很多大学生都不会去纪念与传统节日相关的英雄人物，但是他们会把一些明星作为自己的偶像，甚至不惜花费大量的时间金钱去追星。学校、社会、家庭都没有营造一个好的氛围，学校对中华优秀传统文化不够重视导致出现了断层，学习中华优秀传统文化需要良好的外部条件作为支撑来激发学生的学习热情。

第二，部分高校在大学生学习中华优秀传统文化方面没有营造良好的学习氛围，没有纳入课堂教学且实践活动组织得很不充分。高校应该为二者的融合营造出良好的氛围，同时还要积极宣传中华优秀传统文化与大学生思想政治融合的重要性。比如目前的高校在校园广播的时候大多播放一些网络流行歌曲或者寻物启事等，基本没有涉及中华优秀传统文化方面的东西，也没有将二者很好地结合在一起，尤其是中华优秀传统文化所倡导的"孝道文化"和"爱国主义"等方面的内容也没有提及。中华优秀传统文化的内容丰富多彩，它涉及文学、艺术、哲学、政治、军事等多方面的内容，有必要将其单独其设置为一门必修课程，帮助学生进行系统地学习，感受其中的魅力所在。

（三）中华优秀传统文化融入大学校园文化的感染力不大

校园文化是以社会主义先进文化为主导，以学校校训精神为内涵，以师生校园文化活动为内容，涵盖高校范围内所有教职工和学生在发展过程中共同奋斗而凝练而成的精神文明和物质文明的价值体系。中华优秀传统文化资源是大学校园文化建设中不可缺少的一部分，但通过前期的实证调研结果发现，各高校并没有营造出百花齐放的传统文化氛围，在融入校园文化建设过程中缺少感染力和亲和力，难以和大学生群体产生情感上的共鸣。习近平总书记在贵州考察调研期间看到精美的手工苗绣时说："传统的也是时尚的。"① 而高校在举办校园文化活动时没能精准把握住中华优秀传统文化时代价值与大学生心理需求的平衡点，甚至会为营造良好活动效果强制大学生参加，这不仅不利于对大学生意识形态工作的开展，更容易使大学生对中华优秀传统文化产生抵触心理。在校园文化物质载体方面如学校校史馆、纪念意义的雕塑、广场宣传栏等，普遍存在更新速度偏慢及内容枯燥乏味的现象，这种理论式的宣传方式逐渐沦为"面子工程"，中华优秀传统文化在大学生心中的地位日趋"边缘化"。

四、社会方面

（一）网络媒体对中华优秀传统文化展示宣传有待充实

在互联网时代，网络媒体的兴起与发展为中华优秀传统文化的宣传与普及提供了方便快捷的平台，宣传中华优秀传统文化的载体也越来越新颖、越来越多样化。其快捷性、交互性与匿名性等特点符合大学生的心理阶段特点，因此大学生在学习与生活中热衷于使用网络媒体。网络媒体将大学生带入一个相对传统媒体而言更新颖、更立体，表现形式更加多元的文化环境，但是网络自身不具备辨别文化的功能，在传播优质文化的同时也会出现对大学生产生不良影响的异质文化。这就需要社会各方面合力加强对网络的监管与净化，为宣传中华优秀传统文化提供良好的社会环境。

一方面，网络媒体对中华优秀传统文化内容宣传不足。随着传统文化热潮的出现，出现了如《中国诗词大会》《国家宝藏》《上新了·故宫》等高质量高纯粹度的文化节目，一经播出就引起社会的广泛关注，但这类文化节目的复制度不高。同时，颇受大学生群体欢迎的综艺真人秀节目跟随文化热潮，或多或少地在节目中增加了文化内容，比如《跑男·黄河篇》，在节目的推进过程中讲述了有关黄河的文化与故事，会对作为忠实受众的大学生群体产生一些正面影响，但是在节目热度消退之后，宣传效果就难以保证。此外，节目的类型与内容同质化的程度比较高，缺乏创新。大学生在其中能得到的文化营养价值微乎其微，反而会因过

---

① 习近平同苗族村民包黄粑迎新春：祝你们日子过得更加甜美 [EB/OL].（2021-02-04）[2021-10-21].http://jhsjk.people.cn/article/32022629.

度娱乐消磨大学生艰苦奋斗的意志，逐渐弱化大学生的理想信念。另一方面，高校对中华优秀传统文化的网络载体运用不足。高校建立官方网站、微信公众号，班级建立 QQ 群与微信群，方便了学校与老师、老师与老师、老师与学生、学生与学生之间传递信息和沟通交流。但是这些平台更多地用在发布通知、办理业务等日常工作安排上，并未完全发挥这些网络媒体的宣传教育作用对中华优秀传统文化进行宣传。同时，部分高校官方网站上缺乏对中华优秀传统文化的展示，从内容到形式上呈现模板化，尚未形成校园文化的品牌特色。高校要抓住网络媒体碎片化的特点，使中华优秀传统文化在网络媒体上碎片化的呈现也具有一定的吸睛度。

（二）社会对中华优秀传统文化的深入宣传效果不佳

第一，中华优秀传统文化在社会的宣传中受到了不良社会风气的影响。比如个人主义、拜金主义、享乐主义等。他们都是以自我为中心，把个人的享乐作为人生最大的追求目标，对新时代的大学生的影响比较大。当代一些大学生正在被不良的社会思想所浸染，导致他们理想信念迷失，对中华优秀传统文化越来越陌生、越来越生疏，甚至觉得这些传统文化已经过时，在当今社会不会被接受、不会被认可。随着我国经济的快速发展，一部分人的行为也受到影响从而发生了变化，变得盲目地追求物质贪图享乐，对中华优秀传统文化所倡导的爱国主义、礼义廉耻、仁爱和诚信文化等弃之不顾，忽视了中华优秀传统文化所倡导的价值观念。

第二，中华优秀传统文化的宣传方式和宣传内容比较单一。在当今社会，对于中华优秀传统文化的宣传方式是比较单一的，我国大部分地方还是 20 世纪八九十年代的宣传方式，比如在农村里的房屋墙面上、大桥上、公园的墙上等公众场所写宣传标语，但是这些方式还不能把中华优秀传统文化的精髓展示出来。在墙上涂鸦的宣传标语所展示出来的中华优秀传统文化的价值是有限的，甚至很多人都不会看，更加不可能领会到中华优秀传统文化深刻的精神内涵，使其最终流于形式，没有起到太大的作用。正因为如此，导致中华优秀传统文化对于大学生的影响非常有限。

第三，中华优秀传统文化宣传的实效性正在被不良的网络文化所浸染。目前，我国的电视媒体行业自身缺乏创造性，尤其是娱乐节目。比如我们的很多地方卫视，喜欢购买韩国的娱乐节目的版权，邀请一些人气旺盛明星参加节目。这类娱乐节目的主要关注群体是我国高校的大学生，他们经常观看这样营养价值不高的节目，加上节目内容雷同的太多，学习到的知识有限，既浪费了时间，也浪费了精力。现如今，在我们的生活中，手机已经成为我们随身必须携带的东西，手机里各种各样的软件让大学生乐此不疲，不但占用了较多的学习时间和学习精力，同时一些不健康的信息也在腐蚀部分大学生的思想，腐蚀他们的心灵，而且一些不健康的观念利用网络的传播，也在无形之中影响着他们对待中华优秀传统文化的态度。因此，社会需要从更多的角度和方面去对媒体进行全方位的监督，为中华优秀传统文化的发扬光大奠定坚实的基础。

（三）中华优秀传统文化融入"互联网+"的创新性不强

当代大学生生长于信息化时代，互联网不仅是中华优秀传统文化发展的主要载体，更在新冠疫情防控期间成为高校开展大学生思想政治教育的主阵地，它对大学生群体思想认知上的影响是持续深远的。而值得我们反思商榷的关键点在于，较互联网上盛行的流行文化而言，中华优秀传统文化并没有牢牢把握住互联网这个契机。一方面，互联网平台重宣传、轻反馈。从网络商城中形形色色的红色资源软件、各大平台的教育类博主到各高校申请的官方网站和公众号，看似发布了很多与传统文化相关的作品，但并没有形成相应的反馈机制来反映大学生对优秀传统文化认同度的转变。倘若一些拜金主义、享乐主义、极端个人主义等媚俗文化没有得到回馈和制止，将会影响大学生正确价值观念的形成，甚至对社会和谐发展造成威胁。另一方面，自媒体职业者利用中华优秀传统文化作为获取利益的捷径。越来越多的文艺工作者试图通过增添传统文化元素的方式来用"中国风"标榜自己的作品，博大众眼球的同时还能赚一波热度，于是产生了互联网热门推送中国传统文化频频出现而后又不了了之的局面。少数人能够坚守发扬中华优秀传统文化的初心，例如网红李子柒，最初通过做家乡美食的方式走红，成名后虚心请教蜀绣国家级非遗大师孟德芝学艺，半年后她用自己不懈的努力将四川非物质文化遗产——蜀绣推向了世界。综上所述，互联网的确让中华优秀传统文化传播范围更广泛，但融入的深度决定其能否迈向另一个的高度。

五、学生方面

（一）大学生对中华优秀传统文化的价值认知有待深化

中国特色社会主义进入新时代，"90后""00后"逐渐成为大学生群体的主要组成部分。作为推动未来社会发展进步的中坚人才，大学生普遍有着较高的科学文化水平和政治道德素养，能自觉地拥护党的方针政策。将中华优秀传统文化熔铸于思想政治教育，能够激发大学生传承与弘扬中华优秀传统文化的使命担当。总体来看，当前我国大学生的思想政治状况是积极向上的。大学生对中华优秀传统文化也逐渐有了一定的认识与了解，但对中华优秀传统文化的价值与内涵缺乏深入的、系统的认识，这会导致大学生无法正确衡量中华优秀传统文化的价值，弱化中华优秀传统文化对大学生的内在影响。

当代大学生面临着繁重的学习压力和严峻的就业形势，为了适应竞争激烈的市场经济，大多数学生会选择不断提升自身的专业知识，以获得更多就业知识和技能。但与此同时，这也导致了学生学习的功利性和针对性也越来越强：对选修课程的选择不在于是否能提升自身的综合素质，而在于是否好拿学分；报考参加各种专业技能考试，不是为了学习掌握各种专业技能，而是为了被社会认可，为以后找工作增加筹码。这样的价值取向将直接导致大学生忽视中华优秀传统文化的现实价值。学习中华优秀传统文化时间长且收益慢，需要日积月累才能形成一定的文化底蕴，与大学生快节奏的生活方式及务实的观念有冲突。快餐文化消解着大学生阅读的兴趣与耐心，越来越少的大学生愿意花大量的时间和精力阅读国学经典，从经史子集或历史名人的生平中了解中华优秀传统文化的精神内涵，他们更多会选择从影视剧、电影和短视频等相对快捷的渠道来了解中华优秀传统文化。这些影视作品中呈现的传统文化内容的真实度有待商榷，容易引起大学生对传统文化的不当解读，影响大学生对传统文化的全面把握和客观认知。此外，中华优秀传统文化中还有很重要的一部分就是传统节日和习俗。虽然国家通过设置法定节假日来使大学生铭记历史，清楚传统节日的来源与意义，但是现在大部分大学生对法定节假日只停留在要放假的认知里，没有了解其历史来源和现实意义的主动性和探索精神。

（二）大学生的优秀传统文化素养有待提升

第一，新时代大学生获取中华优秀传统文化知识的途径有限。目前大学生学习中华优秀传统文化的途径有课堂学习、网络学习、学习先进人物事迹、游览名人故居、重走长征路感受先烈们感人的英雄事迹等，但是他们真正可以利用的途径却是十分有限的，他们获取关于中华优秀传统文化的知识主要是通过课堂学习，还有参加学校的读书社团等。部分大学生是为了应付考试，而不是自己真正感兴趣才去学习中华优秀传统文化的，所以现阶段我国大学生通过课堂这个重要的渠道学习到的中华优秀传统文化的知识是非常有限的。

第二，新时代大学生对中华优秀传统文化的了解比较少。由于大学生思想不成熟而且容易受到社会不良思想的消极影响，导致新时代大学生对中华优秀传统文化了解得很少。目前我国新时代的部分大学生对中华优秀传统文化的认识是非常的片面和狭隘的，他们甚至认为中华优秀传统文化的内容只是包括爱国主义，只有少部分的大学生阅读过中国经典名著，大多数大学生都是通过看影视剧来了解中国传统文化，但是影视剧的内容并不都是中华优秀传统文化，比较容易误导大学生。部分大学生对中华优秀传统文化的代表性的思想有一定的了解，但是并不是很深刻的理解，也是一知半解，甚至并不能清楚地表达出这些优秀传统文化所表达的思想精神。同样，对于我国的传统节日，只有一小部分大学生有所了解，大部分大学生还是不了解。相对而言，他们更加喜欢过西方的节日，反观我们传统节日文化氛围的缺失严重。

第三，新时代的大学生的传统美德的观念比较淡薄，但是一些大学生还是认同将中华优秀传统文化中的"仁、义、礼、智、信"作为我们道德评判的标准，但是也有很多人认为这种标准早已经过时了，尤其是在当今社会，经济的快速发展，导致部分大学生的价值观发生变化，传统美德观念逐渐淡化，因此大学生的优秀传统文化素养亟须提升。

（三）互联网时代大学生受多元文化的影响较大

2020年新冠疫情的暴发再次使互联网的作用得以凸显，成了大学生思想政治教育的主阵地，但大数据时代下人人都有话语权，在推崇我国优秀传统文化的同时也有形形色色的多元文化和外来文化向内输入，乐于接受新鲜事物的大学生很容易受到影响。

第一，互联网准入门槛和监管效力的欠缺。起初，互联网强大的包容性催生了很多新鲜元素，形形色色的直播平台和小视频软件近乎以日为单位更新着素材，但随着文化与市场经济的不断碰撞，社会上一部分闲散人员抓住互联网准入门槛低的特点企图通过传播愚昧思想、低级文化的方式获取实际利益，使传统文化的发展陷入"瓶颈"。现在，互联网事业发展得如火如荼，但监管手段和监管效力的步调却未能趋同一致。针对当下这些现象可以发现，我国互联网并没能做到监管协同配合，处理问题的周期普遍偏长，与舆论发酵的速度和影响全然成反比，如若不能从源头做好管控，那么传统文化将被大量的新鲜文化所淹没。

第二，中华优秀传统文化在互联网平台活跃度较低。互联网发展的成熟度已经使其成为开展教育的主要载体，但在中华优秀传统文化融入互联网的过程中还存在诸多问题。比如应用商城中的商品琳琅满目，涉及中华优秀传统文化的商品少之又少，并且普遍存在下载量、点击量不理想的现象；类似于"朗读者""中国诗词大会"等具有教育意义的综艺节目存在度和宣传度不高；各个软件弹出的广告海报等界面都被当红流量明星及营利性广告占据。大学生群体的思想容易受到外在环境的影响，如果能够充分利用大学生在上网过程中的碎片时间，增强中华优秀传统文化的亲和力和吸引力，势必会起到事半功倍的效果。

第三，多元文化的涌入与传统文化的发展此消彼长。曾经，我国的传统文化也受到多方挑战。明末清初的传教士带来了西方的科技和思想，对传统文化的发展有所触动，鉴于当时的国情，我国发展仍然缓慢，这把此前被打压的传统文化再次推向风口浪尖。而鸦片战争后随着"师夷长技以制夷"的提出，一种反侵略的爱国主义思想巧妙制衡了传统文化与西方文化间的此消彼长。人们的意识，会随着物质生产的改造而改造。如今，大数据背景下多元文化的涌入与外来文化的交错映入了大学生群体的视野，历史虚无主义、个人享乐主义等不利于社会发展的思潮在一定程度上对大学生的意识层面有所影响，会间接导致本民族文化的认同感和归属感有所削弱。

六、家庭方面

（一）家庭对大学生的优秀传统文化教育相对薄弱

第一，部分学生因为家庭条件有限，不足以保障对中华优秀传统文化的教育效果。从家庭的经济条件来说，一个大学生受中华优秀传统文化影响的大小在一定程度上取决于其家庭的经济条件。无论是选择学校还是培养兴趣，家庭条件好的大学生在学习中华优秀传统文化的时候则更加具有优势，而一些家庭条件相对较差的大学生则对中华优秀传统文化的学习则相对显得薄弱。因此不论家庭条件的好坏，我们还是要给孩子提供一个较好的学习氛围，让孩子更好地感受到中华优秀传统文化的魅力所在。

第二，部分学生家长的文化程度不高。我国改革开放才短短几十年，虽然人民的生活水平有了很大提升，但是人民的文化素养却没有太大提高。部分家长并不注重家庭教育，认为只要把孩子送到学校，教育孩子就是学校的事情了，自己则不再管了，从而导致孩子对中华优秀传统文化的教育有所缺失。还有一部分家长自身受教育的程度不高，导致他们对待中国传统文化有着一个错误的态度。他们普遍认为中华文化是过时的、是旧俗，是封建社会遗留下来的糟粕，他们自己都不看好中华优秀传统文化，对其没有认同感，因此他们觉得子女学习中华传统文化就没有那么重要，也没有必要去学习，更加不要提自己对子女进行中华优秀传统文化的教育了，这就导致了家庭对孩子关于中华优秀传统文化方面教育的缺失。

（二）家庭缺少对中华优秀传统文化传承的理念

第一，家庭的中华优秀传统文化传承氛围不足。目前，大学生学习了解知识的途径越来越多，他们的思想也越来越前卫，因此现在一部分大学生感觉自己在和父母沟通的时候有困难，他们觉得父母不了解他的想法、不能理解他，因此和父母产生了隔阂。在当今多元社会的背景下，很多大学生的享乐主义、个人主义、功利主义的价值观也都在家庭里体现出来。目前很多的中国家庭的父母对于中华优秀传统文化的认识还是非常的少的，他们在日常生活中并没有给孩子营造一个良好的家庭氛围，导致中华优秀传统文化在家庭的传承理念缺失。

第二，部分家长对子女的关于中华优秀传统文化的教育不够。孩子的素质的高低在一定程度上取决于家长的传统文化素养的高低。在当今社会，我国经济发展十分迅速，部分家长对于中华优秀传统文化是比较漠视的，而且关注度也不够、理解不深，他们的传统文化素养就可想而知了。很多的家长只重视孩子的学习成绩，在素质教育这方面就很少关注了，即使他们发现了这个问题，他们也不会特别在意。在我国一些比较发达的沿海地区，经济收入比较高的家长会重视对子女中华优秀传统文化教育；也有部分家长在社会上学的非常的圆滑，受到了社会不良风气的熏染，他们认为只有利益最重要，其他的都不重要。在我国大部分偏远的农村，由于条件比较落后，孩子在家庭里很难学习到有关中华优秀传统文化的知识，父母对子女基本不管，导致中华优秀传统文化的教育在家庭几乎是缺失的。

第四节　思想政治教育与传统文化融合的机遇与挑战

一、时代挑战

对我国优秀传统文化的传承，是中国特色社会主义文化发展的内在要求和重要使命，是高校思想政治教育的题中之义，也是当代青年大学生全面发展的必然需要。当前，世界正处于百年未有之大变局。随着国际交往的不断加深、国家发展的不断深入、科学技术的蓬勃发展、社会深层的矛盾凸显，人们的思想状态与现实生活发生了翻天覆地的变化，这是时代给高校思想政治教育和中华优秀传统文化的融合带来的挑战。

（一）不同社会思潮的挑战

随着经济全球化发展，当今的世界已经成为紧密联系在一起的整体。改革开放以来，随着中国市场经济的不断发展，在社会生产力极大提高、经济结构调整、生产关系与利益格局整合的基础上，作为上层建筑的人们的思想价值观念也与时俱进，发生巨大变化。同时，中外文化交流日益频繁深入，多样化的西方文化、价值观涌入国内，相互碰撞，一方面使人们的思维愈加活跃，另一方面，也形成了多种社会思潮。总体上看，任何一种思潮都有其相应的社会基础和理论内核，根源于一定的利益诉求，与一些群体或阶层的社会心理相互作用，表达出了特定群体的心理与观点，对现实行动具有指导性。这些社会思潮往往夹杂着不良意识形态，经过语言和形式上的整饬，借助当前极具传播力的网络新媒体等载体，能够在政治、经济、文化、社会等层面，在人们思想政治观念的形成和发展过程中产生不同程度的影响和冲击。如淡化个人与国家社会的内在联系和责任义务关系，消解主导文化与价值观的话语影响力等。这对于国家主导意识形态、核心价值观构成了严峻的挑战甚至是威胁。例如历史虚无主义、文化虚无主义等思潮无非就是要借由否定中华民族的历史传承、文化血脉，进而否定中国共产党的领导权、否定中国特色社会主义道路，从而达到对中国进行分化的根本目的。青年大学生思想处于活跃期，对社会有一定的好奇心，而思想又尚未成熟，辨别力不足，不具备看透不同价值观和思潮背后本质原因与根本目的的能力，易于被所谓的精英、偶像言论所误导，被似是而非的思想、观点所迷惑。因此，在信息时代警惕各种社会思潮，防止不良意识形态向青年渗透的任务对高校思想政治教育提出了更高的要求。

中国共产党历来重视青年，关心支持青年全面发展。高校思想政治教育应当牢固坚持社会主义办学方向，全面贯彻党的教育方针，用科学的马克思主义理论和蕴含民族精神基因的优秀传统文化占领青年思想的高地；主动深入青年学生的思想的土地，及时播下科学正确的哲学、价值观种子，帮助他们系好第一颗扣子，有计划、有目的地开展系统深入的人生观、价值观、世界观教育；要对大学生进行"四史"教育，用中华民族坚持不懈的奋斗历史教育青年大学生清醒地认识到中华优秀传统文化的强大生命力，深刻认识马克思主义理论的科学性、社会主义道路的正确性，以及中国共产党领导在挽救民族危机、实现民族复兴道路上的核心作用。总之，要用历史与文化向大学生充分说明什么是民族精神力量的源泉，什么是适合中国发展的道路，什么是凝聚中国人民的力量核心，使其坚定道路自信、理论自信、制度自信和文化自信。

1840年鸦片战争之后，为了探寻新文化，许多先进知识分子展开了救国救民运动，首次批判中国传统文化，新文化运动也正在这一时期开始。当时中国传统文化受到部分激进人士思想和行为的严重影响，许多人极力推崇一些西方文化，甚至出现"全盘西化"这一主张。普通民众和先进知识分子对于这场文化的革命认识产生巨大反差，前者认为传统文化没有意义，后者则是只对传统文化中的糟粕进行极力反对。党的十一届三中全会后，传统文化逐渐得以发展。尽管如此，我国传统文化在不断深入的改革开放政策下逐渐面临新的挑战，我国涌入大量的西方文化，在一定程度上影响了大学生对传统文化的认知。

在当前国际局势下，尤其是2020年新冠肺炎疫情暴发以来，全球抗击疫情过程中经济、政治各个领域出现的新趋势表明，我们既要坚持尊重世界文化思想价值多样共存、相互借鉴、共同繁荣的理念与方针，同时也要坚定地维护国家意识形态安全，维护体现国家发展方向、中国人民根本利益的主流文化和核心价值主导地位不动摇。只有坚定地用马克思主义科学理论和中华文化统领凝聚青年思想，将中华优秀传统文化融入思想政治教育中，加强对青年学生思想、价值、理想、道德等全方位的引导与浸润，提升亲和力与获得感，才能增强思想政治教育的实效性，为国家和民族未来的发展奠定坚实的人才根基，不断积累、创新核心力量。

（二）现实社会环境的挑战

改革开放40多年来，伴随西方资本、技术和经营模式、管理体制共同进入国内的还有西方的经济观念、生活方式、思维模式等。而快餐文化、个人主义、消费主义等消极乃至错误的价值取向有可能挤占勤劳质朴、集体主义、重义轻利等优良民族品质的传承空间，这极易造成青年一代人生观和价值观的模糊甚至扭曲。我国的社会经济发展在近40多年来取得了巨大成就，物质资源得到了极大丰富，人们的生活水平、国家的国际地位得到明显提高。但同时，国内的改革与发展也逐步进入了各种矛盾集中出现的攻坚期，社会环境复杂化、价值选择多元化，以及移动互联技术带来的信息化、数字化、人口结构老龄化等，都使人们在节奏不断加快的社会生活中感受到就业、医疗、教育等多方面的压力，而这些压力都会通过各种渠道传导到高校大学生中。例如物质丰富、经济发展的社会环境既让当代学生享受到了优越的生活条件，但也夹杂了金钱本位、享乐主义、急功近利等错误价值导向；不同阶层青年在市场经济环境下竞争各个方面优势资源，既激发了奋斗进取的精神，但也带了落差感、挫败感、焦虑感等负面情绪；全球一体化背景下，不同文化的交流既开阔了大学生的眼界，激发了其学习的热情，但价值观念的交锋、纷繁的国际社会现象也给当代青年带来了许多困惑与迷茫……这些问题冲击着主流文化与价值观的正面引导，不知不觉间影响着青年的价值体系的稳定，尤其是当青年在追求个人发展过程中面对竞争和挫折时，往往易于产生消极心理，如果缺乏正确而坚定的人生观、价值观支撑，将对青年的成长与发展形成阻碍。市场经济的发展给社会发展带来了一些负面现象，对部分学生的思想、行为、价值观产生了消极影响，使一部分人盲目追求物质利益。社会中的一些商家、企业及组织机构打着弘扬中华优秀传统文化的口号，把优秀传统文化作为一种牟利的手段，一味地追求利润最大化，从而忽略了其对社会发展的价值，未能主动担当起传承优秀传统文化的责任。在全球经济化浪潮的影响下，各民族之间的文化交流交锋愈加频繁，世界文化出现多元化的趋势。受此影响，高校中仍有部分学生倾向于西方文化，对中华优秀传统文化价值认知缺位。外来文化的涌入，使大学生的文化选择变得多样化，开拓了他们的文化视野，但带来好处的同时，也给传统文化的传承带来了不利的影响。面对多元的文化环境，很多大学生对西方文化呈现出的价值理念充满兴趣，以西方的价值观念作为自身的行为准则，致使其对本民族文化了解较少。

可见，立足当代实际，加强社会主义核心价值观在青年大学生思想中的主导地位，破除改革发展过程中一些现象对其产生的负面影响，引导青年在纷繁复杂的现实冲击和多元化的价值选择中作出正确的价值判断与选择，不仅关系到个人的健康成长，也关系到国家与民族的长远发展，这已经成为当前思想政治教育必须破解的重要问题。因此，发掘和运用中华优秀传统文化蕴含的丰富价值理念精华，融入高校思想政治教育，对于促进青年形成正确的世界观、人生观、价值观，实现个人全面发展具有重要意义，为高校落实以德树人根本任务提供了有力支撑。

（三）互联网新媒体的挑战

21世纪是信息技术的时代，互联网技术异军突起不断实现革命性突破，对社会的经济发展起到巨大推动作用。智能手机、移动支付、社交平台、新媒体等满足个人各种需要的线上服务改变了人们生活的方式，思维方式、生活方式，开拓了新的互动空间。尤其是近年来流行的短视频、直播 App 为代表的新媒体，突破形式、时间和空间的限制，实现了交流与传播的即时性、交互性、生动性。同时互联网技术的发展，催生了很多新的业态，网红、吃播、直播带货等，也高度满足了交往主体之间互动需求，实质上反映出现代人主体意识和自我主动性的增强。他们已经不满足于仅作为信息受众出现，而是希望参与到传播过程中与他人互动，成为信息的发布者、传播的源头或重要节点。但我们也应注意到新的传播方式与传统媒体最大的不同是，信息的传播具有即时互动反馈的一面和快速传播与派生的可能性，而由于新媒体的参与门槛低和运行成本低廉，所以大量的用户涌入其中，带来的信息真实性往往有待考证。大量的信息发布、反馈与衍生，使原来慢节奏和线性的互动，变为快节奏的立体网状互动，这些特点交织在一起相互作用，对人们产生潜移默化的影响，无序化且碎片化的信息不同程度冲击着人们的阅读习惯、思维习惯，乃至生活习惯。

21 世纪网络文化也随着不断发展进步的信息技术逐渐蔓延。利益和发展逐渐和信息产生密切联系。要想在信息社会中占据有利位置、掌握更多主动权，就必须具备先进的信息技术。现阶段信息技术得到了快速发展，信息传播量大，因此就有一些人利用网络平台在部分落后国家中传播不利信息，使这些国家的传统文化遭到溶解、摧毁，把自己的价值观强加给其他民族，用这种隐蔽的形式来代替其他民族本土文化、垄断信息资源。在这种方式下，大学生很容易产生西化倾向，再加上他们本身就具有较为薄弱的文化辨识能力，从而导致中华传统文化的传承和发展受到严重影响和阻碍。对于大多数人来讲，网络技术的发展带来了更多可能性和便捷性。通过网络能够获取更有效的学习途径，因而受到很多大学生的喜爱。尽管人们生活和学习的效率和质量都可以通过网络逐渐提升，可是网络同样也会产生负面影响，特别是对于那些没有完全形成世界观、价值观、人生观的大学生群体而言，他们十分依赖网络，很难去主动思考问题，再加上网络是虚拟的，因此在网络上建立的关系就是虚幻的，但是部分缺乏人际关系认知的大学生很容易沉迷其中。大学生具有淡薄的社会意识及人际交往能力，不论是在思想层面还是在行为层面，都很容易受到一些不良网络信息的危害。因此为了避免以上情况出现，高校应该将大学生素质作为教育重点，引导他们学习中华优秀传统文化，深刻掌握中华优秀传统文化内涵，增强大学生综合能力。

网络技术和新媒体自身具有的特点及引发的现实问题已经说明其自身是一把双刃剑，而网络信息时代的新变化对青年产生的影响尤为深远，对于青年人来说，他们本就是出生在互联网诞生后的"网络原住民"，这些新技术所具有的创新性、开放性、互动性、虚拟性特点正好迎合了他们对于学习新鲜事物、进行同好圈社交、获取信息、发表意见的需要。也使得当前高校思想政治教育工作更加困难和复杂。如何紧跟时代发展变化、适应时代需要，开拓网络信息时代的思想政治教育新媒体空间、克服网络新媒体的弊端已经成为当前教育亟须回应的时代挑战。从另一角度看，新媒体的出现客观上拓展了高校思想政治教育的新思路。把握住时代主动权，充分利用青年喜闻乐见的网络方式弘扬中华优秀传统文化，开展思想政治教育，凝聚共识，引导形成积极健康的网络舆论环境与良好风气，构建网上网下同心圆，就能够使网络新媒体成为培养新时代青年人才的重要推动力。

二、历史机遇

（一）国家对思想政治教育的战略支持

党的十八大以来，中国特色社会主义进入新时代这一全新历史方位成为当代高校思想政治教育发展的重要时代背景。随着社会主义现代化建设深入推进，教育的基础作用和对未来发展决定性影响愈发彰显。党和国家多次召开工作会议，高度强调高校思想政治教育在国家当前发展中的深远意义，对其进行了全面部署，进一步明确了当今高校思想政治教育要担负起的时代责任和历史使命，这为高校思想政治教育提供了全新的发展机遇。思想政治教育工作对于未来国家发展有深远意义。为此，党和国家为加强顶层设计、落实主体责任、完善体制机制，先后出台了一系列关于高校思想政治教育工作的文件，比如《关于加强和改进新形势下高校思想政治工作的意见》等，这些文件以文字的形式明确了"因事而化、因时而进、因势而新"[1] 的育人规律、指明了高校思想政治理论课的关键作用、提出了思想政治工作体系化建设要求等，切实推动高校思想政治教育立足国家新发展阶段、把握历史机遇、紧扣时代脉搏，在课程建设、文化浸润、实践养成等方面进行了一系列富有时代特点的理论与实践创新，产生了许多时代性变革，对于提升高校人才培养质量发挥了重要的推动作用。对大学生开展良好的思想政治教育工作，培养大学生成为合格的建设者和接班人，在国家教育工作中所占的比重越来越大。如果青年一代有担当、有本领、有理想，那么国家和民族就会变得更强大。国家的兴亡和强大与青年息息相关，如果说中国梦贯穿了历史、现实和未来，那么青年一代也更应该担负起这一重要责任。21 世纪之后，国家经济水平逐渐提

---

① 习近平：把思想政治工作贯穿教育教学全过程　开创我国高等教育事业发展新局面 [N]. 人民日报，2016-12-09（01）.

升，综合国力竞争越来越成为科技的竞争、人才的竞争，因此科技人才力量逐渐作为各个国家考量综合国力的关键因素。尤其是作为"接班人"的当代大学生，更应该重视其主体作用的发挥，使其成为中国始终处于世界舞台中央的重要基础。这种重要作用体现在，一方面，全球化使得科技得到了快速发展，带动了经济增长，生产力提高幅度大大增长；另一方面，人们的价值观、思想观也在涌入的多元化观念的影响下，逐渐产生改变。各种移动客户端媒介在互联网时代以后产生，在校园、大学生群体中逐渐出现西方观念，严重冲击着大学生的思想。面对当前形势，党的十八大报告明确指出，我国当前重要任务之一就是弘扬中华民族优秀传统文化，发挥其育人功能，充分彰显中华民族的精神和灵魂。我国优秀传统文化经历几千年历史沧桑，已经成为具有一定影响力的民族文化，在发展过程中不断与时俱进，吸纳其他优秀文化，不断开拓创新，引领着中华民族逐步走向繁荣复兴。我们应立足于中华优秀传统文化，开拓创新、深入发掘，将历史遗留下来的宝贵精神财富整合升华，更好地指导高校思想政治教育工作，切实提升大学生未来的思想政治觉悟和水平。当前世界文化大融合的趋势越来越明显，思想政治教育工作要考虑怎样引导高校大学生以我国优秀传统民族文化为主导力量，吸纳其他优秀文化为我所用，做到对不良思想影响的自觉抵制，完成世界观、人生观和价值观的正确建立，不断传承、弘扬和发展中华民族的优秀本土文化。

青年大学生应当与祖国同向同行，共同前进。党和国家对教育和人才殷切期待也就是对作为筑梦人的广大教师的更高要求：大学教师要在为学、为事、为人等方面，成为引导青年学生增长知识、提升才干、塑造正确人生价值观的"大先生"，培养大学生社会主义接班人的使命精神。这实际上进一步强调了把思想政治工作贯穿于高校教育教学全过程，构建全员全程全方位一体化的"大思政"育人格局，建设思政课程、课程思政和"大思政"课优势互补、有效衔接的新时代思想政治教育课程体系，既为高校思想政治教育的发展指明了前进方向，也提供了新的思路与机遇。

（二）治国理政对中华优秀传统文化的支持

党的十八大以来，以习近平同志为核心的党中央坚持以马克思主义为指导，坚守中华文化立场，立足当前两个大局，在推进社会主义现代化建设的实践中，不断将中华优秀传统文化中具有超越时空价值的思想理念与哲学智慧运用到国家的治国理政当中，形成了许多具有中华文化气韵和魅力的新论断、新表述。

中华文化繁荣发展，是实现社会主义现代化和中华民族伟大复兴的思想基石、题中之意和必然要求。党的十八大以来，以习近平同志为主要代表的中国共产党人率先垂范，在阐述治国理政重要问题、向国际社会表明中国原则观点立场、考察走访座谈时更加频繁地引用古代经史典籍中的华章佳句。不仅对中华优秀传统文化的精髓进行了精准的阐释，更赋予其新时代的内涵，使它们与当今时代、与当前国家发展、与当下中国人民的生活紧密融合在一起，有了鲜活的生命。在推进社会主义现代化建设的实践中，习近平总书记经常引用"功崇惟志、业广惟勤"（《尚书·周书·周官》）、"空谈误国，实干兴邦"（《日知录》）、"耳闻之不如目见之，目见之不如足践之"（《说苑·政理》）等古语典故，强调"笃行"的重要性，这既是对中华传统文化中"知行合一"理念的继承和弘扬，也是对马克思主义实践观的运用与发展。在生态环境保护方面，中华优秀传统文化中蕴含的"天人合一"、"道法自然"（《老子·道经》）、"天地与我并生，而万物与我为一"（《庄子·内篇·齐物论》）等哲学理念也是我们今天推进新时代生态文明建设和社会主义现代化建设的重要遵循。习近平总书记指出，"人与自然是生命共同体，人类必须尊重自然、顺应自然、保护自然"①，坚持人与自然和谐共生的原则，走中国特色社会主义生态文明建设道路。在大力推进党风廉政建设和反腐败斗争中，"新松恨不高千尺，恶竹应须斩万竿"（《将赴成都草堂途中有作先寄严郑公·其四》）、"善除害者察其本，善理疾者绝其源"（《策林一·兴五福销六极》）等典故充分表达了我们党正风肃纪的坚定决心和对贪污腐败零容忍的态度。2017年，党的十九大报告将"推动中华优秀传统文化创造性转化、创新性发展"②确定为新时代中国特色社会主义建设的基本方略之一。2019年，党的十九届四中全会通过的《中共中央关于坚持和完善中国特色社会主义制度　推进国家治理体系和治理能力现代化若干重大问题的决定》中明确将弘扬中华优秀传统文化作为国家制度和国家治理体系中的显著优势之一，并且再提出"推进中华优秀传统文化传承发展工程"的要求。2020年，党的十九届五中全会更将传承弘扬中华优秀传统文化写入了新时代新征程的远景目标之中。

　　总之，中国共产党不仅高度重视中华优秀传统文化的传承，更加身体力行地创新传统文化，将中华优秀传统文化的理念运用于执政兴国实践之中，与中国特色社会主义伟大事业深入结合。国家层面对传统文化的运用与转化对在高校思想

---

① 习近平：决胜全面建成小康社会　夺取新时代中国特色社会主义伟大胜利——在中国共产党第十九次全国代表大会上的报告 [N]. 人民日报，2017-10-28（01）.
② 习近平：决胜全面建成小康社会　夺取新时代中国特色社会主义伟大胜利——在中国共产党第十九次全国代表大会上的报告 [N]. 人民日报，2017-10-28（01）.

政治教育中融入中华优秀传统文化发挥了有力的示范引领作用，构建了更加生动、鲜活的"大思政"课堂，拓宽了高校传统文化教育的实践空间，丰富了传统文化教育的现实资源，有力地增强了当代青年学生对传统文化时代价值的理解，提升了民族文化自觉与自信。

（三）中西文化的交流借鉴和交流互动

从国际环境来看，随着苏联的解体和"东欧剧变"的发生，国际共运遭受挫折，但"和平与发展"依然是时代主题。在几十年的全球发展和国际关系演变过程中，中国积极推行改革开放的基本国策，高高举起了科学社会主义的旗帜，使社会主义的中国发展为世界上举足轻重的国家。当前国际形势正在经历百年未有之大变局，处在深入演化调整过程中，原有的国际政治经济均衡正在被打破和更新，世界多极化、经济全球化、社会信息化、文化多样化深入发展。同时，中国也正稳步走近世界舞台的中央，世界各国人民向中国投来了更多关注的目光，中国实现现代化、走向富强的道路和模式为广大发展中国家提供了示范和榜样。在这种国际情势下，中国势必要拿出更大的责任担当，积极参与国际事务，积极争取国际话语权，发出自己的声音，提出自己的主张，为世界作出与一个有五千多年悠久历史的文明大国地位相匹配的贡献，为世界提供中国的文化智慧，致力解决当前全球性问题。所以，新时代的中国文化，必须以自信的姿态、开阔的胸襟，与世界其他文明和文化交流互鉴、同存共荣；而且，中华文化应以世界人民喜闻乐见的方式介绍中国的历史和文化、介绍中国社会主义建设的成功实践经验，介绍中国人民对世界人民的友好情谊和美好愿望，为解决人类面临的共同难题、为构建健康积极的国际秩序，提供中国文化的独特哲学智慧、价值滋养、美学追求，用文化展示中国气派、中国精神和中国力量。

随着改革开放的深入推进，中国已经以一个极具开放性、包容性的东方大国的姿态日益走近国际舞台的中央。人类命运共同体，这一蕴含着深厚优秀传统文化底蕴、彰显时代特征的创新思想的提出，获得了世界各国的广泛赞赏认同。在这一背景下"协和万邦"（《尚书·虞书·尧典》）、"天下为公"（《礼记·礼运》）、"海纳百川，有容乃大"（林则徐自勉联）、"一花独放不是春，百花齐放春满园"、"和羹之美，在于合异"（《三国志·夏侯玄传》）、"万物并育而不相害，道并行而不相悖"（《礼记·中庸》）等中国理念、中国智慧作为发展新型国际关系的重要助力也走出国门，走向世界。与此同时，我国教育也在与世界各国结成人类命运共同体的过程中形成了更加密切的互动交流，加深了当代青年学生对不同民族、国家历史文化、现实发展的认知和感悟，为在高校思想政治教育中融入中华优秀传统文化带来了更加开放的环境，加深了中外文化的交流借鉴，有益于引导青年学生从世界历史的高度审视中华民族文明的历史地位与时代价值。一方面，开放的环境给高校思想政治教育带来了提升文化育人实效性的机遇，有利于引导青年学生在当今时代多元的文化交往中坚守中华文化立场，通过文化的交流互鉴收获成长。当前，讲好民族传统文化的历史传统、文化积淀、鲜明特色、突出优势等方面内容已经成为中华优秀传统文化教育的重要内容，但在讲清楚中华优秀传统文化对中国道路的影响及与外国文化进行比较借鉴方面还有待进一步加强。构建人类命运共同体所开创的国际交流合作契机正好为中华优秀传统文化融入高校思想政治教育提供了更广阔的文化学习平台，也为广大教师提供了更加丰富多元的教学元素，使青年学生能够通过更加具体、鲜活的横向比较深刻、准确地理解民族与国家的历史与发展，科学、客观地认识世界不同民族的文化特色。另一方面，人类命运共同体思想是彰显中华优秀传统文化智慧与价值的典范，这一观念的传播与实践有助于巩固青年一代的文化认同，培育其形成兼容并蓄的宽广胸怀和视野，成长为具有命运共同体意识的世界和平守护者。"和而不同"（《论语·子路篇》）、"和实生物"（《国语·郑语》）是中华民族的核心理念之一，表达了中华民族对和平的推崇和对世界多样性的尊重。人类命运共同体思想反思并改变了以往单向化、碎片化、零和博弈的思维模式，重新概括提出了经济全球化背景下人类社会发展的价值取向和哲学基础，对于构建更加美好的世界具有重要意义。而传播这一思想理念就要以文化交流为基础、以教育为关键环节。新时代的高校有责任在当今世界文明交流、交融、交锋中夯实中华文化的根基与沃土，使青年大学生成为推动人类命运共同体理念传播发展、促进人类文明繁荣发展的重要力量，这也是培养全面发展的时代新人的题中之意。

综上所述，立足当今时代，从世界百年未有之大变局和中华民族伟大复兴战略全局出发，中国特色社会主义事业既需要中华优秀传统文化的精神滋养，也需要具有高度文化自觉自信、全面发展的青年人才的接力奋斗。因此，面对时代的挑战和机遇，新时代高校应当紧紧围绕立德树人根本任务，在深刻把握党关于传承弘扬中华优秀传统文化的科学观点原则的基础上，将中华优秀传统文化有机、有效地融入思想政治教育之中，为青年一代筑牢思想文化根基，满足党和国家事业发展对于青年人才的殷切期待。

三、发展趋势

当前，国内外形势正在发生深刻复杂的变化，全球仍深陷金融危机和新冠疫情的双重夹击中。高校作为人才培养的主阵地，是未来中国发展的关键一环，作为多元思潮碰撞的场所，积极开展高校德育教育课程，将两者有机结合，是服务于中国教育发展战略的重要工作之一。新的时代要求与社会发展需要，为高校德育教育提出了新的考题。正确把握未来发展趋势，使中华优秀传统文化更好地融入新时代高校德育教育的发展中。发挥中华优秀传统文化作为精神财富的重要力量，以及高校德育教育的道德指引作用，实现文化自信与道德素养的提高。

（一）注重中国特色社会主义

新时代高校要培养能为社会主义社会发展做贡献的人才。千百年来，独特的历史文化底蕴，决定了中国必须要走出自己的发展道路，教育亦是如此。高校是培养人才的主要阵地，更是多元思潮汇聚的场所，高校德育教育的重要性不言而喻。正确的道德文化指导犹如灯塔，为正在成长中的学生指明前进的方向，也是国家和社会的热切需要。高校应加强中华优秀传统文化在各类学科专业教育及社会实践的各个环节中的引导地位，以中华优秀传统文化为核心，围绕中华美德与社会主义核心价值观，展开课堂教学工作。同时，抓住新时代发展机遇，在实践活动中了解中华优秀传统文化，领会国家治国理政的战略思想，传承革命优秀传统，激发高校学生的爱国热情，增强其文化认同感，使学生树立远大理想，并愿意为之奋斗的坚定理想信念，保证高校中国特色社会主义办学方向不偏离。

（二）注重以人为本

中华人民共和国成立以来，在党和国家的高度重视下，中国建立了世界上最大规模的教育体系，为中国和世界培养出了一批又一批的优秀人才。中国特色社会主义进入新时代，意味着高校教育的教育目标不单单只是培养单一的专业人才，而是要培养全面发展的新型建设者。首先，新时代高校教育立德树人这一教育根本任务的实现需立足于以人为本这一前提。高校要以中华优秀传统文化为核心，中华美德与社会主义核心价值观为主要内容，结合社会实践，编写适合高校学生的教材，加强中华优秀传统文化在思想政治教育、道德教育、专业知识教育及社会实践的各个环节中引导地位。其次，作为大学教育主体的教师，除了承担传授专业知识这一根本任务以外，更应承担起对学生心理、道德、文化等多方面的培养。对于高校教育来说，将更加注重回应学生关注、关心、关切的问题。尽可能利用一切高校资源来提高学生文化素养，促进学生思想道德建设。最后，高校学生的需求日益多样化，当代高校学生已不再满足于只学习本专业的学科知识，更对自身发展有着更多综合发展的要求，包括提高自身文化素质及思想品德修养。与此同时，各高校之间，也越来越放开校际课程的共享与学习，加强互动交流，这对高校课程的内容提出了新的要求，同时，也促使高校反思和修改以往只注重学习成绩的刻板指标，而忽视了学生的真正需求。

（三）注重综合育人

新时代高校德育教育内容与实施上会趋于更加综合的方向发展，高校德育教育内容覆盖范围也会进一步扩大。诸如中华传统美德教育、社会主义核心价值观教育等各领域、多方面的教育。高校通过对德育教育内容范围的扩充，加强对高校学生综合素质的培养，利用课程、实践和管理三个维度，打造综合育人的新教学理念。课程育人，要做到充分发挥高校课堂教学的主导作用，按要求严格落实德育课程内容建设，细化高校德育教育内容，从而使高校德育教育能够融入高校教育教学的全过程。实践育人，要联系高校学生的生活实际，挖掘高校德育教育的课程内核，结合高校及所在省市自身资源，利用重大节日、纪念日，适时开展德育教育实践活动。在实践中学习和领悟中华优秀传统文化、增强爱国意识、树立高尚的道德品德、提升文化素养。管理育人，则是为高校综合培育学生提供制度上的保证。加强推进高校治理体系现代化，根据实际发展情况，完善高校自身管理制度，提升高校综合管理水平，将新时代对于高校德育教育的要求，认真细化落实在高校管理过程中，使全体教职工和学生有更多的获得感。

（四）注重利用信息技术

随着网络与科学技术的高速发展，未来教育将更加依赖网络信息技术的传播与应用。新冠疫情防控期间，线上学习得到进一步的发展扩大，也不受时间和空间的局限，未来，"互联网＋"将成为高校教育的另一种教学方式，以弥补传统课程教学的不足。高校将更加积极整合、调动网络与多媒体资源，统筹多方力量，并充分利用公共机构在传承发展中华优秀传统文化中的作用，开展与图书馆、博物馆、美术馆等公共机构的线上活动，让高校学生不出校门就可以感受中华优秀传统文化的魅力。

第五章　思想政治教育与传统文化融合的途径

思想政治教育与传统文化的融合需要营造立体式的教育环境，本章主要介绍思想政治教育与传统文化融合的途径，从思想政治教育与传统文化融合的社会教育、学校教育和家庭教育三个方面分别进行介绍。

第一节　思想政治教育与传统文化融合的社会教育

一、加强中华优秀传统文化传承体系建设

（一）构建中华优秀传统文化的研究体系

对中华优秀传统文化的研究是中华优秀传统文化融入思想政治教育的前提和基础，构建其研究体系，则是挖掘其时代内涵，融入思想政治教育中的必要条件。在构建中华优秀传统文化研究体系时，要充分发挥各类科研院所、当地高校、学术社团的研究作用，对我国的文化典籍进行珍藏、修复和研究，着重阐释其哲学内涵、时代精神、科学思想、道德精髓等。政府要积极地主导和推进中华优秀传统文化的研究，加大资金投入力度。尤其在主导中华优秀传统文化研究中，要将其有效与"中国梦"、社会主义核心价值体系等深度融合，展现其时代魅力。除此之外，社会各界也要时刻关注和支持中华优秀传统文化的研究进程，帮助政府、科研院所建立起强有力的学术科研平台，营造出关心中华传统文化研究、重视其研究的良好氛围，以激发出全民族探究中华优秀传统文化的创新活力。

（二）构建中华优秀传统文化普及教育体系

教育是传承中华优秀传统文化的重要渠道，各类学校则是弘扬中华优秀传统文化的重要平台。同时，对学生进行中华优秀传统文化教育要遵循学生的成长规律和认知能力。因而在构建中华优秀传统文化普及教育体系中，要将中华优秀传

统文化有序地融入幼儿园教育、小学教育、中学教育到大学教育等各个教育阶段和环节之中。各个高校也要依据地方特色，撰写一批具有权威性、代表性的教辅资料，并适时地开展其选修课程。同时，也要注重在传统节日和重大庆典活动中，添加大量的传统文化元素、开展形式多样的庆典活动，如戏曲、书法、相声等，吸引学生加入活动之中，并在寓教于乐、寓教于听、寓教于唱中，增强对中华优秀传统文化的认同感。

（三）构建中华优秀传统文化宣传体系

构建完善的宣传体系，是弘扬中华优秀传统文化的重要方式之一。社会各大主流媒体，要坚持正确的政治方向，构建起传统和现代相结合的宣传格局，如发挥报纸、期刊、杂志等传统媒体作用的同时，要善于将其与新媒体相结合来进行宣传。文艺工作者是时代作品的创造者，要善于立足中国实际、从中华优秀传统文化中汲取养分、获得有益启示，打造出一批经久不衰、无愧于人民的精品力作。各大网络媒体要把好审核关，规范管理，传播有益的、健康向上的网络文学、音乐、微电影等。各大电视节目要坚守住传播中华优秀传统文化的主阵地，政府要加大文化公共事业建设、规范文化公共产业发展，制定和完善各种仪式、礼节、行为规范等，尤其注重在日常生活中开展爱国主义和传统美德教育，在全社会弘扬孝道和诚信文化等。

（四）构建中华优秀传统文化保护传承体系

中华优秀传统文化产生于特定的历史时期，其物质形态的遗留是中华文化的载体，也是中华文化辉煌的见证，具有不可复制性，其表现形式也是多种多样的，小到一物一器，大到举世瞩目的历史遗存。因而，加快构建中华优秀文化保护传承体系尤为重要。一方面，要构建起由政府牵头，各个保护单位协同配合、社会各界人士广泛参与的文化保护体系，对文化遗址、文化名镇、各种文物进行保护与利用，防止其随着自然因素和人为因素的破坏而消失；另一方面，要注重对文化传承保护制度的建设，对于故意破坏文物、贩卖文物等行为进行严厉打击，对保护文化，尤其是对无形的文化遗产，如对工艺传承作出贡献者，进行支持和褒奖等。总之，要加大中华优秀文化传统保护力度，使其成为思想政治教育的重要资源和开展思想政治教育的有效载体。

（五）构建中华优秀传统文化传承的保障体系

构建中华优秀传统文化传承的保障体系，是对中华优秀传统文化的各项工作、各类制度落到实处的重要保障。在构建保障体系过程中，党委和政府要切实担负起主体责任，将其当作政治任务来抓，深入地贯彻落实。司法、执法等相关部门，要严格执法、司法，划定责任红线，对于文化保护不力、规则贯彻落实不细者进行倒查、一查到底。同时，政府等相关部门要建立和完善相关的奖励、补贴政策，吸引各类社会力量加入公益文化项目建设中。人民是历史的创造者，也是文化的创造和传承者，我们必须营造出一个良好的法治环境，从而达到更好的传承中华优秀传统文化的目的。

二、营造良好的传统文化社会育人环境

学生是社会人，学生的成长与发展离不开社会环境，而现在的大学教育是开放性的状态，社会环境状况的好坏也会影响高校思想政治教育的效果。

首先，加大政府对传统文化的引导和宣传。良好的社会氛围的建设是离不开党和政府的主导与扶持的：第一，政府要制定相关政策与文件，将继承与弘扬中华优秀传统文化落到实处，引起全体社会成员的重视；第二，各级政府部门还需要因地制宜、因材施教，充分利用各地区文化特点，制定科学方案、组织特色文化活动，扮演好中华优秀传统文化教育的推动者与领航者；第三，政府还要通过利用博物馆、名人故居、纪念馆、文化遗迹等公共服务设施，定期对公众免费开放，举办文化交流沙龙、知识讲座等活动，充分利用这些传统文化载体做好宣传与教育作用。

其次，发挥社会传播媒介的作用。要通过报纸、杂志、广播等社会传播媒介来宣传中华优秀传统文化，利用优秀文艺作品来传播文化知识、陶冶道德情操，引导正确的舆论导向，将中华优秀传统文化融于学生生活的每个角落，进而形成一个轻松愉快的社会教育环境。

最后，发挥社区组织的作用，将中华优秀传统文化的弘扬落实到基层。社区虽小，但它也是社会团体的重要组成部分。通过社区宣传栏、板报等宣传阵地，宣传中华优秀传统文化相关知识；定期举办知识竞赛、家庭教育讲座等与中华优秀传统文化相关的社区活动，引导广大人民群众积极参与到活动中来，以此来创建绿色社区、和谐社区、文化社区，构建和谐、团结互助的社区人文环境

第二节　思想政治教育与传统文化融合的学校教育

一、提升高校师资队伍的文化素养

（一）提升自身文化素养

高校思政教师队伍是开展思想政治教育活动的主体，在教育活动当中，始终发挥着主导作用，要将中华优秀传统文化有效融入思想政治教育当中，首先就需要提高教育者自身的传统文化素养。要想给人一碗水，就需先有一桶水，作为思政课教师，要想讲好课，教好学生，自己就必须要有扎实的理论功底。思政课教师文化素养水平直接影响着教育质量，影响着在思想政治课堂融入中华优秀传统文化的有效性。思政课教师对于传统文化的教学不应该只是对浅层的文化知识进行简单的讲授，而是要深入挖掘中华优秀传统文化背后所蕴含的丰富价值理念、精神文化，将中华优秀传统文化的育人功能发挥到最大。因此，加强高校教师队伍建设是十分必要的，首要的就是提升教师自身的文化素质水平。目前，在思想政治教育中融入中华优秀传统文化，就要求教育者，特别是思想政治教育专任教师，一方面要具备思想政治教育理论知识，坚定政治方向，坚持以马克思主义为指导思想对学生展开教育活动；另一方面，也要掌握一定的传统文化知识，能够有效利用中华优秀传统文化的精髓，充分发挥其育人价值。但是，目前同时具备这两方面要求的教师不多，这也与教师自身的专业知识背景有关。因此，高校要进一步加强师资队伍建设，提升教师的文化素养。

首先，教师要端正自己的学习态度，倡导自我学习、自我教育。教师在日常的教学活动中，除了要做好"教"，更要做好"学"，思政课教师要提升自身的学习意识，在日常的学习中，要将眼光发长远，不能局限于对自己专业知识的拓展，要有意识地学习文学、历史等方面的传统文化知识，扎实自己的文化功底。在日常的工作中，教师还要与时俱进，一方面要学习先进的教学方式；另一方面要充分利用互联网平台，尤其是要充分利用学习强国，获取有效、权威信息，将中华优秀传统文化与时政热点问题结合分析研究，丰富思想政治教育课堂的内容与形式，使思想政治教育紧跟时代步伐。

其次，完善培训制度，通过培训，培养教师的再学习能力。在经济科技飞速发展的今天，教师只有不断更新教学理念、提高教学水平、提升自己的专业能力与教学实践能力，才能顺应社会的发展。开展在职培训是教师学习新思想、新知识与新技能最直接、最快捷的方式。因此，要定期针对思政课教师开展专项培训活动与专题讲座，并且针对学习情况进行定期考核与测评，以此来提高教师的理论知识水平与教学能力。还要通过培训活动来加强高校辅导员的队伍建设。高校辅导员也是思想政治教育的骨干力量，但是目前辅导员队伍存在着专业背景不一的情况，因此要建设一支信念坚定、结构优良、知识渊博、业务精炼的专业化辅导员队伍至关重要。高校要立足实际，开展不同层次的、有针对性的培训计划，来提高辅导员队伍的文化素养与思想政治教育理论知识水平。

（二）教师队伍要形成合力

教师要做到"教学相长"，"教"是教师教，教师在教授传统知识的同时，要做到与学生一起"学"，在学习的过程中，提升自己的能力水平。在整个高校教师队伍当中，除了传统文化相关专业教师具备较为丰富的中华优秀传统知识外，其他专业教师对于中华优秀传统文化大部分是较为薄弱的。高校教师队伍之间是团队协作的关系，各专业教师各有所长，所以各专业之间的教师要形成合力，互帮互助开展教研活动，充分利用身边的教学资源来提升整体的文化素养与教学水平。

首先，教师之间可以组建教学研讨小组，开展教学研讨会。可以根据教师教学资历、专业背景来组建教学研讨小组，展开学习与研究。组建研讨小组是个互惠的方式，它有两方面的优势，一方面，基于专业背景、知识结构的不同，大家可以跨专业展开探讨学习，思想政治教育专业教师与中华优秀传统文化专业教师之间可以弥补各自欠缺的知识；而另一方面，基于年龄结构，教学资历的不同，年长教师资历丰富，有着深厚的教学经验，对知识有一定的积累，并且经过长时间的教学实践，能够对传统文化形成独到的见解。而年轻教师，对于新媒体等教学载体能够有效运用，能够快速地将传统文化与时事政治结合起来。"三人行，必有我师焉"（《论语·述而篇》），因此小组成员之间可以形成合力，大家互为老师，通过互教互学，做到以彼之长补己之短，以此来增加自身的文化素养与专业素质。

其次，教师要互帮互学，倡导集体备课。教师之间的集体备课也是提升文化素养的重要途径。开展集体备课，对于统一教学内容，完善教学目标有着重要的作用，授课教师可以通过课前备课，分享教学案例，分享自己对中华优秀传统文化知识的个人见解，对教学重点、难点、疑点达成共同认识，实现教师之间互相交流、互相启发、互相学习的作用。

（三）提升教师运用传统文化的能力

扎实深厚的文化素养是推动思政课程和"课程思政"的原生动力，打造一支学科知识基础完备、传统文化底蕴深厚的教师队伍不仅有利于激发大学生主体的求知欲，更能通过情感和精神上的共鸣耦合个人意识形态自觉和社会价值共识。高校在敦促教师完成教学科研任务的同时，更应将目光投射到人类更深层次的道德、精神方面，单纯将教学科研、教师视为完成任务的工具，难以实现高校及教师的长远发展。教师作为高校教学的主体，是具有情感需求的群体，如果高校只是采用工具理性的理念对教学科研进行评价，势必无法鼓励教师全面发展，也无法实现学校的全面发展。只有将教师视为有血有肉的群体，关注他们的精神需求、道德发展、情感培养，以价值理性对他们进行评价，才能促进高校、教师的同步发展。而要实现同步发展，必须重视传统文化建设，尤其要重视面向高校教师的传统文化建设。唯有如此，才能将价值理性融入高校发展的方方面面，才能融入教师发展的每个阶段。

认同中华优秀传统文化，需要特定场景的引领，场景可以传递文化和价值观。高校通过将中华优秀传统文化融入高校教师的教学、研究、生活、学习等场景中，采用空间搭建、活动组织、机构配置、评价考核等多种方式，吸纳传统文化元素，通过潜移默化的方式，影响高校教师，使其在不知不觉中受到中华优秀传统文化的熏陶，接受、认同中华优秀传统文化，起到"润物细无声"的效果，为其深入研究、创新、传承中华优秀传统文化奠定良好的基础。传统文化的传承需要高校从规章制度方面进行规范引导。高校应完善传统文化相关规章制度，建立健全奖惩制度，对高校教师促进传统文化发展、创新、传承的行为予以一定的奖励，对影响传统文化传承的行为予以一定的惩戒。这体现了高校对传承中华优秀传统文化的重视，利于营造良好的文化传承氛围。

经师易得，人师难求。高校教师身负传道授业解惑的重任，不能仅仅局限在为"经师"的阶段，应提高站位，努力做"人师"。欲为人师，先习文化。中华优秀传统文化蕴涵着深刻的人生哲理，高校教师应提高责任意识，意识到自己的一言一行不仅关乎自己，更对学生有着深刻的影响，面对纷繁复杂的教育环境及各方面的挑战，更应积极学习中华优秀传统文化，以传统文化中的有益方面为指导，促进自身发展，为在教学教育过程中真正做到为人师表奠定坚实的基础。无论何种文化，都是在特定时间、特定条件下服务于特定群体的文化的，历经千年的中国传统文化具有强大生命力的原因就是能够因时因地变通发展。在新时代，高校教师面临新环境、新条件，也要增强对中华优秀传统文化的创造性转化、创新性发展，充分发挥自身优势，发展传统文化的内涵，使传统文化能够适应新时代，更好地为人民服务。

二、推动思政课程与"课程思政"教学改革

（一）构建全学科协同"课程思政"体系

思政课程是开展育人工作的主渠道，起到显性教育的作用；而"课程思政"是一种润物于无声的教学理念，对大学生理想信念的建设起到隐性教育的作用。因此，要打通各学科与专业之间的壁垒、打破单方面一枝独秀的局面，从而推进思政课程与"课程思政"同向同行、协同发展。

打通自然科学与人文社会科学壁垒，提炼具有德育功能的人文价值。马克思和恩格斯曾指出，自然史和人类史是相互连接并且相互制衡的。全面建成小康社会的完美收官离不开自然科学和人文科学的有机联动，打通二者之间的壁垒有利于帮助大学生建立更健全的人格。在思想政治教育工作开展的过程中，应立足于整个社会历史的现实情况，增强科学意识和学科意识。无论是自然科学还是人文社会科学，都应围绕马克思主义思想这一主线，在教学过程中多从中华优秀传统文化里汲取营养，由浅至深、由点及面，也可以通过选取学科代表人物、典型案例等方式增强与学生群体的互动，引发大学生主动思考，将中华优秀传统文化中的人文价值内化为自身的品德修为。当然，在这一阶段还应避免"课程思政形式化"的现象。思想政治教育成果的获得需要全员、全过程、全方位的共同配合，"课程思政"的成效无法一蹴而就，这也启示我们在构建"课程思政"体系的进程中要放长眼光、稳扎稳打、杜绝形式主义。

依托本土传统文化资源，融合校风编撰校本教材。虽然大部分高校都已经采用新媒体的方式授课，但教材在大学生心中的权威地位依然无可撼动。传统文化的百花齐放让先哲们的智慧结晶遍布中华大地，贵州省的苗绣、老北京的皮影戏、南京的云锦、四川的变脸等享誉闻名，这些都可以走进校园甚至是课堂，四川凉山年轻的救火队员们、边境冲突中誓死捍卫国土的戍边战士们、新冠疫情毅然冲向前线的"90后"们，用青春诠释了"先天下之忧而忧"（《岳阳楼记》）的篇章，这些精神财富都应被载入大学传统文化教育的史册。因此，结合本校的学风、校风和校训，立足当下思想政治教育的现状，依托本土传统文化资源，编撰出一系列具有本土特色、时效性强的校本教材更能激发大学生"天下兴亡，匹夫有责"（《日知录·正始》）的爱国主义情怀。

（二）创新课堂教学方式

创造性转化和创新性发展要求传统文化与现代文化相协调、与社会潮流相适应，思政课程和"课程思政"的教学改革和创新应以学生为本，适当融入符合当代大学生身心发展和思想升华的优秀传统文化价值理念，灵活运用各类教学手段和教学方式。

梳理中华优秀传统文化的优秀基因，适度融入大学生课堂。首先，各门学科都应将爱国主义为核心的民族精神融入课堂。"为谁培养人"这一话题作为我国教育系统的根本问题之一在近几年尤为凸显，甚至出现许多公派出国深造的大学生在学成之后不愿归国的现象。这启示我们在传授科学文化知识的同时要重视思想层面的引导，培养社会主义高层次人才。其次，要注重培养大学生的改革创新精神。中华优秀传统文化作为四大古文明中唯一一个没有中断过的文化，正是由于其伴着历史的长河不断创新发展。创新型人才作为社会主义文化强国建设的中坚力量，需要高校教师在实验、课堂中点拨和启发，引领当代大学生跟上经济、政治、社会发展的趋势，牢牢把握住创新型社会发展的先机。再次，开设"仁、义、礼、智、信"方面的公共课程。当下的大学生多为独生子女，生长环境优渥、被照顾全面周到等特点让当代大学生普遍存在团体意识淡薄、个人色彩强烈的情况。通过适当开展"仁、义、礼、智、信"专题课堂有利于升华大学生个人思想道德修养，树立团结互助的集体观和大局观。最后，通过专题类课程帮助大学生树立崇高的理想信念。开展专题类课程应重视中国特色社会主义理论的大众化发展，宣传大学生群体喜闻乐见的优秀传统文化，比如开展"社会主义核心价值观"专题讨论沙龙、"振翅"读书会等，在专题活动中将深奥晦涩的理论转化为灵动、通俗的案例和故事，潜移默化地引领大学生树立崇高的理想信念。与此同时，中华优秀传统文化与大学生政治教育的融入需要高校教师作为介质起到话语转化的深层作用，更好地承继优秀传统文化，打造以文化人的局面。

（三）发挥学生主体作用

从教育学上讲，主观能动性是个体身心发展的直接动力，是内因，个体的主观能动性在学生的学习发展中起着巨大的推动作用。大学生作为高校思想政治教育的接受主体，是独立的、自觉的、具有主观能动性的，如果学生从内心不愿意接受中华优秀传统文化的融入，那么再好的环境和教育也不会对他的成长产生积极影响。因此，高校可以通过引导大学生正确看待传统文化价值，鼓励践行中华优秀传统文化的行为，体悟传统文化魅力的方式激发学生学习主动性与兴致。

首先，引导大学生正确看待优秀传统文化的价值，提升学习意识。学派虽诞生于先秦时期，但其所包含的思想精华对当今大学生思想政治教育的发展仍具有不可估量的价值。虽然中华优秀传统文化看似时常萦绕在大学生的学习生活中，但真正能充分理解，吸收运用的学生却是少之又少，甚至有小部分学生认为学不学习都无所谓，意义不大。面对中华优秀传统文化，大学生要端正态度、提高学习意识，对中华优秀传统文化展开系统规划的学习，在掌握了一定理论的基础上可以采用自我教育法的方式运用中华优秀传统文化进行自我教育，从而提高自身思想认识和道德水平。

其次，鼓励大学生积极践行中华优秀传统文化的行为，提高运用能力。文化重视实践能力的培养，强调实践的重要意义，其本身意味着修身修德的践行活动，这点与大学生思想政治教育的重要内容相契合。因此，在现实生活中，大学生既要自主学习中华优秀传统文化的理论知识、丰富理论知识储备，也要善于内化其理论精髓并外化为行为规范，通过积极参与社会实践活动，在实践中深化认识，从而提升自身道德修养。将中华优秀传统文化中的"仁、义、礼、智、信、温、良、恭、俭、让"等理念融入学生日常学习生活中，使学生学会严于律己，自觉遵守校园规则、社会行为规范，正确处理同伴及老师间的人际关系，营造爱党爱国、尊老爱幼、与人为善的一派和睦的社会氛围，助推自己践行社会主义核心价值观。同时，大学生可以利用课余时间学习有关传统文化的社会技能，例如多听传统音乐培养美感，学习算术算法提升思维能力，学习诗词提升文字能力等，这不仅提升了自身技能，也为传承中华优秀传统文化起到了积极作用。

最后，引导大学生充分感悟中华优秀传统文化的魅力，增强文化认同感。中华优秀传统文化博大精深，大学生要主动积极地学习和运用，这种主动积极性是建立在文化认同感之上的，需要学生从内心出发，以真诚的情感态度认同这一文化的价值取向。只有从内心认可中华优秀传统文化，才会将其所学的文化内容运用于实践中。因此，高校要建立起学生对中华优秀传统文化的认同感，就必须了解其发展历程，理清文化脉络和历史走向，在历史长河中感知它的生命力及有效性。同时，大学生要广泛阅读经典，在史书典籍中感悟文化智慧、体悟传承魅力；可以去孔圣之地感受文化的气息，体会文化的厚重感，从而增强大学生对中华优秀传统文化的认同感。

三、重视校园文化发展

（一）将中华优秀传统文化融入校园文化

第一，促进中华优秀传统文化与校园物质文化的融合。学校应该充分认识到，如果将大部分的精力都放在环境的布置上只能使校园物质文化只剩下几座建筑，并不具备人文情怀和思想意志，这对学生道德的培养及日后的发展都是极为不利的，同时这也会对学校的发展也会造成一定的阻碍。校园物质文化主要是校园人文精神及文化内涵的综合体现，在其建设中融入中华优秀传统文化，能够利用巧妙、和谐、实用的设计，使传统文化能够在校园中得以全面渗透。例如在进行校园环境绿化的整体规划中，应充分体现人文精神及环境保护意识；通过在校内树立伟人的石塑等方式，来体现传统文化的内涵和精神；通过组织师生参加相关的纪念活动，使传统文化能够更加直观化、形象化地展现在眼前，以此来实现对学生责任感的激发。只有这样，才能使校园文化变得更加灵动，使师生主体能够获得精神上的陶冶。

第二，推动中华优秀传统文化融入校园精神文化。校园精神的形成和发展，并不是一朝一夕的，而是校园文化经过长期积淀的结果，而且需要校园主体的共同参与。同时，主体对于校园精神的价值和意义，也应获得相应的认同。只有这样，校园精神的感染和熏陶作用才能被充分发挥出来。在将中华优秀传统文化与校园文化进行融合的过程中，要积极挖掘传统文化中的精神和内涵，并将其转化为校园文化建设的资源。一方面，学生获取知识的途径要不断地扩大，还应在课余时间多阅读一些经典名著，参观一些历史遗址等，以此来增强学生的民族认同感，提升学生对中华优秀传统文化的认同和体验；另一方面，教师要将传统文化引入课堂，加深学生的认知，并在实际教学中有效凸显传统文化的感染力。通过课堂引入与课后拓展的结合，促使校园主体能够从真正意义上体会到传统文化的精神内涵，并将其与校园文化进行融合，共同发挥文化育人的作用。

第三，推动中华优秀传统文化融入校园制度文化。在传统文化中，制度文化的独特性是比较显著的，传统文化中的制度通常都是为了能够促进人与社会、自然的和谐共处，而校园制度也要对其功能进行有效的传承。一方面，要学习传统文化中的"仁、义、礼、智、信"，并从中总结出更适合现代发展的思想内容，完善制度管理，通过奖励和惩罚等方式引导校园主体规范自身的行为，尊重他人；另一方面，传统文化中也比较注重"以人为本"的理念，即使在制度的约束下，也要突出人文性和服务性等特点，因此学生可以通过学习传统文化来获得校园主体的认可，促使其能够在制度的约束下，形成良好的习惯。

第四，推动中华优秀传统文化融入校园文化活动。要想实现中华优秀传统文化与校园文化之间的融合，就必须组织校园主体积极参与，并且能够在自身的体验中实现对中华优秀传统文化的传承。这就要求学校必须要对传统文化和校园文化的内涵进行深入挖掘，并在此基础上，设计出学生喜闻乐见的校园活动，使活动能够更加凸显文化特色。一方面，可以利用民族节日，组织校园主体参与传统文化的纪念活动，增强其内心的责任感，还可以聘请一些国学专业教师，来校举办讲座，同时举办相应的比赛活动，通过学习古典文学的内涵，来激发学生的民族情感；另一方面，学校也可以组织一些公益活动，让教育不拘泥于校园，促使学生能够将传统文化带入现代化的潮流中，使其能够影响更多的人。

综上所述，中华优秀传统文化历久弥新、源远流长，将其融入校园文化建设工作中，对学校的发展和文化的传承有重要的意义。高校应将传统文化融入校园精神、物质、制度及行为文化的各个方面，学校及广大师生群体应当将文化知识的学习与传播作为新的建设任务和学习任务，只有这样，才能够真正在校园学习生活中感受到文化的力量。

（二）打造具有特色的品牌校园活动

耦合中华优秀传统文化与校园品牌文化活动的德育功能，着力将中华优秀传统文化的时代价值深度融入大学生校园文化，打造具有学校特色和地缘优势的品牌校园文化活动，增强大学生对中华优秀传统文化的归属感和自主性，对推进大学生思想政治教育工作具有渗透作用。

传承经典，建立常态化活动机制。校园文化活动是大学生自我教育、自我管理、自我服务的主要渠道之一，具备一定的号召力和感染力，传承中华优秀传统文化经典，建立常态化的活动机制有利于大学生良好人文素养的养成。因此，高校应切实提升中华优秀传统文化在思政教育过程中的比重，积极开展"读原著·读经典"、传统文化主题教育践习、传统文化读本、非物质文化遗产进校园等品牌化活动。除此之外，更要积极引导大学生广泛参加"互联网＋创业大赛""挑战杯"等科研类竞赛，鼓励文科学院学生围绕传统文化的延伸和发展申请立项，创造广泛持久、良好深入的学术氛围，实现中华优秀传统文化理论性和实践性的统一。同时，高校还应做好后续跟踪工作，做好大学生思想方面的动态化管理，保证传统文化素养内化为大学生的身体力行。融合文体，健全理想信念养成机制。中华优秀传统文化与文体活动的融合有利于大学生养成正确的理想信念，在这一过程中也凝聚成高校独一无二的核心价值理念。一方面，应聚焦大学生兴趣爱好关键点，积极开展文艺活动、社团嘉年华、羽毛球、篮球比赛等，全面、多元地营造出和谐温馨的育人环境；另一方面，应紧密联系办学特色和现实发展，通过校训精神引领大学生树立拥护党和国家、慎独省察、求实创新、勇于担当等理想信念。

总之，要将中华优秀传统文化的时代价值与学校办学过程中的物质文化与精神文化紧密结合，在传统文化的创新性发展中凝练为历久弥坚的校园文化精神，进而更好地发挥传统文化的育人作用。

（三）充分发掘当地红色文化

首先，突出课堂教育主阵地的作用。课堂教育是高校思政教育的主阵地，也是立德树人、培养大学生思想政治素质的主渠道，传承红色基因必须把课堂教育摆在核心位置，推进红色基因进教材、进课程、进头脑。一是纳入系统课程。把红色基因教育作为课堂教育的重要内容，既要增强思政教育中传承红色基因的力度，也要在学科教育中注入更多的红色元素；既注重开设形势政策等专题课程，也要加强日常话语体系的培塑、行为习惯的养成和红色思想的引领；既要统筹红色基因教育在必修课中的学分比重，也要增设更多的选修课细分课程，激励和引导学生更多的学习、了解红色文化，形成学科教育与思政教育相结合、专题教育与日常教育相兼容、必修课与选修课相衔接的系统化课程模式。二是打造精品课程。精心组织专业力量围绕不同专题、针对不同对象编写打磨富有政治性、理论性、实践性的专题课程，形成"一课多上""一人多讲"的教学格局，运用通俗化、大众化的方式，运用接地气、冒热气、聚人气的大白话、大实话，把深邃思想讲透彻、深刻理论讲鲜活，让红色传统教育有意义有意思、有知识、有滋味、有高度又有温度。三是编排校本课程。结合高校所在地域的文化实际，深挖红色"家底"，开发富有地方文化底蕴、精神特质和历史涵养的校本教材，提升红色文化的可读性、延展性，让学生置身于所处地域的红色文化熏陶中，从广为流传的革命故事和先烈事迹中，进行跨越时空的对话，不断提取精神养料，让红色基因厚植在历史的土壤中。

其次，转变红色文化教学方式。主动适应现代大学生追求时尚、追求趣味、追求个性的特点，围绕教育抓传承、紧扣传承抓教育，注重融入时代语言、现代气息、创新元素，转变教育方式，增强趣味性、娱乐性和感染力，实现"润物细无声""叫好又叫座"的效果。一是变呆板封闭为鲜活生动，推行开放式教学。

采取"走出去、请进来"的办法，开设热点透视、仪式激励等特色课堂，使红色教育更加生动、形象、直观。每当国际发生重大事件、国家出台重大政策、社会出现热炒话题时，应运用热点透视课堂，邀请专家学者登台授课，第一时间传播党的声音，厘清思想迷雾，打好意识形态领域主动仗；结合入学入党、节日升旗和国家纪念日等时机，开设仪式激励课堂，让学生在耳濡目染和身临其境中加深红色情感体验和理性思考。二是变被动接受为自助取餐，推行互动式教学。把搞好自我教育作为重要抓手，让学生上"前台"、唱"主角"、当"主人"，开设故事启发、访谈引导等特色课堂，蹚开自我教育的新路子。拓展故事启发课堂，通过讲个人成长经历、英雄模范事迹，把尘封的历史转化为鲜活的故事，启发学生正确立身做人、立志做事；开通访谈引导课堂，采取节目访谈模式，让学习尖子、党员代表、优秀毕业生当嘉宾、谈体会、话感受，变被动听讲为互动交流，使教育更有活力、更接地气。三是变强制灌输为熏陶渗透，推行情景式教学。积极融入情怀感化、鉴赏修身等特色课堂，形成"感动、教化、培育"的有机链接。组织情怀感化课堂，播放励志录音录像，邀请老革命、老前辈讲家风、讲传统、讲社会发展变化，用情怀的力量激励学生成长成才、建功社会；鼓励参与鉴赏修身课堂，通过开展文艺晚会、爱国影片展映、书画摄影赏析、群众性读书、书评影评交流、特色队伍表演、"学四史、唱四歌"等活动，让学生在自编自演、自娱自乐中陶冶情操、固本培元。

最后，注重红色文化与现实相结合。红色资源只有与现实相结合，才能如鱼得水、无限增值。一是融入课题研究，依托高校丰富的理论专家资源和学科研究团队，成立红色文化研究机构，吸纳师生积极参与，紧贴高校所在地域红色文化背景，深入挖掘整理红色资源，广泛开展"红色资源+"课题研究，不断丰富完善地域红色文化，形成地方红色文化体系，提炼红色基因新的时代内涵，彰显红色资源的人文魅力和精神特质；二是融入课堂体验，要充分运用红色资源拓展党性教育形式，把课堂搬到革命遗址、纪念场馆、教育基地等，在革命前辈和红军将士当年流血牺牲的地方进行实地教学，在重大纪念日组织师生到烈士陵园、纪念碑前进行祭扫、凭吊活动，用组织生活提炼思想、提纯忠诚，让他们在庄严仪式、参观研学中触动灵魂、得到洗礼、感受神圣；三是融入社会实践，积极引导学生进社区、进农村、进基层，到广大工农群众中去，到生产生活一线中去，走访老红军、老革命、老党员，参加军政训练、志愿服务、生产劳动，开展社会调查、创业实习、公益活动等，在各种各样的社会实践中受教育、长才干、做贡献，体悟红色基因的时代魅力，增进历史认知、国情认知和社会认识，不断强化"四个自信"；四是融入班团建设，努力发挥班级和社团在大学生自我教育、自我管理和自我服务中的作用，把红色基因注入班团活动，创建红色社团，加强社团管理和引导，鼓励和启发开展丰富多彩的红色文化活动，在寻踪基因密码、深耕红色土壤中培塑初心、守望践行。

四、打造思政教育"互联网+"新体系

（一）营造"互联网+思政"教育氛围

互联网的发展让当代大学生对其产生严重的依赖感，思想政治教育工作与互联网的深层融合恰巧符合因时而进、因势而新、因事而化的原则，营造"互联网+思政"教育氛围既保证了中华优秀传统文化发展的新鲜度，又有助于构建"大思政"育人环境。

大力普及思想政治教育数据化。很多专家、教师潜心科研，对于智能化教育持怀疑态度。因此，应定期组织校内智能设备应用主题的培训会，通过细致的实操讲解消除部分教师心中的顾虑。在日常管理、备课和教学环节中巧用微博、社区、贴吧等网络媒体，在保留中华优秀传统文化理论精髓的基础上融合大学生当下流行喜爱的新鲜元素，打破"线上"与"线下"的鸿沟。同时，增强中华优秀传统文化与慕课的黏性。网易公开课、MOOC、超星公开课等慕课平台都是我国教师常应用的软件。虽然我国是全球慕课课程最多的国家，但大多为专业型和技能型课程。因此，高校可以通过外聘专业的国学讲师、邀请文化底蕴深厚的教师、专家、学者的方式打造传统经典慕课，激发思政教育创造新活力。

全面建设绿色思政教育环境。互联网拓宽大学生思政教育渠道的同时也带来了一系列艰巨的挑战，习近平总书记曾强调，"要合作建设网络文明，共同反对网络上宣扬极端、散布仇恨的言论"。[①]一方面，净化网络生态环境，需要学校数字媒体中心、网络监管平台、社会相关部门形成合力，共同做好管理、维护和监督工作，扫除互联网平台中消极的、怠慢的、错误的社会思潮和不良思想，紧紧守住网络思政的一方"责任田"；另一方面，用中华优秀传统文化精神滋养思政生态，选取感动中国人物事迹片段、社会主义核心价值观宣传片、情理交融的公益广告等素材传播文化正能量，营造阳光向上、积极乐观的思政生态环境。

---

① 习近平.习近平：携手推进新时代中阿战略伙伴关系——习近平在中阿合作论坛第八届部长级会议开幕式上的讲话[N].人民日报，2018-07-11（02）.

（二）打造"第三课堂思政"教育平台

全媒体时代下，高校思政教师及高校领导都需要重视网络的发展，重视网络教学。如今的时代是网络化、信息化的时代，学生的思想观念也产生了较大变化，思维得到了更新。与此同时，这一时代下的信息传递更加快速，信息中所包含的各种思潮都会对学生产生一定影响，这些影响并非都是正面、积极向上的，一些信息中所含有的价值观念甚至与我国主流意识形态背道而驰。学生不能够明辨是非，甚至受到这些思潮的影响。由此，全媒体时代的到来对于高校思想政治教育而言既是机遇，也是挑战。为了让全媒体时代下的高校思想政治教育发挥较好的效果，除了教师转变自身的思想观念、积极学习新的教学理念及教学方式之外，学校还应当重视高校思想政治教育的新媒体平台的构建，通过此平台来向学生展开积极的思政教育，让"第三课堂"的影响力持续增大。首先，需要打造好全媒体平台矩阵。这一个"市场"深受高校大学生所喜爱，受众群体极为广泛，包含官方网站、QQ、微信等社交平台，是学生日常社交所需要用到的。而高校思政教育"第三课堂"的打造就需要对此高度重视，通过把握住新媒体渠道，积极打造精品思政教学课程资源，利用这些平台来传递正能量。其次，要强化新媒体平台的教育功能。高校需要对原有的新媒体教学方式进行改善与创新，积极改变网络管理的策略，并以此构建出"第三课堂"，使其发挥原本的教育功能，让学生在"第三课堂"中学到更多的思想政治知识，正确树立"三观"。最后，在构建此平台的时候，充分考虑学生的思想感受，结合学生思想政治教育的实际情况进行教学。现阶段教学应当以学生为主体，教学内容的设置更要结合学生的实际情况，如此一来才能够真正帮助到学生的思想政治教学，让学生通过此平台对马克思主义主流意识形态进行深入了解，逐渐提升自己的思想道德素养。

"第三课堂"要融入当下市场流行元素，打破传统文化与各界的壁垒。借鉴"蚂蚁种树""学习强国点点通"的激励政策，尝试推出传统文化主题知识问答、经典名著配音、诗词名句赏析等模块，大学生通过参与模块活动换取一定积分，不同分值的积分对应不同的金额。第三方平台通过融入公益、电子商城等元素，把大学生通过学习传统文化获取的金额捐献给全国各地的公益组织，或者用于抵用购买日常用品的部分金额等。这项举措在打通传统文化与经济社会壁垒的同时，既满足了大学生的实际需求，又大大增进了中华优秀传统文化与大学生思想政治教育的黏合性和交互性。

（三）构造"智能化思政"教育模式

国务院《新一代人工智能发展规划》提出"运用智能技术加快推进人才培养模式、教学方法改革，构建涵盖智能学习、交互式学习的新型教育体系。开展智能校园建设，推进人工智能在教学、管理、资源建设等全流程应用。由此可见，"智能化思政"的教育模式是一项具有高瞻远瞩性的育人方式。

构造"智能化思政"新模式亟需智能思政教材、智能思政授课和智能思政实践三方面。第一，高校应及时搭建 5G 物联网结构以保证校园范围内物物交互的可行性，将国家统一编写的思政教材与高校云计算、大数据、多媒体等资源深度融合。同时，充分利用 5G 泛在网的优势，第一时间同步并备份习近平新时代中国特色社会主义思想的最新成果，以供教师和大学生群体在第一时间汲取马克思主义中国化的结晶。随时更新传统鲜明的校本教材，利用 5G 低时延的优势与省内及全国高校形成有机整体，实现全国思政校本教材与各地中华优秀传统文化的有机联动。第二，教师应会用、敢用、善用智能思政授课方式。智能的神奇之处在于能打破时间和空间的限制，通过 VR、AI 技术打造虚拟但体验感极佳的教育环境。教师可以通过真实的智能课堂再现不朽的"万里长城"，亲身感受"初惊河汉落，半洒云天里"（《望庐山瀑布二首》）的壮观气魄及美轮美奂的剪纸作品等；更要敢用智能技术，调动大学生互动的积极性，一同参与到课程主题、课程教案、课程视频音频的制作中，拉近大学生与中华优秀传统文化的距离；要善用智能授课方式，教学手段服务于课堂但不限于课堂，大学生对于新鲜事物的热忱度极高，应避免课堂泛娱乐化、课堂新鲜化的情况。第三，合理开展智能思政实践活动。2020 年全国大学生共上一堂思政课的反响热烈，各大高校可以将时间成本和人力成本稍高的实践活动以一种全新的方式在云端开展，让大学生群体在碎片化的时间内能够领略祖国山河的秀美、惊叹改革开放的成就、感受中华诗词的魅力。

五、加强学校制度建设

俗话说"没有规矩，不成方圆"，"规矩"即是约束与保障的意思。将中华优秀传统文化融入大学生思想政治教育是一项涉及方方面面的系统综合性工程，"各级党委要把思想政治理论课建设摆上重要议程"，[①] 在党中央的集中统一领导下各方面共同支持、参与，推动工程的顺利进行及保障融入的规范性与科学性。根据

---

① 习近平：用新时代中国特色社会主义思想铸魂育人　贯彻党的教育方针落实立德树人根本任务 [N]. 人民日报，2019-03-19（01）.

时代的发展特点与现实需要建设完善的制度,用制度去管人管事,用制度来保障相关融入政策的落实,并逐渐形成常态化体制,紧紧把握中华优秀传统文化融入大学生思想政治教育的主流方向,发挥好制度的导向作用。

(一)细化组织领导制度

习近平总书记强调,"学校党委要坚持把从严管理和科学治理结合起来,学校党委书记、校长要带头走进课堂,带头推动思政课建设,带头联系思政课教师"。[①]高校作为大学生思想政治教育的主阵地,承担着立德树人的重要任务。中华优秀传统文化融入大学生思想政治教育,不能只靠高校领导的重视与师生的自觉行为,要在党的统一领导下,建立一套各方面共同重视、支持、参与的组织保障制度体系,形成比较完备的领导体制,为思想政治教育最终目标的实现提供制度保障。

第一,细化中华优秀传统文化融入大学生思想政治教育的组织领导制度。高校党委要积极响应党和国家的号召,完善党对教育工作全面领导的体制机制,充分发挥领导核心的作用,统筹和协调各部门,整体把握中华优秀传统文化融入的工作方向与融入的目标、内容、步骤及预期达到的效果等内容,整合各项资源以推进融入工作的进程。要形成高校党委领导牵头的领导制度,以教务处、校团委、学工部、科研处等为主要工作部门,同时组织专业教师及学生代表共同参与。高校党委要定期或者不定期开展领导专题会议,在广泛听取专业教师队伍及学生代表的意见和建议的基础上,结合高校的办学理念与教学特色,研究制定与本校实际相符的融入工作计划,确保计划的针对性与特色性,并解决在融入过程中出现的问题。

第二,做好各部门的责任分工以保证计划顺利贯彻落实。教务处要充分发挥主渠道的作用,紧抓教材和教学管理;校团委及学工部要认真组织以中华优秀传统文化为主题的校园活动和社会实践活动;科研处要对中华优秀传统文化融入大学生思想政治教育的研究工作采取一定程度的政策倾斜,以鼓励师生深入挖掘中华优秀传统文化的时代价值,进一步推动科研的发展。各工作部门要努力形成管理完善、运行有序的衔接系统,构建自上而下沟通紧密、协调合作的多方位深层次联动融入机制,建立完善的组织领导制度,不断推动形成中华优秀传统文化融入大学生思想政治教育的新局面。

---

① 《求是》杂志发表习近平总书记重要文章——思政课是落实立德树人根本任务的关键课程[N]. 人民日报,2020-09-01(01).

　　第三，推动多方位深层次联动融入机制的形成，高校还要加强资金与设备的保障，要科学规划教育经费支出。在资金投入方面，应加强对教师课堂教学经费与相关科研经费的投入，除了提升教师的工作待遇，满足教学活动及科研的经费需求之外，还要保证教师的进修学习及实践调研等方面的资金需求，坚持教育投入优先保障，并不断提高教师待遇。此外，还要增加对学生团体组织经费的投入，为多姿多彩的大学生校园文化实践活动提供物质保障。在教育设施方面，虽说思想政治教育课堂不像工科类课堂需要大量的仪器设备，但也需要跟上时代发展的教学设备来营造更好的学习环境。此外，还要扩充图书馆有关中华优秀传统文化的图书资源，包括但不限于经典书籍。同时，校园人文景观的建设同样需要大量的资金投入，比如校园建筑、景观雕塑，文化产品及学生举办相关主题活动时的场地及设备等，都需要经费支持。中华优秀传统文化融入大学生思想政治教育需要长期的坚持才能看见效益，可以说这项融入工作在高校当前是看不见多少效益的，但对建设社会主义社会，对为国家培养高尚道德品质的社会主义事业的建设者和接班人，是一项最有意义的教育投资。

　　总之，新时代，大学生思想政治教育中融入中华优秀传统文化不仅仅是思政课教师和辅导员的事情，而必须是全员的；不该只是在思政课堂上，而必须是全过程、全方位的；不应分阶段、分场合，而要无处不在、无时不在地融入、渗透在思想政治教育、文化知识教育和社会实践的各环节。高校管理部门应转变育人理念、细化制度措施、提供工作保障、强调责任落实。教师要学会利用课堂内外、线上线下及科学研究、实验实习等机会，与学生交谈交流，把传统文化精神、社会主义核心价值观、爱党爱国信念、职业道德伦理，以及积极乐观、向善向上、奋发有为的人生态度等，于不经意间渗透进学生心田，启迪学生思考，指导学生实践，训练其分析问题和解决问题的能力——这个过程其实也是教师发现学生特质，进而因材施教的过程。每一门学科的发展史，实际都是一部活的思想政治教育教材，都包含中华优秀传统文化精神。在大学生专业学习、科学研究和实践（实习）中，公共课教师、专业课教师要结合专业知识的传授，从国家和社会需要、事业职业发展、个人综合素质养成等方面，有意识地进行思想政治教育，以达到潜移默化的育人效果。例如教师可以"链接"学科巨匠、行业标兵，甚至同门师生中的先进案例，用他们的爱国、奉献精神感染学生，用他们的艰苦奋斗、非凡成就鼓励学生，让学生在真实、生动的事例中，找榜样、明理想、铸信念、领精神。毕竟，人们会通过每一个人追求自己的、自觉期望的目的而创造自己的历史。由于专业课教师所提供的思政素材往往是学生所在领域中的人和事，有的甚至就在他们身边，大学生自然会生成亲切感，感觉目标就在身边，努力就能实现。当然，推动大学生思政课程中融入中华优秀传统文化，仍需要学校整体推动，制定结合学校、学科特色的整体方案，搭建专业课教师和思政课教师集体备课平台，让双方在交流中增进对彼此学科的理解，在理解中找准传统文化、专业知识与思想政治教育的结合点，在运用、打磨思政元素的过程中既提升自我又教育学生，既传授知识又濡染思想。

（二）优化激励驱动制度

保障中华优秀传统文化融入大学生思想政治教育需要一定推动力来实现。依托完善的制度与政策，在制度文化的发展中巩固中华优秀传统文化的作用。这种推动力不仅来自人们对精神需求、文化追求及社会地位的满足，同样也来自人们对物质利益的满足。利益的驱动力是夯实优秀传统文化融入的最基本的动力保障，正如马克思说过，"人们为之奋斗的一切，都同他们的利益有关"。[①] 因此，需要优化激励驱动制度，来满足师生合理、正当的各种需求，以最大限度激发大学生学习中华优秀传统文化的自觉性与积极性，提升大学生思想政治教育的实效性与文化品质。

首先，物质层面的激励是优秀传统文化融入的基础动力保障。各高校立足实际情况，对传承与弘扬中华优秀传统文化的优秀典型，践行思想政治教育的突出代表进行一定的物质激励。在保证建设马克思主义重点学科经费的前提下，按一定的标准划分专项经费来奖励在思想政治教育中有突出表现和科研成果的师生，并"因地制宜设立思政课教师和辅导员岗位津贴"。[②] 高校还可以定期组织先进集体和个人评比活动，并给予相应的物质奖励，让教育者与受教育者在为自己利益奋斗的同时，推进中华优秀传统文化融入大学生思想政治教育的进程。在为利益奋斗时通过中华优秀传统来涵养师生"不以物喜，不以己悲"（《岳阳楼记》）的平常之心，坚持"役物"而非"役于物"，对待利益保持中正平和的良好心态。此外，物质激励一定要把握适度原则，要使物质激励成为一种动力而不是最终目的，保障物质激励与思想政治教育工作之间的良性循环。

其次，精神层面的激励属于更高层次的动力需求。包括实现个人价值、取得

---

① 中共中央马克思恩格斯列宁斯大林著作编译局.马克思恩格斯全集：第一卷 [M].北京：人民出版社，1995.

② 中共中央办公厅 国务院办公厅印发《关于深化新时代学校思想政治理论课改革创新的若干意见 [EB/OL].（2019-08-15）[2021-10-22].http：//www.moe.gov.cn/jyb-xxgk/moe-1777/moe-1778/201908/+20190815-394663.html.

成就及获得他人的尊重等。精神激励不同于物质激励，是一种为人们带来强大精神动力的隐形驱动力，主要体现在人们道德修养、思想境界、情感追求、理想信念等方面。比如优秀学生获得先进个人等荣誉称号、优秀教师获得的来自学生与社会的广泛认可等，都属于精神激励。要将精神激励与物质激励有机结合起来，在对优秀典型进行奖励与表彰的同时充分发挥榜样的示范作用，不断完善利益驱动制度，引导人们的思想与行为方式。但在运用精神激励与物质激励时，要兼顾两者的需要与使用的周期频率，做到优势互补，这样才能让精神激励与物质激励真正发挥作用，达到预期的动力效果。

最后，建立完善的政策驱动制度，包括正向驱动与反向驱动。党和国家的方针、政策，对大学生思想行为的选择具有重要的调节作用。高校积极贯彻落实党和国家制定的有关传承与弘扬中华优秀传统文化的方针、政策，根据相关指示精神制定符合各高校实际情况的政策驱动制度，属于正向的政策驱动，更能调动大学生的积极性与主动性。惩罚作为反向驱动也是政策驱动制度的一部分。习近平总书记指出，"法律是成文的道德，道德是内心的法律"。[①]制度在一定程度上具有强制性，对大学生的行为具有一定的约束与指导作用。一般来说完善需要承担相应后果的政策，对大学生的思想行为会更有规范作用，经过时间的积淀之后，这种约束力就会渐渐内化为大学生的行为习惯，这对夯实中华优秀传统文化融入来说，也是一种动力保障。采取正反结合的方式来夯实动力保障，用明确又行之有效的规章制度来保障中华优秀传统文化融入大学生思想政治教育的长效性、可持续性。从大学生的现实需求入手，把物质驱动、精神驱动、政策驱动结合起来，充分优化中华优秀传统文化融入的激励驱动制度。

（三）探索反馈评估制度

各项政策的贯彻落实，是推动中华优秀传统文化融入大学生思想政治教育的关键之处。学校建立自我督导体系，优化学校内部治理，要构建完善的反馈评估制度来监督政策的落实情况，为考核监督融入工作的实际情况、效果及融入进展提供检验和评价的依据。高校积极采用大数据手段对收集的内容和材料进行科学的数据分析，通过考核监督对中华优秀传统文化融入大学生思想政治教育的工作成效进行综合评价与宏观指导，综合考核评估的结果，及时调整融入的内容与方式，以此为高校进一步开展融入工作提供管理导向。

---

① 习近平.习近平在首都各界纪念现行宪法公布施行30周年大会上的讲话[EB/OL].（2012-12-05）[2021-10-22].http://jhsjk.people.cn/article/19793598.

第一，建立动态反馈机制。及时畅通的信息是有效调控融入内容与融入方式的前提。"各级教育督导机构要及时向被督导单位反馈督导结果，逐项反馈存在的问题"[①]，保障融入工作开展的真实情况及师生对融入工作的意见与建议能够及时反馈给各工作部门，各部门能够及时进行沟通协调。有利于及时发现问题、解决问题，牢牢掌握住工作的主动权，为进一步调整决策方向提供事实依据。比如学生组织要形成完善的信息反馈制度，就要从大学生的实际情况入手。通过了解大学生对中华优秀传统文化融入大学生思想政治教育这项工作的想法，来开展有针对性的校园实践活动。并及时收集大学生对活动的反馈，为改进校园活动总结经验。同时，整合收集到的反馈信息并及时向上级组织汇报情况，以便上级组织及时研究调整开展融入工作的计划。

在构建这一动态反馈机制的过程中，应当着力做好以下几个方面。首先，应当在动态反馈信息采集的范围中围绕思想政治教育的主要方面、核心环节设定核心观测点。如在课程教材反馈方面，应建立有效机制，通过深入课堂和了解学生对教材知识性、可读性、科学性的真实评价；通过座谈研讨、线上信息采集、云备课等方式与任课教师加强联系深入沟通，听取教师反映的意见与建议，召集相关领域专家定期及时对教材进行修订，使教材在教学实践中得到检验和改进，同时也通过教材的改进直接促进教学实践的提升与进步，最终实现二者的良性循环。在课堂教学过程中，我们则要实现对中华优秀传统文化融入的内容、实现融入的形式与方法、学生对传统文化的认知、认同情况进行实时采集，以备日后进行育人效果对比和方式方法改进；同时对教师能力素质、传授引导水平等多项因素也应当进行了解与评价，以帮助教师提升个人素质与教学能力。校园活动和社会实践环节中，应进行广泛的行为观测，思想价值观调查，教学引导实践质量的评估，实践活动形式、内容、实效的评价等，不断从整体上客观、动态地把握中华优秀传统文化融入思想政治教育的质与效，及时发现问题、纠正偏差，总结经验、吸取教训，以确保中华优秀传统文化的融入紧紧围绕立德树人根本任务和新时代人才培养目标展开，促进中华优秀传统文化融入的科学化、系统化，为实现以文化人、以文育人的目标提供实效性与长效性的机制保障。在家庭和社会实践的相关环境中，应建立有效的联动机制，一方面，要让家庭和相关社会单位组织等明晰高校育人目标与内容，拓展传统文化发挥价值的空间、路径、方式，形成协同育人的合力；另一方面要做好反馈信息采集，通过联动反馈机制把控教育质量，逆

---

① 中共中央办公厅、国务院办公厅印发《关于深化新时代教育督导体制机制改革的意见 [EB/OL].（2020-02-19）[2021-10-22].http：//www.gov.cn/xinwen/2020-02/19/antent-5480977.htm.

向追溯查找不足，发挥好高校作为育人主体的核心作用，针对实际情况调整教育实施方案，推进优秀传统文化和思想政治教育的协同创新发展。其次，应当注重对动态反馈机制运行中收集到的各种信息进行科学、全面、系统地分析。在课程与课堂层面把握传统文化精华与知识理论有机融合；从教学与实践层面把握思想理论武装与价值认同、实践践行的统一；分析教师素质能力、学生的认知认同的变化趋势，寻找相互之间的关系；研究师生间的教学互动，高校、家庭与社会的协调联动机制的完善，提高育人实效性的创新路径等，从多重维度深入地审视和思考动态反馈信息中表达的积极经验与实际问题，进而有针对性地调整传统文化融入的实践。需要注意的是，在运用相关技术进行信息采集时，也要秉持以人为本的理念，注重尊重与保护教师和学生在反馈过程中的个人信息安全。最后，对于动态反馈机制本身，也应当做到因革有序、革故鼎新，无论是观测点，还是信息收集方式和渠道、分析评价指标体系等，都应当灵活动态地予以调整，围绕时代变化、高校教育理论与实践的发展、学生群体的不同特点，以及其他影响教育的实际情况做到适时损益、与时偕行，为教育主管部门和教师客观把握中华优秀传统文化融入思想政治教育的实际情况，明确改进完善方向提供科学的数据支撑，从而使青年大学生坚定文化自信，成为新时代传承民族精神、弘扬中华优秀传统文化的有生力量，促进中国特色社会主义文化繁荣昌盛；使高校思想政治教育充分发挥出立德树人的重要价值，培养一代又一代德智体美劳全面发展的社会主义建设者和接班人，为社会主义现代化建设贡献力量。

第二，完善考核评估制度。考核评估制度是保障教育效果的重要督导。将中华优秀传统文化教育作为教育现代化监测评价指标体系的重要内容，首先是对教师的考核评估，坚持把师德师风作为第一标准，落实对教师的个人修养、知识水平、教学技能、教学内容及榜样示范作用等方面的定期与不定期考核。把认真履行教育教学职责作为评价教师的基本要求，引导教师上好每一节课、关爱每一个学生。比如考核教学内容，不能单从内容一个角度出发，要考核教师是否能明确教学内容与融入内容的相关性，正确把握教学内容的社会主义方向，以帮助大学生解释与解决现实问题等方面。其次是对大学生的考核评估。坚持以德为先、能力为重、全面发展，坚持面向人人、因材施教、知行合一，坚决改变用分数给学生贴标签的做法，对大学生的考核评估不能单看成绩和学分，还要看大学生在接受思想政治教育之后的变化，以及在这个变化过程中表现出来的实践能力，对其实行"分类评价"。同时，可以将大学生的道德修养与践行程度纳入综合素质评价体系中，与奖学金、评优评先等挂钩，以此督促大学生提升自觉性。最后是对教学效果的考核评估。对中华优秀传统文化融入大学生思想政治教育的效果进行考核评估，应采用定性与定量评估相结合的考核方式，通过指标完成状况、群众满意度调查及产生的效果与影响程度等方法，来提升考核评估的科学性与合理性。通过完善信息反馈制度，提升中华优秀传统文化融入的针对性与计划性，推动高校自觉将融入工作贯彻在教育教学活动的全过程，在监督保障下不断提升大学生思想政治教育的质量。

六、注重文化认同的实践培养

社会实践与大学生的文化认同两者是紧密联系在一起的，文化认同的有效提升离不开社会实践，在社会实践中可以更好地促使大学生真正认知中华优秀传统文化，进行文化认同教育也是为了更好地服务社会主义实践。因此，加强当代大学生中华优秀传统文化认同，要培育大学生对中华优秀传统文化的践行能力。

（一）拓展大学生文化认同教育实践渠道

要想使大学生群体自觉践行中华优秀传统文化理念所倡导的价值观念和行为规范，就要使其在亲身实践之中增强情感认同，以此树立起对中华优秀传统文化；牢固的文化信仰，并在今后能自觉对中华优秀传统文化的内容进行深层次解读、积极的传播、主动去进行实践。

进行中华优秀传统文化认同教育实践，要积极拓展实践渠道。第一，要充分了解和掌握当代大学生这个特殊群体，因时制宜、因事制宜地引领大学生群体，让他们能够把握住正确的社会实践活动方向，积极参与中华优秀传统文化实践并且积极带动身边同学进行实践。大学生要将接受教育、增长知识和作出贡献作为参与实践的真正目的，从内心接受中华优秀传统文化，并能为弘扬和传播中华优秀传统文化作出积极贡献。第二，要对实践活动的内容与形式进行科学设计，合理开展多种多样的实践活动，实践方式可以通过个体单独展开或者集体共同行动。高校思想政治教育工作人员、青年大学生学习社团、党团部门组织都可以在高校中或者社会范围内积极开展实践活动。

（二）推进大学生文化认同教育的实践基地建设

中华优秀传统文化认同教育是需要长期进行的，必须要依靠积极开展社会实践活动来实现大学生的外化践行。因此，我们可以打造专门的中华优秀传统文化实践基地，从而为大学生顺利进行文化实践活动提供稳定、持久的平台。首先，打造专门的中华优秀传统文化的实践基地，不光只是校园内部进行，还可以借鉴别国文化教育基地的建设经验，选择像陈列馆、文化遗址等具有丰富文化底蕴的地方打造专门的实践基地，并开展形式多样的教育活动。其次，高校作为大学生培养主体单位，需主动同各社会主体建立联系，在建设实践基地的同时，也需同步建立和完善实践基地所必要的多方联动的体制，为大学生群体有效开展文化认同教育的实践活动提供一个高效可靠的保障。

（三）完善大学生文化认同教育的社会实践制度

中华优秀传统文化实践活动离不开一个完善的社会实践制度，要努力在开展实践中不断建立和完善社会实践活动制度，通过完善的制度助推中国特色社会主义文化认同教育有序进行。完善大学生的中华优秀传统文化实践活动制度，首先，需要我们去建立一个符合社会发展要求和满足大学生群体需求的规范。实践活动参与人员很多、涉及范围也很广，如果没有统一的制度标准和规范要求，原定的教育目标可能就难以实现，相关实践活动的开展可能出现混乱导致各种问题发生。所以可以在实际调查的基础上，制定出符合实际的相关制度规范。

在建立和制定专门的社会实践制度时，首先，特别要注意厘清主体责任与客体责任，在联动机制、安全管理方面建立统一制度准则，将这些都严格执行到社会实践的各个环节之中。并随时对社会实践活动开展进行追踪反馈，不断修正完善相应的制度规范和条例，为文化认同教育的社会实践活动顺利开展提供可靠保障。其次，还需要建立相关考核标准体系，建立完善制度的激励机制和反馈机制。例如将大学生参与的社会文化实践活动加入学校教学考核当中去，将社会实践活动进行量化考评，并与学生的学分进行挂钩。还可安排人员专项跟踪考察和评定，客观公正、奖惩分明地对参与活动的教师和学生进行评判。对在实践活动中表现好的教师或者学生进行适当的奖励和表彰等，对参与活动的人群设立专门反馈信息栏，并在实践活动开展后，及时进行总结反馈。最后将活动不足之处、制度不合理之处进行修正，以确保大学生的文化认同教育社会实践活动制度不断完善和持续发展。

总之，实践活动对大学生群体的行为习惯培养和引导有极其重要的助推作用。要竭尽全力采取各种切合社会实际的高效方式，保障社会实践活动顺利进行。让学生在活动中真切感受中华优秀传统文化丰富的内涵，并树立坚定的中华优秀传统文化认同理念，积极宣传中华优秀传统文化。

第三节　思想政治教育与传统文化融合的家庭教育

一、营造良好的家庭环境

家长要注重将中华优秀传统文化融入家庭生活环境的建设中，培养孩子养成良好的行为习惯、文明礼仪，让孩子在无形中拥有高尚的道德情操和积极健康的思想品质，提升孩子的文化修养，实现全面健康发展。良好的家庭关系是构建健康和谐家庭环境的前提和基础，诸如夫妻、亲子、兄弟姐妹等之间的关系，都会直接影响孩子性格、思想等方面的形成。生活在充满"孝"文化环境中的孩子，在平时生活中会积极践行孝道，孝顺父母和家里的长辈。家长以身作则对孩子进行教育的过程中，也会潜移默化地形成良好的家庭教育氛围，家长与孩子的关系也会变得更加和谐。健康和谐的家庭环境有利于引导孩子形成正确的生活观念，能够清晰认识到如何处理与他人之间的关系，使其更好地融入社会这个大家庭中，以正确的方式为国家和社会做贡献。孩子第一个接受教育的地方就是家庭，家庭环境对于学生个人成长的影响是根深蒂固的，不能改变的。而父母则是孩子的第一任教师，他们也是学生正确价值观、世界观、人生观及高尚道德品质形成的重要教导者。要将思想政治教育与优秀传统文化有效融合起来，就必须重视发挥家庭的引导作用。一方面通过在日常生活中渗透中华优秀传统文化元素，营造良好的家庭氛围；另一方面通过父母的言传身教来影响学生的思想观念、价值取向、思想品德等。千千万万个小的家庭组成了社会大家庭，家庭和睦，社会便和谐。历史证明，中华优秀传统文化是中国社会的稳定器，是中华民族团结起来的粘贴剂。虽然历史在发生变化，但中华优秀传统文化的价值不可否认，应让其回归家庭。因而对大学生进行教育时，应强化家庭文化传统教育，突出中华优秀传统文化在家庭建设、家教、家风三个方面的作用。

第一，重视家庭育人环境建设。家庭是孩子终身受教的"学校"，也是永不停课的"课堂"，父母是最重要的教育者。因而广大家庭既要注重子女早期教育，也要不断创造出良好的育人环境。首先，营造良好家庭氛围。拥有一个尊老爱幼、团结友善、亲友和睦的家庭氛围，能够对学生的思想道德品质及人格修养产生积极的作用。一个"和乐"的家庭环境，能够使孩子更容易形成孝顺父母、尊重他人的良好行为习惯与个人品德。而中国作为礼仪之邦，不仅注重礼仪文化的传承，也注重"和"文化的延续。因此，良好的家庭氛围对于孩子传承中华优秀传统文化、形成良好的道德素质和价值观念有着重要的作用。父母要特别注重对中华优秀传统文化的学习，构建起学习型家庭。父母对中华优秀传统文化的热衷和重视，必然使子女在耳濡目染中增强对其的了解，并培养出学习意识和良好的学习习惯，在潜移默化中树立起正确的价值观念。其次，采用多种家庭教育文化传承方式。这里主要发挥家长的言传身教及利用传统节日文化的影响。家长要端正对中华优秀传统文化的态度，在日常生活中充分利用中华优秀传统文化元素来教育孩子。家长也要以身作则，率先示范，用实际行动发扬勤俭节约、尊老爱幼、尊重师长等优秀传统美德，形成良好家风，引导学生从小形成良好的生活习惯。另外，父母要注重在传统节日开展教育。家长还要充分利用中国传统节日契机，尤其要重视利用重阳节、端午节、春节等传统节日文化，向孩子讲授传统节日背后的文化知识，通过节日的传统习俗活动来让学生对传统文化节日文化产生正确认知，增强他们的文化认同感与民族自豪感，树立正确的价值观念与道德认知。在重要传统节日或纪念日中，要善于运用中华优秀传统文化中的元素来装饰点缀家庭环境，营造出浓厚的家庭文化氛围，也要告诉子女传统节日的由来、蕴含的典型故事、展现的当代价值，使其对传统节日产生自豪感，而非为过节而过节，停留于表面。最后，子女也要注重影响父母。家庭教育环境营造是一个双向的过程，不仅需要发挥父母的作用，还要体现出子女的价值。子女要用在学校或社会了解到的中华优秀传统文化反过来影响父母，帮助纠正和改变父母错误的思想观点和实际行为等。总之，营造起良好家庭教育氛围是一个长期的过程，我们必须要高度重视。

第二，家长要注重言传身教。每个人的家庭环境不同，营造出的家庭氛围也不同，其家庭教育方式也必将千差万别，其根本原因在于父母，在于父母的言传身教。因而父母要注重学习中华优秀传统文化，注重平时的言传身教。一方面，父母要摆脱传统的重智轻德、重分轻能，认为中华优秀传统文化离家庭、离子女还很遥远，因而不注重子女的关于中华优秀传统文化的教育等思想误区；或者将中华优秀传统文化等同于中华美食、汉服、国产影剧等，认为这样就是对子女的传统文化教育。中华优秀传统文化的培养并非仅仅为了认识中华典型元素，而是对其蕴含的道理的理解，即用其中正确的道德观念、价值观念教育子女，这样才能使子女真正的不忘本不忘根。另一方面，要创造更多的机会带子女参观文化古迹、历史遗存及博物馆、传统手工艺制作等活动，使其感悟到中华优秀传统文化的韵味，进而在传播中华民族传统美德中提高精神境界、树立正确的"三观"，并培育出良好的社会文明新风尚。

第三，营造优良家风。党的十八大以来，习近平总书记非常注重家风建设，认为良好的家风是一个人成人成才和社会文明的根基，也是开展思想政治教育、支撑全社会形成良好风气的重要因素。这在公益短片《家风传承》中得到了充分的体现，并且教会我们如何营造一个尊老爱幼、互帮互助、睦邻友邻的良好家风。在中华优秀传统文化中，《颜氏家训》《朱子家训》都是典型的家风建设事例，蕴含的理念对我们构建良好的家风具有重要的借鉴意义。广大家长要从这些优秀的传统家训中汲取营养、身体力行，并教育子女在生活或学习中，要做到勤俭节约、勤奋刻苦，和朋友、同学、同事、亲人交往中都要和睦友善。

二、养成文化育人自觉

家庭优秀传统文化的行为方式、家庭成员间的和睦关系等，会对大学生产生潜移默化的影响，家长要在家庭中努力形成爱国敬业、遵纪守法、邻里和睦的良好家风，为子女营造良好的家庭教育氛围。家长要注重家庭和学校之间的紧密联系，充分发挥家长学校、家庭教育指导机构的作用，家长要经常带领子女一起参加各种社会公益活动等，积极践行中华传统美德，帮助子女养成良好的道德规范。在以学校教育为主导的基础上，使家庭教育与学校教育相配合，共同创造更加优质的中华优秀传统文化育人环境，利于切实增强高校思想政治教育的效果。良好的家风建设是大学生养成良好习惯和健康发展的必要条件，有助于大学生树立正确的世界观、人生观、价值观、权力观、事业观和政绩观。相较于高校而言，家庭教育对大学生思想政治方面影响的针对性和持久性更佳，教育效果更为直接深入。因此，在家庭范围内形成中华优秀传统文化育人自觉便于思想政治教育工作的展开。

首先，家庭成员应明确育人"主人翁"意识。家长要以身作则，言传身教。家长应系统、长期地向孩子传授中国传统礼仪礼节等知识，让孩子系统地了解传统礼仪礼节的全貌，使其形成知礼、重礼、守礼的观念。在对孩子进行思想道德教育时，要严格要求自己，以身作则，以正确的行为规范教育和引导孩子，指引孩子形成正确的价值观念。我国优越的社会主义制度使生产力的发展突飞猛进，许多家长忙于奔波事业，或是存在盲目认为大学生只需接受高校教育的误区，往往忽视了自身的教育主体责任。家长应立足于信任、包容、平等、尊重的出发点，努力提升个人技能素质和综合素质，为儿女做好示范模范表率，更好地传承中华优秀传统文化伦理观念和孝道文化，在保证儿女丰富的物质条件地同时，兼顾精神世界的充实。

其次，家庭成员要养成优秀传统文化育人的自觉性。家长要自觉地提升自身的中华优秀传统文化素养，充分意识到传扬传统文化是中华儿女的责任，要主动关注和学习，养成良好的文化素养。注重在家庭中增添传统元素，并讲述中华优秀传统文化中蕴含的丰富思想道德理念和人生哲理等，让孩子耳濡目染，为孩子营造良好的优秀传统文化家庭氛围。同时，家长在平时要积极鞭策孩子学习传统文化知识，与其共同学习和观看相关书籍、电视等，并对孩子进行适当的引导，加强其对中华优秀传统文化的认知。比如在"快餐式学习"的趋势下培养儿女读好书、读原著、品经典的习惯，在信息碎片化的时代仍保持清醒的头脑和独到的见解，辩证地利用好辅助学习的智能设备；抑或是通过中国书法、绘画、象棋等传统文化载体，培育儿女宠辱不惊、持之以恒的心境。

最后，家庭成员要摒弃"唯分数论"的不良教育理念。应试化教育衍生的内卷效应是一个顽瘴痼疾，它让大学生思政教育逐渐偏离了本质。孔子曾言"不学《礼》，无以立"（《论语·季氏篇》），家长在盲目追求优良学业成绩的进程中更要重视中华优秀传统文化中仁爱、德才兼备等育人资源的意义，用发展的眼光科学地带领儿女拓宽视野、践行真知，构建中华优秀传统文化育人新模式，致力于培养内外兼修、全面发展的有为青年。

参考文献

[1] 刘应珍. 中华传统文化元素在现代陶瓷艺术中的应用 [J]. 天工，2021（10）：102-103.

[2] 李星. 中华优秀传统文化融入高校思想政治教育研究 [J]. 决策探索（中），2021（10）：42-43.

[3] 金君. 中华优秀传统文化元素在艺术设计中的应用 [J]. 鞋类工艺与设计，2021（19）：105-106.

[4] 赵岚. 中华传统文化创造性转化创新性发展的实现机制分析 [J]. 中国集体经济，2021（30）：124-125.

[5] 肖群忠. 优秀传统文化的核心价值与当代中国社会文化发展 [J]. 中国特色社会主义研究，2021（5）：66-75.

[6] 赵建军. 大力弘扬中华优秀传统文化中的生态智慧 [J]. 秘书工作，2021（10）：77-79.

[7] 陈方刘. 坚持把马克思主义基本原理同中华优秀传统文化相结合 [J]. 党建研究，2021（10）：49-51.

[8] 胡钧，施九青. 马克思主义与中华传统文化 [J]. 中国浦东干部学院学报，2021，15（5）：70-81;44.

[9] 张璐，许烨. 新时代中华优秀传统文化的传承发展研究 [J]. 云南社会主义学院学报，2021，23（3）：101-107.

[10] 徐梦晨. 社会主义核心价值观与中华优秀传统文化研究 [J]. 决策探索（中），2021（9）：88-89.

[11] 王丽君，程伟. 儒家优秀传统文化融入大学生思想政治教育研究 [J]. 高校马克思主义理论教育研究，2021（3）：119-128.

[12] 党玉娇. 中华优秀传统文化与大学生思想政治教育融合问题探析 [J]. 河北农机，2021（6）：105-107.

[13] 何光英. 中国优秀传统文化在高校思想政治教育中的价值及融合路径 [J]. 四川警察学院学报, 2021, 33（3）: 107-113.

[14] 满博. 优秀传统文化在大学生思想政治教育中的运用 [J]. 产业与科技论坛, 2021, 20（11）: 199-200.

[15] 谢甜甜. 中华优秀传统文化融入高职大学生思想政治教育的实践初探 [J]. 现代职业教育, 2021（22）: 122-123.

[16] 周姣术. 中华优秀传统文化融入高校思想政治教育路径探索 [J]. 牡丹江教育学院学报, 2021（5）: 29-31.

[17] 张坦. 中华优秀传统文化与高校思想政治教育融合路径研究 [J]. 时代报告, 2021（5）: 106-107.

[18] 任洁. 大学思政教育中传统文化的有效渗透研究 [J]. 文化产业, 2021（14）: 133-134.

[19] 王文力. 中华优秀传统文化融入西藏高校思想政治教育的路径探析 [J]. 科教导刊, 2021（13）: 93-97.

[20] 戴梦雅, 李健. 新媒体时代传统文化在高校思想政治教育中的融合 [J]. 文教资料, 2021（12）: 85-86; 46.

[21] 张姣. 论传统文化元素在大学生思想政治教育中融入 [J]. 公关世界, 2021（8）: 155-156.

[22] 陈静. 中国优秀传统文化融入大学生思政教育路径探究 [J]. 文化产业, 2021（10）: 108-109.

[23] 李娟. 试论新媒体语境下思想政治教育话语建设面临的挑战及对策 [J]. 思想理论教育导刊, 2021（3）: 130-133.

[24] 郭萌. 优秀传统文化在大学生思想政治教育中的运用研究 [J]. 大学, 2021（12）: 13-14.

[25] 刘雪松. 中华优秀传统文化融入高校思想政治教育的路径研究 [J]. 大学, 2021（12）: 45-46.

[26] 费君清, 刘家思, 朱小农. 中华优秀传统文化论丛 [M]. 杭州: 浙江工商大学出版社, 2020.

[27] 陈鑫, 马栩旻. 高校历史教学中大学生人文素养的缺失与培养 [J]. 学园, 2020, 13（14）: 51-52.

[28] 肖群忠. 传统道德与中华人文精神 [M]. 北京: 中国人民大学出版社 2019.

[29] 王易. 传统文化与思想政治教育创新 [M]. 北京：中国人民大学出版社，2018.

[30] 刘后滨，张耐冬，张雨. 中国传统政治文化经典文选 [M]. 北京：中国人民大学出版社，2012.